U0035063

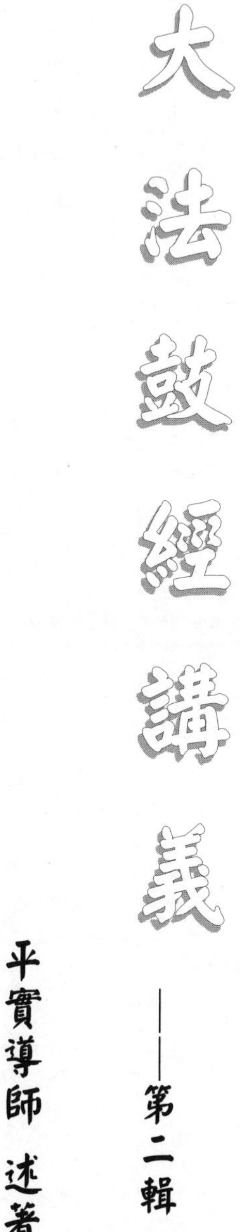

——第二輯

平實導師　述著

ISBN：978-626-96703-5-2

佛法是具體可證的，三乘菩提也都是可以親證的義學，並非不可證的思想、玄學或哲學。而三乘菩提的實證，都要依第八識如來藏的實存及常住不壞性，才能成立；否則二乘無學聖者所證的無餘涅槃即不免成爲斷滅空，而大乘菩薩所證的佛菩提道即成爲不可實證之戲論。如來藏心常住於一切有情五蘊之中，光明顯耀而不曾有絲毫遮隱；但因無明遮障的緣故，所以無法證得；只要親隨眞善知識建立正知正見，並且習得參禪功夫以及努力修集福德以後，親證如來藏而發起實相般若勝妙智慧，是指日可待的事。古來中國禪宗祖師的勝妙智慧，全都藉由參禪證得第八識如來藏而發起；佛世迴心大乘的阿羅漢們能成爲實義菩薩，也都是緣於實證如來藏才能發起實相般若勝妙智慧。如今這種勝妙智慧的實證法門，已經重現於臺灣寶地，有大心的學佛人，當思自身是否願意空來人間一世而學無所成？或應奮起求證而成爲實義菩薩，頓超二乘無學及大乘凡夫之位？然後行所當爲，亦不行於所不當爲，則不唐生一世也。

——平實導師

如聖教所言，成佛之道以親證阿賴耶識心體（如來藏）爲因，《華嚴經》亦說**證得阿賴耶識者獲得本覺智**，則可證實：證得阿賴耶識者方是大乘宗門之開悟者，方是大乘佛菩提之眞見道者。經中、論中又說：證得阿賴耶識而轉依**識上所顯真實性**、**如如性**，能安忍而不退失者即是**證真如**，即是大乘賢聖，在二乘法解脫道中至少爲初果聖人。由此聖教，當知親證阿賴耶識而確認不疑時即是開悟眞見道也；除此以外，別無大乘宗門之眞見道。若別以他法作爲大乘見道者，或堅執**離念靈知**亦是實相心者（堅持意識覺知心離念時亦可作爲明心見道者），則成爲實相般若之見道內涵有多種，則成爲實相有多種，則違**實相絕待**之聖教也！故知宗門之悟唯有一種：親證第八識如來藏而轉依如來藏所顯眞如性，除此別無悟處。此理正眞，放諸往世、後世亦皆準，無人能否定之，則堅持離念靈知意識心是眞心者，其言誠屬妄語也。

——平實導師

目次

本經並未分品，故無目錄。

自序

佛法之修證義學淹沒已久，肇因於時局混亂而致外道法猖獗，是故末法時世仍有九千年而竟失傳，三十年前平實出世弘法而舉出標竿：佛法實證之標的即是第八識如來藏。於正覺同修會提出此項主張之後，引起兩岸佛教界側目，致有毀謗及謾罵正覺爲邪魔外道者；嗣後經由正覺不斷以經典的講解整理成書而梓行，加之以禪宗公案的拈提及公開流通，繼之以阿含聖教中的八識論聖教依據而作說明，佛教界才終於確認正覺的主張爲正確。但這項成果的顯示而獲得佛教界不得不的認同，已是正覺弘法將近三十年後的事了；由此可見第八識大法如 佛所說：眾生難信難以接受，是不可思議的勝妙法而難以生忍。是故證第八識的本來無生而能於此生忍者，即名證得大乘無生忍者。

今此《大法鼓經》中則以法與非法二者建立世間法及出世間法，而以出世間大法的第八識如來藏含攝世間諸法的非法，由此攝盡世間、出世間一切有情及一切諸法。然而此一大法亦名「此經」，即是第八識如來藏；所以者何？謂一切世間法及一切有情，莫不從此一大法而生住異滅，致有三界眾生的輪迴生死無盡，亦因此第八識而有三乘菩提的存在與施教。若無此一大法者，則十方三世一切諸有全歸於無；而 世尊一代聖教所說諸經，悉皆依此大法而開演、而教導弟子實證此一大法，故有三藏十二分教諸部經典的演示與教誡，莫不皆從此一大法而出，從各個不同層面而有極多演示，具令諸菩薩弟子得以早日進道乃至成佛；是故舉凡直接演示此一大法之經典，不論名稱為何，同樣皆名之為「此經」，謂此大法第八識如來藏也。

苟能勝解此理而廣修六度波羅蜜多，次第實修至第六住位滿心，加修四加行而求親證第八識如來藏，證已即能現觀此識本具之眞如法性，名為證眞如之賢聖。此後進修三賢位的非安立諦三品心，於入地前再加修安立諦十六品心及九品心後，依憑受持無盡的十大願，以發願久之，已經清淨而能永遠受持故，名為增上意樂清淨，即得入地；此後進修十度波羅蜜多，即得漸次進到十地滿心位；此後百劫修相好，圓滿極廣大福德而成妙覺菩薩，俟時由佛授記而成為一生補處，待緣下生人間即得成佛，並得廣益眾生。此即佛菩提道的概要，然皆由親證宇宙萬法本源的第八識如來藏而成就。

何以故？謂此第八識即是一切有情生命的本源，父母未生前的本來面目；一切器世間及有情生，莫不從之生，莫不從之滅，如是輪迴不已；是故證得此第八識而能現觀其眞如法性並轉依成功者，即謂之爲賢聖。若不肯依序實修六度波羅蜜多，始從布施去貪開始，繼之以持戒清淨，乃至末後修學四加行之法，即使偶遇善知識助益而得實證，亦將無法轉依成功，終必退轉而致謗法及謗賢聖，死後必墮三塗，無可救者，學人於此必須知之而且謹記於心。

由於此第八識如來藏難以實證，亦兼證已難以信受故，必須有人護持此一大法而救護眾生；亦因越至法滅之時，此一大法越難被世人所信受及受持，是故必須有大菩薩於末法最後八十年中加以護持，令已實證之人心得決定而不退轉，是故 佛於此經中授記「一切世間樂見離車童子」，於末法最後八十年中護持此經第八識如來藏妙法，如是成就此經宗旨。今以此部經典講述圓滿整理成書，並將於二〇二三年初逐輯陸續出版，即簡說此經宗旨而以爲序。

佛子 **平實** 謹序

公元二〇二一年小暑 謹誌於松柏山居

（上承第一輯未完內容：）

《大法鼓經》

《大法鼓經》上週講到第七頁第五行「擊大戰鼓、吹大戰螺」，那麼這兩句之後說：「對敵堅住」。訓練得好的軍隊一定「對敵堅住」；如果軍心渙散呢？還沒有開打，就先在打算著：「有什麼後路、退路？」必須先往後面觀察了。但是之所以能「對敵堅住」，一定有他的前提，那就是平時「善養四兵」；所以波斯匿王的軍隊爲什麼戰無不克？正是因爲他「善養四兵」。四兵是說：步兵、馬兵、象兵還有車兵等四種兵。這四種兵面對敵陣的時候，可以很堅固地安住，一點都不退縮，這是因爲波斯匿王平常時刻「善養四兵」。這四兵正因爲緣於波斯匿王平時對他們的恩德以及養護，所以一旦開打，他們是「戰無遺力」的；每一個人都使盡力氣，在跟敵營廝殺；因爲這個緣故，就能夠勝過怨敵，於是他們拘薩羅國的國境也就安寧了。

「善養四兵」是王者之道，但有時候軍隊很勇猛，卻不是因爲國王善養，這也有很奇怪的例子。譬如在日本幕府時代以前，那時就等於中國的戰國時代一樣，那時候軍閥奴役百姓非常嚴重，百姓是苦不堪言。那麼有個派別，首領叫作織田信長，他後來掌權當了大將軍，大將軍就是掌管整個日本。當時他引進洋槍還有天主教來對抗武田軍，爲什麼他要引進天主教呢？引進洋槍不就夠了嗎？還不夠，還打不贏；以前的洋槍，一方面打得不是很準，因爲槍管裡面沒有來福線，所以那個槍不準；而且以前槍彈是一顆圓圓的，射出去會打到哪裡？保不定！而且一次只能打一發，那該怎麼辦？那他就引進很多洋槍，面對敵人時分成前後三排：第一排準備好了，然後火一點，「砰！」打出去了，打完就退到第三排來；於是第二排就補上來，再打。那第一排退下來第三排的人，趕快再充添火藥，還用一根長長的、鐵做的細棍趕快灌了進去，再立刻把火藥弄紮實了，然後再把子彈從槍管放進去；這些很費時間，就在第一排、第二排都打完換到後面來時，他剛好上膛完畢可以開槍。就這樣三排一直輪著打，還打不贏；打不贏哪一個軍隊呢？武田軍！

日本有一個製藥廠叫「武田製藥」，很多人知道吧？就是那個地方。那個武田軍是怎麼來的？是「本願念佛法門」的創辦人組織的軍隊。那他組織的軍隊拿著武士刀、長矛，都不怕死。不怕死不是因爲他們領頭的那個法師很厲害、對他們恩養；一點都不恩！不怎麼施恩也不善養。但爲什麼他手下的軍隊那麼勇猛，各個都不怕死？因爲在日本當時民間生存太艱苦了！那他弘揚念佛法門、求生極樂，所以他們的軍隊上戰場，有一個很長的竹竿，上面掛著一個布幡，寫著六個字：「南無阿彌陀佛」；然後每砍一刀，就是一大聲：「**阿彌陀佛！**」每刺一矛就一大聲：「**阿彌陀佛！**」那爲什麼他們很勇猛？因爲在日本過得太辛苦了，被教導要趕快生到極樂世界去，就是拚死要往生去。「**死前先種這個福德，把敵人幹掉；有這個福德、功德，就可以生極樂世界去了。**」是這樣教的。

那當時的人，識字的沒有幾個，懂經典的人更少了，就被那個持名唸佛的愚民政策教導，所以各個都很勇猛，因爲希望趕快死啊。可是，死了要去極樂世界不容易去，要怎麼辦？多積一些功德、福德，就是多殺幾個敵人，然後死後就可以去了。所以每砍一刀就是大聲：「**阿彌陀佛！**」每一次把矛刺出去都大喊：「**阿彌陀佛！**」那布幡就寫著「南無阿彌陀佛」，叫他們不要忘記唸阿彌陀佛，所以各個求死。當人不怕死的時候最恐怖了！這就是有名的本願念佛法門。

那他們爲什麼又被叫作「一向宗」？因爲一向持名唸佛，也是一向他力求生極樂，只有這一個心，沒有第二個念，心心念念就是要趕快死了去極樂世界。所以織田信長要引進天主教來對治「一向宗」那個本願念佛法門。至於本願念佛那個法門的邪謬，我們就不提，有興趣瞭解的人，可以去讀孫老師那本《淨土聖道》。這就是什麼？非王道的教育，來使他的軍隊非常勇猛；但其實那不叫作「善養」，那就叫作不善法的教導，就是邪教導。

通常人們是有智慧的，如果大家比較有在理論上作思惟、論辯時，就不會被這種愚民政策所愚弄。諸位要知道：印度是個很奇特的民族。如果你們去印度旅遊，也許趕路，所以要提早出發，也許你五點就上了遊覽車，開出市鎮或開出城市時，天才濛濛亮，可能你望向窗外，遊覽車外面剛好看到有個地方，已經有人亮著燈聚集在那邊一直在說什麼事情。是一群人！又不是作生意。可能好奇說：「欸！他們爲了討論什麼，一大早就來到這裡！天還沒亮就來喔。」我告訴你：「不是天還沒亮就來！是從昨晚談到現在天即將要亮。」他們為了一個道理，可以從白天談到晚上，晚上接著談到天亮，他們是可以這樣的。

我們以前去朝禮聖地的時候，就很納悶：為什麼有人這樣早就來談論道理？可是後來導遊說：「那不是今天早上來的，那是昨天晚上談到現在，都是在論理！」那論理的民族有一個特性：他們不會被矇蔽。但在日本古時不是這樣，以前的日本，那是蠻荒之地，也沒有受教育，所以他們很容易被矇蔽；但是在印度不能這樣，那得要「善養」，四種兵才會願意為波斯匿王賣力、賣命。

所以，「緣斯恩養，戰無遺力，能勝怨敵」，這時當然「國境安寧」了。這個譬喻是說什麼？譬喻說：如來對佛弟子們善於養護。四種兵，佛門中也有四種弟子：優婆塞、優婆夷、比丘、比丘尼四種弟子，譬喻四種兵。那如來怎麼樣叫作「善養」呢？你該證解脫道的給你證解脫道，該證緣覺道的就給你證緣覺道；該證菩薩道的就給你證菩薩道，只要你有努力就能得果位。果位代表的是什麼？代表的是解脫的功德以及智慧的功德，這叫作「善養」。那大家看著說：「如來提出來有這麼多好東西給我們了。」大家覺得：「如來對我們眞好！」所以面對煩惱怨敵的時候，各個都很勇猛地「對敵堅住」。是吧？

就像你們來到正覺，知道說：「這蕭平實善養佛子。」對吧？對！因爲你該證的時候，我一定會幫你親證。你也看見前面有些人一個一個實證了，這叫作「善養」；然後心裡面就覺得：「我面對煩惱敵人的時候，絕對不可以退後，不找退路！我一定勇猛直前。」所以面對煩惱時「戰無遺力」。你不會留下力氣說：「唉！算了！我這個斷三縛結、這個斷除我見的事，就等到下一劫吧！」你不會這樣想，一定說：「我現在就要把它克服，一定要把這個煩惱賊殺死！」所以就很努力去作，那就是「戰無遺力」，終於把我見煩惱殺死了、三縛結煩惱殺死了，乃至於進而把無始無明煩惱的第一個馬前卒給砍了，這叫作「能勝怨敵」。

「能勝怨敵」之後就是「國境安寧」。國境是指什麼？是你自己這個五蘊身心，這就是國境。所以證悟進了增上班以後，就是好整以暇，享受法樂。那麼該瞭解的法義都可以隨聞入觀，您蕭老師上面講著，我就依照您所講的，對照著「論」裡面的文字，現前去觀照是不是這樣，然後就步步升進了，所以身心很安寧；不再像以前學佛老是苦苦惱惱、煩煩惱惱，老是抱怨說：「三藏十二部經浩如煙海，無從下手。」所以學得很快樂，法樂無窮！這就是「國境安寧」。

然後 如來再作一個說明：「如是，比丘！我般涅槃後，摩訶迦葉當護持此《大法鼓經》；以是義故，我分半坐。」講了波斯匿王「善養四兵」的譬喻，如來就說：「就像這個道理，比丘們！我釋迦牟尼佛入涅槃以後，大迦葉將會護持這個《大法鼓經》。」請問：這部《大法鼓經》是什麼經？就是如來藏經啦！千萬別依文解義說，就是指文字印刷的這一部經。不是的！指的就是如來藏這一部經，因爲《大法鼓經》講的就是「如來藏」，所以「此經」二字猶如《金剛經、法華經、佛藏經、實相經》所說一樣，指的依舊是第八識如來藏。「那正因爲他會護持如來藏這個妙法，護持『此經』如來藏，所以我分給他半座。」因此分他半座不是沒緣由的。

老實說，如來分給他這個半座，這座位好坐嗎？欸！你們那個屁股還不能坐呢！那上面是一根一根的釘子呢，眞是這樣啊！要不信的話，哪天換誰上來坐我這法座（大眾笑…），我坐下面去聽經吧。是不容易欸！那大迦葉很清楚知道說：「如來在世，這輪不到我坐。」因為　如來之所能作，他作不到。所以如來當眾分他半座，他也不敢上來坐。那就是說，如來為什麼當眾作這樣的示現？原因就是他許諾承擔這個責任了。這個責任非常重大，所以要崇隆他的地位，因此當眾分他半座。大迦葉何嘗不知這個道理，所以他最後終究沒有上座，對眾宣稱：「您是如來，我是如來弟子。」大迦葉特地這樣對眾宣稱。

那　如來接著就說：「是故彼當行我所行，於我滅後堪任廣宣《大法鼓經》。」「就因為他已經承諾要弘揚『此經』、護持『此經』，所以我分他半座。我對他有這個恩養，正因為這個緣故，所以他在我釋迦牟尼捨壽之後，會像我這樣子去行，不會違背我的作法。」所以大迦葉一生，拒絕人家作過度的供養。那他為什麼拒絕？後來有人問，他說：「我是如來所付囑的大弟子，要荷擔如來家業；那我如果廣受供養，後世弟子們會一一效法，正法不久就滅了。」他是特地這樣表明的，所以終其一生，除了衣服、飲食等供養以外，一切錢財、寶物供養他全部都拒絕；這樣樹立了榜樣，正法才終於可以足足五百年延續下來，也因此像法可以有一千年。如果當年他廣受供養，後代弟子有樣學樣，然後正法很快就滅了；所以這就是他的「行我所行」——行於如來的所行。

如來的所行也是一樣，你們看經中 如來受了很多的供養，可是 如來有沒有去蓋一個大別墅把它存起來？沒有！如來也都把它布施出去，一無所積。所以 如來捨壽涅槃的時候，沒有說：「大弟子！我分你多少錢，你要多少我就給你多少。」沒有！所有弟子們沒有人分到錢財，但分到最大的寶貝——法財，都是這樣，這叫作「行我所行」。也就是說 如來是怎麼樣弘法、怎麼樣克勤克儉、是怎麼樣慈悲攝受弟子，弟子們看在眼裡，就依法而行；那就依照 如來的所行去作一切事情。

可是 如來在世的時候，所作最重要的一件事情就是住持《大法鼓經》，也就是住持第八識如來藏；以這個法作爲中心，來行其餘的所行——無貪、無瞋，遠離一切愚癡，這就是 如來的所行。那大迦葉正因爲這個緣故，所以他一生不受供養，除了衣服以及飲食之外，一切都從簡；他這樣作，如來就說：「於我滅後堪任廣宣《大法鼓經》。」如果大迦葉在 如來入滅後廣受供養，不是人家心裡面想的那樣，而是積聚了無量的錢財，那人家要問了：

「你都說你證得『此經』了，然而『此經』完全無貪；那你積聚這麼多錢財，你是有貪！到底你證得『此經』是眞的、還是假的？」人家要質疑了！

所以如果有人證悟了以後，搞出很大的排場，廣開後門。廣開後門是什麼意思？可說有兩個意涵：前半個階段就說是廣納錢財，後半個階段廣畜妻妾，不是三妻四妾，到時候搞不好五妻八妾了。那你就要懂得判斷：他那個開悟一定是假的！有時候你會看見的現象就是：某個人說他悟了，講出來的法也對，但是他說的法跟他的所行不一致。他得要等到遇著某一位大菩薩或某佛爲大眾說法，然後很多人都得無生忍或者無生法忍，他才會眞悟。這就是說：知道開悟的內涵不等於開悟，因爲他有無生法，但是他沒有無生忍；對無生法有所實證，但他不能接受，只是知識上的知道，轉依沒有成功，所以無忍；因此他的所說跟他的所行不一致。所以爲什麼要叫作無生忍、叫作無生法忍？爲什麼要叫作忍？就是有接受。接受的時候，他的所言、所行就與所悟的無生法自性一致了。

所以有的人有無生法，但是沒有無生忍。那他有無生法而沒有無生忍時，這個責任要怪誰？嗄？怪他自己喔？不一定欸！有時要怪善知識，那個善知識叫作蕭平實。所以我常常……唉！說起來也很傷感，常常要為自己收拾這種爛攤子。所以我們以後禪三要求的，不但要有無生法，還要有無生忍才行；不然我幫他悟了讓他有無生法，可是他無忍——對無生法不能隨順安忍，給他金剛寶印之後，他下山了，回去開始搞名聞利養、搞眷屬、或是退轉了！所以應當如 佛所言，接著要「如佛所行」。那大迦葉他不但是承諾 如來，而且他也如是行，所以人家供養他什麼錢財，他都完全不接受；因此他才能夠住持正法，成為 如來之後的禪宗初祖。

那麼 如來說完了，大迦葉向 佛陀稟白說：「我是世尊口生長子。」為什麼他是 世尊的「口生長子」？好像不對哩！如來在菩提樹下示現成佛，本來想要先度那個外道，得非想非非想定的那個外道叫作鬱頭藍弗；結果以佛眼一看，知道他死了並且生到非想非非想天去，沒辦法度了。最後呢，再看跟隨祂出家的五個侍從在鹿野苑，所以步行去度他們。但在半路上先度了一個商人，這個商人是什麼果位呢？經上說他聞法後受了三歸五戒，依佛世的情況，我想最少也是初果；但 如來告訴他：「你要歸依未來的三寶。」因為那時候還沒有僧寶，還沒有僧團，三寶還不具足；然後去到鹿野苑，才度憍陳如五個比丘證阿羅漢。那憍陳如在三轉四聖諦的十二行法輪的初轉時，先證阿羅漢了；其餘的四人是二轉、三轉的時候才證阿羅漢果的。那如來的大弟子——最大的　如來的長子就應該算憍陳如了吧？爲什麼卻成爲大迦葉？這裡面當然有問題在。

所以讀經時不能囫圇呑棗！直接呑了不能消化，得要咀嚼，把它吸收爲自己所有才行。那就要請問諸位了：「此經」第八識是大乘法、還是二乘法？（眾答：大乘法。）對！講得好！在二乘法中證得阿羅漢了，如來沒有承認過他們是兒子；等到迴小向大，證得第八識如來藏了，有無生法而生起了無生忍，如來就承認他們是兒子。這樣聽起來，好像我又在毀謗阿羅漢了吧？對呀！我剛出來弘法的時候，常常有人在網路上罵，說我在貶抑阿羅漢；但我何曾貶抑？我說的是如實語，而他們不信受。等到我們法說得越來越多，書印行的也越來越多了，讀到後來發覺：「這蕭平實講的是事實。」所以，以前有人在網路上罵說：「蕭平實這個邪魔外道，竟然狂言誇口說阿羅漢來到正覺講堂，沒有開口的餘地！」他們很不服氣，可我說的是眞的啊！不信，叫他去找個阿羅漢來，莫說找不到阿羅漢，就算找到眞正的阿羅漢來了，也開不了口。

因為這個是大乘法，大乘法的實證者能知二乘法聖人的境界，但二乘菩提中的聖人不知道大乘菩薩的境界。所以 如來只承認實證的菩薩是祂的兒子，如來只承認迴小向大的阿羅漢。即使菩薩還沒有實證般若，但心性是菩薩，那也是兒子；如果不願當菩薩，即使他是阿羅漢，也不是 如來的兒子，如來一向是這樣認定的。所以有的阿羅漢，如來當眾斥責為焦芽敗種！焦芽敗種這個指責是很嚴厲的，但被指責的對方是阿羅漢呢！可是如果他的心性真的是菩薩，雖然還在凡夫位，如來也是慈眉善目看待。為何差別這麼大？因為菩薩的種姓是很尊貴的，定性阿羅漢所不能及。所以作為一個凡夫菩薩，都遠勝過聲聞羅漢；更何況大迦葉是 如來當眾拈花的時候，他體會到了；老實說，這都是再來菩薩，這並不是凡夫突然開悟了，然後他成為菩薩。沒這回事！

我出來弘法，有時候有的人會宣稱說：「我是自己開悟的，不是蕭老師幫助開悟的。」問題是：「你沒讀我的書還能悟喔？你沒聽我講經能悟喔？」但是當他這樣講出來了，你就可以斷定這個菩薩是新學菩薩或者久學菩薩了。（大眾說：新學菩薩。）是新學喔！你看，大家異口同聲！這很容易判斷。可是如來座下有那麼多的妙覺、等覺、十地、九地、八地等等菩薩，有哪一個人對人說：「我不是釋迦牟尼佛幫助開悟的。」有沒有？（眾答：沒有！）連正法明如來倒駕慈航來當 觀世音菩薩，都沒有這麼講；連 金粟如來倒駕慈航來當 維摩詰菩薩，也都沒這麼講；文殊菩薩也是成佛再來，也都沒有這麼講；他們往劫仍都是聽 如來說法以後才悟的。

但現在有人讀過我的書，也許眞的悟了，也還沒有勘驗眞悟或解悟；也許在禪淨班經親教師又教過兩年半了，然後上禪三悟了；也許兩次、三次禪三悟了下來，竟跟人家說：「其實我是本來就自己開悟的。」這個道理我要講給諸位聽：就算是他沒讀我的書就已經開悟了，然後來找我印證的，焉知不是往世我已幫他開悟的？可是智淺慧狹，他就想不到這些個道理。所以佛世有多位如來倒駕慈航來當 釋迦牟尼佛座下的妙覺弟子，那都是來報恩的，來報往劫 釋迦牟尼佛對他們的恩德。

在佛法中沒有人只看這一世說：「我這一世又不是您釋迦牟尼佛幫助開悟的，我憑什麼當您的徒弟？」沒有人這樣的，因爲大家看的是無量劫以來的過程。那 釋迦如來是古佛，所以已經成佛的人，在 釋迦古佛座下已經追隨很久，然後成佛了；八相成道示現成佛之後剛好有個空檔，沒什麼地方適合再去示現成佛，那就來 釋迦如來座下報恩，這沒有什麼可疑惑的呀。所以將來我如果成佛了，哪個時間正好有個空檔，看看 釋迦牟尼佛在哪裡？那我就去座下幫助弘法。

就像儒家有一句話說的：「有朋自遠方來，不亦樂乎？」屆時 釋迦如來也很歡迎：「啊！如今你也成佛了。多棒！」所以說 釋迦如來承認的兒子一定都是菩薩，如果不是菩薩，而是聲聞羅漢，即使他擁有三明六通，依舊不是佛子，所以佛子的定義是很嚴謹的。縱使有五神通、有四禪八定，如來認為他連聲聞弟子都不是；那如果成為阿羅漢了，三明六通也具足了，如來只說他是弟子，不是兒子；兒子一定都是菩薩。弟子跟兒子不一樣吧？對了！弟子不是自己生的，兒子都是自己生的，所以大迦葉說：「我是世尊口生長子。」宣示自己是 釋迦如來口裡化生的長子，公開宣稱我是第一個開悟的人。

那長子就有長子的義務了，長子一定要幫父親挑起家業來。所以父親走了，長子要挑起來，率領著第二個、第三個、第四個、第幾個兒子這樣努力去作。古時候，中國家庭也都是這樣的，所以一個大家族可能有一、兩百人；那小孩子犯了過失，不一定是由他父親管教他，而是他的伯伯、叔叔都會管教他；有時候如果伯伯叔叔在場，伯伯叔叔當場就打他、罵他，大家庭是這樣子。那如果現在呢？現在說：如果叔叔打了這姪兒一個耳光，當大哥的父親要來跟他計較；這沒天理了吧？所以一個大家庭就是這樣子過，在 如來這一個大家庭中也是一樣。

所以，假使哪一天某甲作錯了事情，也許夢中夢見一個五地菩薩來跟他叱責：「你這樣作不對！你要改正，你要懺悔。」這某甲如果夢裡他覺得很不服氣，抗議說：「欸！我是如來弟子呢，你只是幾地菩薩！你憑什麼來管我？」錯了！只要他是某甲的上位菩薩，就管得著他，佛門中就是這樣的。因此佛門中的事情，不管是寺院裡面的事或者教團中的事，或是佛教中的事，不是全部都要如來親自指示。所以哪天如果 觀世音菩薩指示了、彌勒菩薩指示了、文殊菩薩指示了、克勤菩薩指示了，那你就得照著辦。你不可說：「欸！上面還有如來啊，什麼時候輪到你來管我？」不能這樣說！這意思代表什麼？代表說：我們所有的會眾，哪一天親教師看見了，告訴你說：「你不可以這樣！你應該怎麼樣。」那你就得聽從。可不可以抗告說：「這個要導師來了才能管我吧！你憑甚麼管我？」可不可以？（眾答：不可以）不可以喔！要懂這個道理；得要人人都像這樣，道業進步才會快呀。

這就是說，在 如來座下的弟子之中，十大弟子、五百大弟子都一樣；大哥來了，其他人得要尊重，因爲他是 如來「口生長子」；他既是長子、他是大哥，所以其餘師兄弟們看見他來，都要尊重、起迎、禮拜、問訊，然後讓座。如來的大家庭中本來是這樣的，可是到了末法時代沒這回事了。假使哪天我去到某個大山頭，把門刺遞上去：「門刺」懂嗎？名片啦！古時候叫作門刺。把名片遞上去，會有人接待我嗎？不會啦！這就是說，法的格局被改變了，在古時候可不是這樣。古時候，一位禪師即將行經某一個寺院借宿，土地神會趕快去託夢：「欸！和尚！明天某某菩薩要來，你要好好接待。」可是現在土地神不通告了。（大眾笑…）諸位知道爲什麼嗎？我告訴諸位：因爲土地神知道：「他不會接待善知識，他不信受的！」要懂得這個道理，所以土地神現在不講了；但我講了，也是白講！

所以呢，我有時候會去到某個道場，但是都不遞門刺；我只管進去禮佛，然後就走了。前些時候，爲了看寺廟建築，我到了大溪，去齋明寺。他們竟然不讓人家進去禮佛，很奇怪！大殿的門關著。後來我繞到後門，一眼看見，有個門開著，裡面有人在插花。我探頭合掌問說：「我可不可以進去禮佛？」聽到我說「禮佛」兩個字，才讓我進去，那我當然是恭恭敬敬先禮佛了。禮佛完了，我就觀看一下。我說：「喔！原來是念佛堂。」那兩位女眾這時才對我有點感覺，覺得好像可以度我（大眾笑…），然後就說了：「昨天晚上是念佛會，今天晚上是某某會，你可以來參加。」我聽了忘了什麼會，因爲我沒在意聽。我回說：「喔！好、好，很好、很好。」但我沒許諾要去共修（大眾笑…）。假使是古時候，知道我第二天要去，土地神一定會去通告的；可是現在不通告了，因爲末法時代講了都沒用，人家不會信受的。也就是說，在佛門中，有個規矩：上位的菩薩說了什麼，不一定要 如來說，大家都要聽從，而上位菩薩一定遵從 如來所說而行。

所以 彌勒菩薩如果說怎麼樣，僧團裡面一切僧眾就一體遵行。沒有人跟彌勒菩薩抗告說：「你又不是佛，你管我什麼？」沒有！一切僧眾大小事情，彌勒菩薩都管得著。只有犯戒了，此時該施設什麼聲聞戒，那就提報到如來那裡去。僧眾的日常生活一切事務 彌勒菩薩統管了，大家就一體遵行；可是到這個時候已經是末法時代，這個行不通了。

但當時摩訶迦葉講出這句話來，他說：「我是世尊口生長子。」這句話出來，師兄弟們大家就聽他的，不會跟他抗議。有事當然可以商量，但是最後他裁決了，大家就聽從，因爲他是長子。就像古時候的大家庭，不說古時候，我們小時候家庭裡面就這樣：大哥說什麼，二哥、三哥不能吭聲，就是這樣。那如果父親過往了，母親也過往了，長嫂如母，大嫂說了算。當年是這樣，大嫂就當起母親的角色了。可是現在呢，沒這個事兒！時代眞的變了。所以摩訶迦葉講這句話，其中蘊含的道理大家要懂。那我爲什麼告訴大家這個道理？因爲將來在 彌勒尊佛座下，就是要懂這個道理。到時候如果抗議說：「欸！你又不是彌勒佛，你管我什麼？」大家都要笑他的。

接著，「佛告比丘：『譬如波斯匿王教諸王子學諸明處，彼於後世堪紹王種。』」如來先講這個譬喻，就好比波斯匿王，他教導他的那些兒子們學各種明處，比如語言學、音律學、數學……等都教導他們；當然不一定都親自教，但是有的會親自教；其中當然有很多會聘請教師來教，但都算是波斯匿王教導的。教導他們這一些世間法上的智慧，學好了之後，他們在後世（也就是波斯匿王過世以後）就堪能紹繼國王的職務，成為王種，就是國王的種族。同樣的道理，世尊說：「比丘！於我滅後，迦葉比丘護持『此經』亦復如是。」「不是只有我在的時候迦葉護持此經，在我釋迦牟尼佛走了以後，他一樣要護持第八識『此經』；就像是波斯匿王的王子來紹繼王種一樣。」所以摩訶迦葉就成為禪宗初祖，釋迦如來之後，就由他來接。如果以釋迦如來為初祖，那他就是二祖。接下來 世尊又怎麼開示呢？

經文：【「復次，迦葉！如波斯匿王多與諸王共為怨敵，更相攻伐。於彼彼時，其諸戰士——象馬車步四種兵眾，聞大鼓聲，心不恐怖，堅持甲仗。時王恩恤，多所賜賚；及當戰時，加賜珍寶及以城邑；若能剋敵，冠以素繒，封以為王。如是，迦葉！我諸聲聞比丘、比丘尼、優婆塞、優婆夷，如戒隨學波羅提木叉成就，善住律儀，如來則與人天安樂。其有大功降四魔者，以四眞諦解脫素繒，而冠其首。若有增上信解，求佛藏大我常住法身者，如來爾時以薩婆若水而灌其頂，以大乘素繒而冠其首。大迦葉！我今亦復如是，以大乘素繒用冠汝首，汝於未來無量佛所當護持此經。迦葉當知，汝於我滅後堪任護持如是經典。」迦葉白佛言：「當如尊教。」復白佛言：「我從今日及滅度後，常當護持、廣說此經。」佛告迦葉：「善哉！善哉！今當爲汝說《大法鼓經》。」」

語譯：【世尊接著又說：「除了如此以外，迦葉！猶如波斯匿王與很多的諸國國王互相成爲怨敵，再三地互相攻伐。在那些互相攻伐的時候，他的所有戰士們：象兵、馬兵、車兵、步兵這四種兵眾，聽聞波斯匿王敲擊大鼓的聲音時，心中都不恐怖，很堅定地執持他們的甲仗。在那個時候，波斯匿王施恩、撫恤，賜給他們非常多的財物；等到正式開戰的時候，又額外再加賜珍寶，乃至於城邑；如果能夠剋勝敵人，就在他們頭上戴上白色的寶冠，封他們作國王。就像是這個道理，迦葉！我的所有聲聞比丘、比丘尼、優婆塞、優婆夷，猶如善戒而隨著學習各種戒法成就，很良善地住於各種律儀之中，如來就給他們人天的安樂。其中假使有人具有大功，能降伏四魔的話，我釋迦如來就以四種眞諦解脫的白色寶冠，而戴在他們的頭上。如果有人起增上心、增上的信解，追求諸佛法藏的大我常住法身的人，我釋迦如來那時候就用一切智、一切種智的水來灌他的頂門；用大乘的白色寶冠而戴在他的頭上。大迦葉！我如今也是像這樣子，用大乘的白色寶冠戴在你的頭上，你於未來無量佛的座下，應當護持『此經』。迦葉！你應當知道，你在我入滅以後，有能力堪任護持像這樣的經典。」大迦葉稟白如來說：「我當會猶如世尊的教導一樣。」接著又稟白佛陀說：「我從今日以及滅度之後，永遠將會護持以及廣說『此經』。」如來告訴大迦葉說：「非常好！非常好啊！我如今將會為你演說《大法鼓經》。」】

講義：波斯匿王率領的拘薩羅國為什麼很強盛？因為他不斷地攻伐，所以有很多小國都被他吞併了，他就成為當時印度最大的國家；可是成為最大的國家以後，他還會繼續想要吞併別的國家，所以他隨時都會攻打別的國家，當然他就與很多的國王結成怨敵。當他得罪了諸國，諸國如果經過一番生聚教訓，也會想要來報仇；所以就這樣與諸國互相打來打去，這叫作「更相攻伐」。但是波斯匿王為什麼打勝仗的時候多呢？一定有緣由的。如果國王對他的軍隊苛刻，上戰場的時候，將軍眾士都會想：「你對我不好，如果我們打敗了，換了新的國王，搞不好我們日子還好過一點。」那有的人不這樣想，也許想說：「反正你敗了，對我也沒有什麼壞處，我就臨陣脫逃；你敗了以後，我再回來當兵也一樣。」這就是對將士苛刻所產生的後果。所以假使國防部長、參謀總長或者什麼軍長、軍團長，不管哪一層級的軍事方面的將領夠聰明的話，都應該體卹部屬。要不然，派他們出去作戰的時候，他們想：「長官對我又不好，我那麼賣命幹什麼？我賣命得來的功勞還是他的；有過，要我來擔當，那誰為他賣命啊？」道理是一樣的。

即使當上國王，有一句話很重要，就是：「將在外，君命有所不受。」因為古時的國王、皇帝在宮中得到一些消息，但那消息可能是半個月前的消息，而不像現在。現在的電話或者無線電一通，馬上就知道，所以有時候國王聽到的是半個月前傳來的消息。比如說，皇帝在北京，將軍在新疆打仗，傳回來可能需要八、九天、半個月了；然後果然皇帝下的指令再傳回到戰場，又過半個月。那將軍接到皇帝的命令時到底要不要遵從？不一定要遵從。如果遵從了，可能就是打敗仗了。即使像現在電話很容易通聯，但你在皇宮裡是否就真能掌握前線的那個狀況呢？也不一定！所以弘法的時候也是一樣，將軍派出去了，以我們現在來講，將軍就是親教師們，派到國外去、派到大陸去了。一樣的道理，他們要臨機應變，把握住一個原則，但細節可以臨機應變。

那麼在臺灣主法，比如說，我不可以指責說：「我當初交代你是這樣子，你爲什麼沒有完全照這樣作？」那就是我的不對。這個道理，每一個當皇帝的人、當國王的人或者未來世你們當法主的時候，這個道理是永遠不變的；不可以固守成見，道理是一樣的。但是當他們回來稟報成果了，你不可以說：「欸！你爲什麼沒有照我講的步驟去作？」假使他沒有依照你交代的方式去做，可是成果更好，那你應該怎麼樣？要獎賞而不是去指責。那國王也是一樣，如果平常老是對軍士們吹毛求疵，然後一天到晚說：「你們要減薪！」不斷地減。那麼號角吹起來的時候，大家乾脆把槍丟了，走人了！對吧？對啊！一定是這樣啊。

可是你如果當他是兒子，你得想方設法，如果現在經費充裕了，就去幫他們調薪，不斷地調薪。他想：「國王對我眞好啊！現在國家有事，我得要賣命。」本來就是這樣，這是互相之間的事情。所以長官對部屬不能苛刻，但是有錯當然要糾正；糾正之時，不是基於仇恨的心去糾正他、去處罰他，而是基於愛護之心來糾正他、處罰他，這才是上下相處之道。否則呢，眾將官離心離德，到那個時節，國王敲起大戰鼓、吹起大戰螺時，誰理他？道理是一樣的。

所以身為國王要懂得恩養——要施恩、要養牧。如果一天到晚糧餉不足，糧餉是兩個部分：「糧」是吃的，吃得很糟糕或者根本吃不飽；「餉」是關餉，軍中每一個月固定時間到了要關餉，大家就來領取薪水，那就是關餉。當這兩樣都不足，上戰場的時候，誰為國王賣命？道理永遠都是一樣的。因此平時就「善於恩養」了，可是到了上戰場的時候，還得要額外再賞賜給將士們，不論軍官、士兵全部都要賞賜。那麼大家上了戰場，感恩懷德啊！當然就努力為國王奮戰。

因此象兵、馬兵、車兵、步兵聽到波斯匿王敲起大戰鼓、吹起大戰螺的時候，心中一點都不恐怖；他們想的是：「這是我報恩的時候了。我平常沒事幹，可是國王對我們這麼好，我們都沒作什麼。那現在就是我們要報恩的時候啦！」於是心不恐怖，堅持甲仗。何況要上戰場的時候，國王又多加了賞賜；並且國王還宣稱：如果這一仗打贏了，佔領了什麼地方，就封給你這大將軍去當國王；那裡給誰去當什麼官。這一先封了，當然大家就努力了。「欸！國王沒有把它據爲己有；這戰爭打贏了，結果是封賞給我們啊！」那他想：「國王對我們眞好！」於是他就努力去打了，這才是聰明的國王。笨的國王說：「全部打下來後都歸我所有。」可是那還不是他的啦！聰明的國王呢，反正那是別人的，我先封了再講——拿別人的國土先封（大眾笑…），那將士們就努力去拼，這才聰明啊。雖然把那個國土封給某個大將軍去當國王，還是自己的屬下，這才聰明。

所以「若能剋敵，冠以素繒，封以爲王」。「繒」這個字讀作「增」，也可以讀作「贈」，《康熙字典》兩個讀音都有。諸位知道印度人皮膚黑，所以他們崇尚白，所以孩子生下來如果身體白，沒有那麼黑，越白就覺得越好。所以在印度還有一種大象，如果長得白，那叫作白象；白象就顯得很貴重了！一頭白象抵得上十頭、二十頭一般的象。那麼人黑所以往往要穿白衣！有沒有？所以在印度穿白衣是尊貴的象徵，因爲要保持白不容易。那裡熱，皮膚黑而且天氣熱，很容易就弄髒。如果能夠一天到晚都是穿白衣，人家說：「這個人一定是很尊貴，一定是被奉侍的人。」頭冠也一樣，頭冠如果是白的，表示這是個尊貴的人。所以「素繒」，「素」就是白的意思。用白色的寶冠，這是個尊貴的人。一般人綁頭的時候，那頭巾不會用白的，因白色的頭巾要每天洗，而且要有足夠的清水。那一般人的頭巾好幾天才會洗一次，怎麼可能用白的？所以白表示什麼？他家有錢，至少有清潔的水，然後有可以清潔用的物品。

你們可別說：「那清潔用的物品就是肥皂、洗衣粉，那多的是！」古時候可不是這樣。古人洗澡不是每天都用肥皂的，而你們習慣了成自然，不覺得肥皂是怎麼樣。古人洗澡，水沖一沖，用粗布就這樣抹一抹，那就算洗完了，所以布抹的時候要稍微用一點力；有時候用什麼？用類似絲瓜布那種東西，所以才叫作洗澡。現在就換一個名稱很文雅——沐浴，以前就說是洗澡。那麼古人一般沒有肥皂可以用，有錢人用「無患子」作成的一塊一塊來洗，已經算很好了；通常是長輩在用的，小孩子用不上。所以我們小時候，看見人家結婚時，賓客來參加婚禮時送什麼呢？送黑砂糖香皂，一盒六塊，就拿來送禮。現在婚禮你要送那個喔！（大眾笑…）一定給你一個壞臉色看。時代不同了！

這就是說：國王對他的將士要「知所恩養」，臨到戰鬥前，還另外發給其他的賞賜。以現代軍中的術語就叫作甚麼——加餉，就是把他領的薪水再給他多發一個月、兩個月、幾個月不等，就是一個賞賜，那大家感恩戴德；何況是把敵人的國土先封給自己的將士，那大家當然拼命。大將軍想：「嘿！我打贏了這一仗，就當上國王了！」有的人想：「我打贏了這一仗，就當上軍士長了。」現在的名稱叫作士官長，也就是說從一個士兵就當上了士官長；那以前還有個職位叫什麼？叫「千夫長」。有沒有？有啊！有這個官名。「千夫長」就類似現在的營長，就等於這個道理：先賞賜、先封！那將士當然是拼命了。如果即將開戰，國王說：「你們這一仗要是沒有打好，回來時提頭來見！」那將士們怎麼樣？看著好像不可能打贏，大家都先散了再講，道理就是這樣。所以「若能剋敵，冠以素繒，封以為王」，這才是聰明的國王。不能對那個大將軍要求這個、要求那個，而不給他封賞。所以這個國王聰明，把敵人的國土先分割成幾塊，封給他的大將軍、二將軍等等，包括副將都有，那大家當然拼命了。道理是一樣的。

如來也有許多的封賞啊！所以須陀洹、斯陀含、阿那含、阿羅漢，然後辟支佛、菩薩等。有時對居士說：「你們是十信位滿足了！」大家一聽：「我們十信位滿足了！」十信滿足相當於大概現在的下士了吧？在軍隊裡叫下士，不是二等兵、一等兵、上等兵了。對不對？接著就這樣封賞：你是初住位、二住位、五住位；你是初地、二地、三地……等。國王如是有所封賞，先許下諾言；如來法王也先許下諾言：「如果你把這個煩惱國土征服了，戰勝這個煩惱國土，這一塊國土就封給你，你就叫作初地菩薩。」那大家想：「欸！我只要戰勝了這一仗，我就當初地菩薩了。」這就是素繒。「素」很容易就被看見了，如果都是深色的呢？藍色的，或者說褐色的，人家不容易看見，表示那品級不高。

如來就是像這樣，所以說：「我諸聲聞比丘、比丘尼、優婆塞、優婆夷，如戒隨學波羅提木叉成就，善住律儀，如來則與人天安樂。」都還沒有實證喔，但是有的人猶如戒律所說的那樣善持戒法，都不去違犯；那麼這戒律所說的內涵，他可以如法守住，善於律儀之中安住其心，那他就可以得到人天安樂。譬如說善持五戒，來世繼續生而為人，沒有問題。如果他善持五戒之外，覺得還想要更進一步，那他就出家受持比丘、比丘尼戒，如法受持而不違犯；即使任何實證都沒有也無所謂，死後還可以往生欲界天享福。死後生欲界天中最少生上忉利天去，五百個天女伺候你，有甚麼不好？只要短短的幾十年，善於受持戒法，就可以有這個福報。那如果有的人沒出家，可是他受持十善法，修行十善業道，那他死後也可以生欲界天，也是享福；這叫作「人天安樂」，沒有實證都無所謂。

所以世間人愚癡，看見一個老比丘，或看見一個老比丘尼安分守己都不犯戒；每天拿著念珠，在那邊唸佛不斷，他又沒想要求生極樂世界。問他說：「你要不要去琉璃光如來的世界？」他說：「啊！我也沒有辦法一念不生，淨念相繼我辦不到，我也沒辦法去。」那怎麼辦？「不怎麼辦啊，我就老老實實唸佛，就這樣過一世。」他沒有什麼企圖，世間人不懂就笑：「你這個笨人！極樂世界到底存不存在都不知道。」他說：「就算沒有極樂世界，我這樣努力唸佛，不去極樂世界也沒關係，我來世不會下墮就好了。」啊！沒想到死後生到欲界天，當天人去了。可是那些世俗人懂嗎？不懂！雖然那個老比丘、老比丘尼自己也不懂，但是，他們其實來世一定會得到這個人天之樂。

世俗人不懂就嘲笑，有的人初學佛，其實他也不懂這個道理，嘲笑那個老比丘好傻，都不求什麼，就每天唸佛。老比丘都不求什麼，但他來世可是個天子欸！天的兒子比人間的皇帝還大。皇帝那天子是假的，是自己冒稱的；人家可是眞正的天子，歸玉皇大帝管，在天上當了天人，這就是「人天安樂」，都還沒有佛法的實證喔！所以不要像世間的那些愚人一樣，去嘲笑那些持戒不犯、只懂唸佛的老比丘、老比丘尼；應當對他們另眼相看，至少他們比世間人好太多了。這是由他們善住律儀，修學「波羅提木叉」成就，而得到的快樂異熟果報。

可是有的人有大功，因爲降服四魔。降服四魔當然是大功，四魔還記得吧——煩惱魔、五陰魔、天魔、死魔（生死魔）。能夠降服這四魔中的部分，至少是證初果了。證初果會不會魔宮震動？說對了！不會。因爲初果人死後還在欲界天中，還在天魔的範圍之內，所以天魔根本不愁；因爲他對初果人的見地不一定理解，就算理解了，他也不當一回事，因爲還在他的管轄之中。有人證得二果，他也不急；可是你要是證得三果，他就急了，就會來跟你干擾！但是，即使是初果人，初果人就有無生忍了，也就是最多極盡七有人天往返，就出三界了，那也是無生忍，如來就給他一個白冠。這個素繒不一定是製作成一個寶冠的模樣，也許就是一個白色的、鮮白的布巾，把頭髮纏在頭頂上用白布包起來；那一塊白布就叫作「素繒」，就相當於人間的寶冠一樣；這個素繒叫作「**四眞諦解脫素繒**」，也就是四種眞實的道理，冠在他的頭上。換句話說，證得初果的人就表示他有四聖諦的「素繒」。

可是如果不懂的人，聽了我講這個話，就說：「**欸，我看你們增上班的人，頭上也沒有素繒。**」那素繒是無形無色的，有慧眼才看得見。當然，增上班不是只有素繒，不會是這種素繒，而是另外一種素繒，後面再講。也就是說降服四魔，隨著他降服四魔的層次差別，而有四聖諦的初果到四果，乃至於有緣覺法的實證，通稱之爲素繒。

「**而冠其首**」也就是對眾宣稱：他已經得阿羅漢、得阿那含等。大眾就瞭解有這樣的實證，這就是 如來的封賞。因爲這四魔的煩惱已經降服了，所以給他這個素繒。那如果有的人增上信解，他不是只對解脫道有信解，而是對於生命的本源、諸法背後的實相起了增上心，對這部分也有信解，所以他去追求諸佛法藏;他要的是諸佛法藏,不是要阿羅漢的境界,那麼這個「諸佛法藏」講的是什麼?就是——「大我常住法身」。

關於「大我」兩個字又有人出問題了,所以我們弘法之前,佛教界有一種說法,說證悟了就是證得大我,然後要回歸於大我。那這樣的話,就跟一神教沒兩樣了。所以當年佛教界說的「如來藏大我」的思想,其實是外道的神我,印順就這樣講的。那麼有些學術界的人們也跟著這樣講,所以我們剛出來弘法時,弘揚如來藏大法,被人家罵「外道神我」。好在我們出了很多的書,解釋了經典的意涵,來證明這個「如來藏大我」並不是凡夫與外道說的那個神我。那個外道神我,不管他叫作上帝,叫作大梵天、造物主,其實都不離五陰。我們也破斥說:上帝眞的能夠出生有情嗎?不能!而那個外道的神我,不過就是識陰,頂多就是意識心;但因爲如來藏是出生意識心的「眞實我」,這個我屬於「理」,不屬於事;祂是能生,不是被生,而外道神我的我只是被生的五陰。他們只好閉嘴。

可是因爲有時經中說道:「這如來藏就是大我。」所以就又有人主張了:「那證得如來藏時,就是證明大家共同擁有一個如來藏。所有的有情都是從那個如來藏出生下來的。」那跟上帝創造一切有情有什麼不同？所以我出來弘法之後，還曾經有人證悟了，拿到我的金剛寶印，還來問我：「老師！我們證得這個如來藏，是不是大家共有同一個？」我那時很想敲他腦袋，我說：「就你的體驗，是大家共有一個嗎？」「我看不是啊！」「對啊，本來就不是啊！你爲什麼會這樣想？」原來他讀過那一些所謂的佛學家寫的文章，說大家共有一個如來藏。

以前香港那個已逝的月溪法師也是這樣講，那就是不懂，然後自己胡思亂想。那爲什麼經中要說叫作「大我」？比如說，你在家裡見了你父親，那你來比量看看：是你大還是父親大？對了！你在家裡見了母親，是你大還是母親大？（有人答：母親大）母親大啊！即使如今母親垂垂老矣，八十歲了；那你五十幾歲，你還是說母親大，因爲你是從她之所生。一樣的道理，五陰這個我再怎麼大，大不過金輪王吧？人間最大的人就是金輪王，金輪王最偉大了，金輪王擁有四大部洲；可是金輪王比起他的如來藏來，又稱之爲小，因爲他還是由他的如來藏所生，所以如來藏是「大我」，金輪王那個我是小我，依此而稱能生的如來藏爲大我。

這個大我又從生滅、不生滅來講，有生滅的，即使將來人壽八萬四千歲，也不過八萬四千歲。不懂的人說：「嗄？八萬四千歲你還嫌活不夠久喔？」我說：「八萬四千歲連小老弟都排不上，因爲如來藏無量歲啊！」八萬四千歲來到無量歲面前，連小老弟眞的都排不上，還有非想非非想天的八萬大劫呢！所以這個生滅的五陰永遠只能稱之爲小我；相對於那個不生滅的、無量歲的如來藏而言，永遠是小我；那如來藏當然就是大我，這樣稱之爲「大我」有甚麼過失呢？

再從能生與所生來談。縱使他擁有一個世界的四大部洲，擁有這四大部洲之後，他眞的很大，但問題是：這四大部洲是誰生的——如來藏生的啊！所以他再怎麼大，成爲金輪王了，也不過是住在如來藏所生的四大部洲裡面，大在何處？所以這樣來相提並論的時候，五陰再怎麼大，都不成其爲大，永遠都只能叫作小我；相對而言，如來藏就是大我，所以這個大我無妨每一個人都有，何必要合併爲一個？明明是「**天上天下唯我獨尊**」，爲什麼要貶抑成某某神所生？那叫作沒智慧！

那麼諸佛法藏最重要的法就是這個大我，而這個大我大到什麼地步？集合天下所有一切有情，比不上一位斷三縛結的初果人；集合天下所有的初果人，比不上一位三果人。也許有人想：這樣阿羅漢最大了吧？大呀！怎麼不大？現在普天之下，你幾乎找不到一個阿羅漢啊！好了，阿羅漢大，是誰所生？還是他的如來藏所生。把天下所有金輪王集合起來，都不如一個初果人；現在說，竟然連阿羅漢都是這個大我所生，第八識如來藏當然成其爲大。

可是我說了，就算有阿羅漢來到正覺講堂也開不得口，因爲我們增上班的菩薩們就可以把他們給撂倒，就不要說親教師們了。那如果有入地的菩薩，有八地的菩薩，有十地、等覺、妙覺，乃至諸佛如來，那不是更大了嗎？是啊！大得不得了！可是諸佛如來依舊是祂的第八識如來藏所生，改名叫作無垢識，又名佛地眞如，所以第八識稱之爲大我，沒有一絲一毫誇大。

而每一個有情都有這樣一個大我，又何必去集合在一起？硬要把祂集合起來成爲一個「大我」，因果全都混亂了！可是因果律明明存在，就表示每一個有情的這個「**常住法身**」不是大家共有，而是每一個人各個都有獨立的常住法身，稱之爲大我。那麼這個大我爲什麼又稱之爲「**常住法身**」呢？時間又到了，只能留到下回分解。

演述《大法鼓經》之前，先跟大家說明一下：禪三快到了，就表示我這邊審核已經完畢了，但還是要跟大家說明一下，上課率是硬性的規定，除非有很特殊的例外，才有可能不受限制；否則的話，出席率太低，那是一定無法上山的，請大家要特別注意這一點。那另外就是有的人是非常護持的，可是他脾氣大，或者很主觀，他有關於性障方面的事情，還是無法讓他上山。另外就是基本上的定力是一定要有的，有的人是上課很用心聽，回家以後很努力讀書、思惟、觀行；觀行報告也寫得很好，可就是定力不夠，毛毛躁躁的，心都定不下來；那我們縱使幫他證悟了，他也不會有開悟的功德受用，反而慢心高漲。所以親教師只要批上幾個字，說此人定力不好，那就別上山了。

關於定力這個事情，打從我弘法以來二十幾年，一直有人在爭議這定力的事。其實我們是從一開始就很看重定力，尤其是動中定，並不是這幾年才開始看重的；但是因爲沒有常常強調，有的人就忘了，然後都不努力作功夫。還有的人知見錯得一塌糊塗，認爲說：「**修定力就一定要打坐才有。**」那是顛倒想，因爲打坐修來的通常是定境。這無相念佛的功夫好好修，可以直到三禪，那是沒問題的。至於靜坐中修來的定力，一下座就散了，沒什麼用處，想要參禪，不足爲憑。而且說句老實話：「從靜坐中要修定力，從我弘法以來，沒看見有誰成功的。」且不說初禪，單說品質好的未到地定，沒幾個人成功；至於講初禪、二禪那就沒看過，而我這個人是不靜坐的，反而是定力好。那就是說：「修定的知見要正確，動中修得遠勝過靜中修來的。」因爲動中沒有定力時，參不了禪，當他拜佛時一看就知道了。所以禪三的時候，如果有人報名「見性」，他們在拜佛的時候，我都會去瞧一瞧，最後再確定一下定力夠不夠？定力不夠的人，斷三縛結以後仍然是個凡夫；即使證眞如了，同樣也是個凡夫。所以親教師只要批上「此人定力不夠」，一定把他刷掉；這是避免他悟了以後大妄語，甚至於造了不好的業。（編案：二〇二〇年退轉的琅琊閣、張志成等也是不修定的人，所以「悟後」沒有智慧及解脫的功德受用，才會想要推翻正法。）

但是也有的人這方面都沒問題，可問題是他的「福德」不夠；他福德不夠，除了看照片的直覺以外，還從各組的審核裡面也看得出來。有的人連著報兩次、三次的禪三，可是報了第三次以後，他的義工表都是掛零；財務組列出來的護持表也掛零，他來正覺是白白享受這裡的福利。那麼報這三次名，表示在這裡也待上四年整了。就算家裡孩子在外面謀生活，回來吃了、住了、睡了，至少逢年過節也給老爸、老媽供養個紅包；他連一毛錢也不曾護持，任何義工也都不作，那這樣看出來，這是沒有菩薩性的人，更有可能是來盜法的；沒有菩薩性或盜法的人，意味著說他沒有布施的習慣，那就不是菩薩。

說要修行六度，首要就是布施。在正法道場中從來不布施，只負責來吹冷氣的就不是菩薩。即使是世間的俗人，每週來吹一次冷氣、搭一下電梯，也會想到回饋一下電費；但他來上課一整年了，不然也添個香油錢五百塊錢，當作是水電費吧。欸！連這個也沒有，可想而知，連世俗人、正常人應該有的心態都沒有，那麼當聲聞人當然不夠格，當菩薩就更別說了！像這樣的話，他當然可以繼續共修，但是審核禪三時我們一定會把他刷掉的。如果我讓沒有菩薩種性的人悟了，很多有菩薩種性的人都上不了山而悟不了，那眞的叫作沒有天理；我們改個詞兒，叫作沒有「佛理」。

那麼修集福德是不是說，我要捐上三、五百萬才算有福德？也不盡然！

好像這回錄取的人之中，有好幾個他們護持款很少，因為不是有錢人；但是他們以正覺為家——正覺凡有所作，他們無役不與，從頭到尾沒漏過一次。那就像家庭裡面說：這孩子不太會賺錢，可是他一天到晚都在家裡一直工作著；那為什麼不肯承認他是眞正的孩子？當然不能把他當作外人！這道理是一樣的。所以這些道理，還是每逢兩、三年就得要講一次，不然有的人都忘了，然後就抱怨東、抱怨西。

其實我們這個禪三的審核、錄取，是非常公平的。那麼有機會時，我原則上都會盡量給大家上山去。所以，有的人我給他上去一次以後，他想：「我這個福德夠了。」然後就永遠都不再作義工，也不再作任何護持；他就等著一次一次上山了，那就永遠上不了山。要想想看喔：這上一次山，是什麼人來監香？又是什麼人來當糾察老師以及護三？全都是由證悟的人來作的。那麼這些證悟的人，為沒有破參的凡夫護持，那麼他上去打三一趟要損多少福德？這道理也要懂。所以我一直都很惜福，惜福是為我自己，不是為誰。那惜福的行事風格，其實是有多方面的，但是很多人沒有去覺察。所以有些人有時作了很多義工，有時護持了好多錢，可是福德卻在背後有所損減，我看了非常心痛；可是我不一定能講，因爲講了可能會遭來白眼吧！那這個白眼當然不會當面給我，但就是背地裡給我白眼。

但是因爲我們後續弘法，我個人現在幾歲了，剩下還有幾年？這些年中，我得要把握機會好好來講。因爲我下輩子還要進入正覺同修會來，不要到那時，我進來的時候是在收拾爛攤子。這個事情，我必須要把握這些年的時間，好好跟大家講一講，這樣子對大家的道業才會有最大的幫助；也希望藉這樣的教導，佛菩薩不再說我在次法上都沒有教導，只管教法。那也希望因爲這樣的緣故，大家有聽進去，那麼到 彌勒菩薩下生成佛時，大家都可以入地，這就是我的想法；而不是只當龍華三會那一些阿羅漢而已。

那麼這是爲大家好吧？對不對？但是爲諸位好的時候，其實就是爲我好；你們道業趕快成就，我就會水漲船高；你們都入地了，那我不再往前進，能幹嘛？難道留下來陪你們在初地晃？所以這是自利、他利兩俱。從今年開始，我還得要每年都來講，希望大家道業進展可以更快速。不過俗話說「良藥苦口」，這話聽起來都不會很順耳，但吃了以後，煩惱病一定可以治好；就怕拿了藥放在一邊，不吃就沒辦法。

《大法鼓經》上回講到第八頁第二行第一個字，說到「大我」。如來說，二乘法有二乘法的素繒，那就是四聖諦的實證所獲得的解脫功德。那麼在人天善法中，也有人天善法的素繒，就是不墮三惡道、常保人身以及富貴安樂等。至於大乘法中的素繒就不那麼容易得，大乘法的素繒特別白、很醒目，不像二乘法不很白。如果是人天善法的素繒呢？那就像剛織成的布，還沒有漂白，帶一點黑色——薄薄的黑色，或者是兼一點黃黃的，也就是粗胚布。那諸位瞭解印度人膚色黑，所以在那麼熱的地方，穿起衣服來又很容易流汗髒掉，所以一般人都不穿白的，帽子也不會是白的，所以綁頭髮的布巾也不會用白的。但是如果綁頭髮、包著頭髮的布巾是純白的、非常地白，那就非常醒目。所以你如果去印度，看見人家穿的是雪白雪白的衣服、白色的褲子、白色的皮鞋，那你就知道這是個有錢人。印度人有錢你不一定看得出來，但是可以從衣著上去看。有的人想：印度人那麼窮，他們眞的很有錢嗎？事實上，有的印度人有錢到不得了；那個什麼「富比士排行榜」沒有把他排上，是因爲查不到他的錢在哪裡；他們太有錢，但是沒有人知道。

那他們衣著都很鮮白，你就要知道：他可以常年累月衣著這麼鮮白，那不容易的，一定是很有錢；所以衣服每天有人幫他洗、幫他燙，他是有僱請傭人的。那如果印度人有的用黃金拉成絲去織成金縷衣來穿，我告訴你，那不是最有錢的印度人；因爲他不懂得隱藏，那不是最有錢的人，他是在炫富；當然他比一般印度人富有，但絕對不是最有錢的人。這是印度他們有錢人的習俗，他們不炫富；可是等你知道他住在哪裡，你就會嚇一跳——可能他的家就是一棟大樓，這棟大樓一層大概三百多坪，然後有一層是游泳池、一層是他的車庫（專門放車，車子搭電梯上去放），他們有錢是這樣的顯示方式，所以有錢人還是不少的。但是皮膚黑一點，那是因爲他們那個熱帶地方常常會有太陽晒，很正常。那有錢的話，現在出入都搭車子，有司機幫他開車，晒不到太陽，皮膚開始變白；白也是有錢的象徵之一，那如果是跟白人混血，不在此限。

這就是說，印度以白爲尊、以白爲貴，所以阿羅漢捨壽的時候，往往有一句話說：「**他顏色鮮白。**」表示不是發黑而死掉的，所以印度以白爲尊。如果大眾之中，那頭髮大家綁成髮髻，用布巾把它綁起來、包起來，那大家都用藍色的、紅色的……或什麼顏色；印度人很喜歡用紅色跟藍色，但如果其中有一、兩個是純白的，那就很鮮明。而一般人會有個自覺：他不會去用白色的頭巾，人家會說他僭越；就好像說在歐美三、四十年以前（現在不一樣了）買賓士車來開，那是要自覺有身分的人才會去買；不像現在黑道大哥也買賓士來開，有錢大家都買，不覺得怎麼樣，現在賓士 S500 滿街跑。以前是有這個觀念的，那因為我是有這個觀念，所以我還是有這個觀念。假使哪一天中了樂透第一大獎，我也不會去買LKK，所以我還是有這個觀念。假使哪一天中了樂透第一大獎，我也不會去買一輛勞斯萊斯來開，雖然錢帶不去未來世，我也不會去買；因為我的認知之中，我現在開這車子已經夠好了，別無所求，這就是一種自我的認知。

在印度也是一樣，古時候如果包上那個白色的頭巾，那是要有身分、要有那個地位的，否則人家都會投以異樣的眼光；所以素縑越鮮白，表示他的身分、地位越高。那麼人天善法修行有成，就有他的素縑；二乘菩提修行有成，也有他的素縑；大乘法同樣也有素縑，但是跟前二者不一樣。所以要得這個素縑的人，他的根性必須要夠好，智慧也要夠好，所以他得要有增上的信解。換句話說，一般學佛人是沒有「增上信解」的。也許諸位想：「信解就信解，什麼增上不增上的？」你們親教師也許聽人家問過，大概也有啦。

對呀！說要增上！

打個比方：我們出來弘法的時候，一直到我弘法十年的時候，都還是同樣一個情形，就是大家都認為：佛法就是四聖諦、八正道、十二因緣，別無佛法了；無論是禪宗的開悟或者什麼樣的佛法修學，所證的果位最高就是阿羅漢。那他們認為說，沒有所謂的佛菩提道五十二個階位，他們不信受；所以你如果跟他們講般若的時候，他們會跟你說：「般若就是一切法空、就是跟《阿含經》講的緣起性空一樣，就是把緣起性空作另外一種方式的說法而已；其實就是緣起性空的異名，所以你們只要修四聖諦、十二因緣就夠了。」那他們所認為的修學佛法，最後的果報就是阿羅漢；又認為「阿羅漢跟佛一樣，但因為阿羅漢是佛的弟子，所以不能稱為佛，叫作阿羅漢」。他們認為是這樣。

所以當你告訴他說：「般若是在講第八識的境界。」那他們不信！「沒有第八識！」就這樣直接否定。換句話說，你給他二乘素繒——仿造品而不是給眞的二乘素繒，他們會接受；你要是給他們大乘的、眞正不虛的素繒，或是眞正的二乘素繒，他們全都不要，他們說那是假的，因為你這個顏色太鮮白！那麼給他們的二乘「素繒」是用瓦楞紙糊起來的，他們拿到了，覺得這是眞的！當你給他眞正的二乘素繒時，不是很白的白布做的，他說：「你這個可能是仿冒品！」就是這樣。

所以他們不接受有第七識、第八識，他們認爲「般若」不是在講第八識如來藏的境界，般若就是講緣起性空，跟《阿含經》一樣，只是換個模式來講而已；所以他們對「大乘素繒」不愛樂，懷疑那是假的。把二乘的素繒給他們，還得要是瓦楞紙做的，白布做的他們還不要！比如說，證得阿羅漢果之後入無餘涅槃，那是一切法永滅了，完全沒有「我」的存在，稱爲「不受後有」，正是絕對正確的解脫，但他們不接受，他們說：「不！應該還有離念靈知或者還有直覺存在無餘涅槃中，叫作細意識。」但「細意識」是生滅法呀！那就是假的素繒！我們說那叫作瓦楞紙做的素繒，出外天雨就糊了！可是他們認爲那是眞的。爲什麼會是這樣？就是因爲他們對二乘菩提沒有信解，誤會了！直到我們《阿含正義》寫了出來，他們的知見才漸漸提升。

可是對二乘菩提的信解，從大乘法來講，那只是普通的信解。想要實證、想要獲得「大乘素繒」，也就是實證大乘法，得要有「增上信解」——這信解必須是增上的。也就是說，如來講了般若，他很願意聽，很用心聽，最後再經由思惟、觀行，他接受了：「果然應該是這樣，雖然我還沒有辦法實證，但我相信如來所說的是這樣。」這才叫作「增上信解」。假使一聽到如來要講《大方廣如來藏經》，然後就起煩惱說：「唉！那個是外道神我，我聽幹嘛？」扭頭便走。那就表示他沒有「增上信解」，他只適合聽表相的二乘菩提；因爲凡是在二乘法中有如實信解的人，都知道有第七識意根，都知道有第八識如來藏，只是未能實證。所以說，「增上信解」不是每個人都有的。

那麼如來說「若有增上信解，求佛藏大我常住法身者」，這是指什麼人？嗄？指諸位呀！別客氣！要敢承擔啊！如果你來聽我講經，聽了十年還不敢承擔，那你算什麼菩薩？進得正覺的門就要有大心：「如來在大乘經中講的，我也有分。」應作如是觀。要不然你就在那些大山頭，每天嘻嘻哈哈混日子就好了，幹嘛進正覺來學得這麼辛苦？所以求「佛藏大我常住法身」的人就是諸位！

那爲什麼說是「佛藏」？因爲諸佛的法藏都從這一個法而出生、而顯示。那諸佛如來也是由這個「法」來全部具足實證之後才成佛的，所以這個法就叫作「佛藏」。我們上一部經講的就是《佛藏經》。《佛藏經》以什麼稱爲「佛藏」？（眾答：因為如來藏。）對！就是以如來藏爲佛藏，名之爲「無名相法、無分別法」，所以佛藏就是如來藏。因爲一切佛法含藏在這個第八識心裡面，那正因爲祂永遠不壞，而且是諸法之所從來，所以稱爲「大我」。那這個「大我」我們上週講過了，不再重複。這個「大我」又名「常住法身」，「常住」是因爲祂本來就在，不曾有生而永遠不壞。假使是有生之法，就不可能成爲常住法。假使你到寺院去，你想要作某件事情，你要徵得誰的同意？得要徵得常住的同意。那就表示說：被稱之爲常住的人，他是一直都住在這個寺院裡面，所以才叫作常住，那信徒來來去去不是常住，來掛單的僧人也不是常住。所以在大乘法中說「常住」就表示說：這是在大乘法中始終不離開的人。

永遠依止於大乘寺院而住，才叫作常住；如果是雲遊僧（也稱行腳僧），就不叫作常住，所以他們行腳到一個寺院來，就得掛單。掛單就是說：他的衣單那一天晚上就掛在那裡，所以常住得安排他的寮房，給他可以掛衣單。古時的寺院中都會有個地方會貼名號，表示今晚有幾位掛單的僧人，名字是什麼，以及他住的房間；寺院裡就有這個掛單的規矩。後來演變成的規矩就是：某某僧人來掛單，那他的名號、他的法號就寫個牌子，掛在知客處或者是知客寮或什麼地方；那麼當家師一看就知道：今天有三個掛單僧。那典座看了，也知道增加三個人的食量。這就是說，他們是行腳僧，只是來掛單。

掛單時間可長可短，也許掛單個一週、兩週，多不過一個月；如果太長，人家會要求：「那你就成為這裡的常住，不能老是掛單！」因為掛單沒有職事，什麼都不用作；那如果掛單僧多了，不是累死常住了嗎？所以如果有人說：「我來掛單，掛個半年。」常住會拒絕！那佛寺的規矩：寺院是十方僧共，所以不管誰，只要還有床位，就不能拒絕他掛單，除非依律法另有規定。比如說：這是比丘尼的寺院，比丘要來掛單可以拒絕；或者說比丘的寺院就不收比丘尼，比丘尼要掛單可以拒絕。除此而外，掛單是不能拒絕的。

這表示說：「常住」是不來不去的，他一直都住在這裡。那我們這十八界法一樣，十八界法就是行腳僧，或者叫作雲遊僧，不是「常住」；「常住」的是不來也不去的第八識。所以這五陰十八界上一世在如來藏中現前了，叫作張三；上一世張三死了，這一世又在如來藏心中現行，叫作李四，是因為上一世張三離開了；不可能前世的張三不離開，而有這一世的李四現前。所以你這個如來藏就只有你這個五蘊的報身，不會有兩個五蘊報身；一定是前一世的張三那個果報身走了，這一世的李四才能在這裡出現。那這一世的李四也會走，就換成來世的王五，在同樣這個如來藏裡面又出現了，這時是換王五來住。所以這五蘊十八界是來來去去的，不能常住；但如來藏沒有來去，所以如來藏是「常住」。

那麼既然沒有來、也沒有去，而始終有一世又一世的五蘊，不斷來了去了、來了去了，所以就說這如來藏叫作「常住」；也因爲祂性如金剛，永遠不壞，所以是「常」；也因爲祂的清淨自性、涅槃自性是永遠不會被改變的，所以說祂叫作「住」——無所住而住。意識心不能常住，因爲有時住於聲、有時住於香、有時住於色……等六塵裡面不斷地攀緣；現在抓了這個，等一下又抓那個，就把這個放了，就像猿猴一樣；然後抓了這個呢，等一下又把它放了，又抓另一個；所以住在六塵中的是不住的，因爲不常，而且五位斷滅。

但是，如果於六塵無所住呢，那祂就永遠那樣住、永遠不變動，這叫作

「常住」。那爲什麼稱之爲「法身」？因爲所有一切有爲法、無爲法、有漏法、無漏法、世間法、出世間法莫不從之而生；祂是諸法的所依身，所以叫作「法身」。那麼這個「佛藏大我常住法身」得要像諸位這樣，有「增上信解」才能夠安忍；否則來到正覺講堂，聽上半個小時都很辛苦的，還是聽不懂，心裡面就想：「我下週不來了。」繼續又熬了半個小時，你還是聽不懂！「我不要來了，一定不來！」就這樣掙扎著。等到他發覺說：「欸！這裡面好像有道理，值得再聽聽看。」才突然起一念說：「我下週要再來！」結果就剛好聽到一句話說：「請聽下回分解。」（大眾笑⋯⋯）對呀！很多人就是這樣啊。這表示什麼？對於大乘法的「增上信解」是很不容易的。

所以有的人讀到我一本書，一頭就栽進來了；但有的人要讀過我六、七十本書，而且書裡面畫了很多記號，這樣讀過了十幾年才進得來，所以因緣各有不同。這就是說：對於大乘素繪有沒有「增上信解」？有「增上信解」的人就能得，沒有增上信解的人得不到「大乘素繪」。那麼說如果有「增上信解」，來求「佛藏大我常住法身」的人，如來會如何爲他灌頂？

「灌頂」本來是世間法。譬如說印度古時候，如果是一個大國，這個王子也很傑出，明年要讓他繼承王位了；或者說老國王要退位，明年要給他當國王，那麼老國王會派人前往四方取四大海水。四大海水就是往東、西、南、北四個方向進發去取。取了海水回來，用四大海的海水在他就職那一天爲他灌頂，那他就是灌頂王。一般國王即位時不敢用四大海水，這也要有認知，不是說他用四大海水灌頂，我也要四大海水；不是這樣的，那會惹來麻煩的。

那麼如果是來求「佛藏大我常住法身」，這表示這個人是個菩薩。諸位也許覺得說：「當菩薩也沒什麼！我看有的菩薩一天到晚吃吃喝喝，還有的菩薩不但吃吃喝喝，喝醉了酒還跟人家吆喝。」可我告訴你：「那不是眞的菩薩，那還在修『十信』的內涵而已！到初住位就不幹這種事了。」那麼爲什麼說到菩薩，我就得握起拳頭來？因爲菩薩種姓太尊貴了！眞正的菩薩很難得啊！一般人都說：「我在學佛。」其實不然！都是在學羅漢，各個都要獨善其身。有的人說：「我每天都在利樂眾生啊。」可是他還在十信位，學的法又是聲聞法，那也不是眞正的菩薩！他什麼時候要幹壞事、下墮惡道都不知道！

因此得要產生了「增上信解」，對大乘法這個眞如與佛性，對第八識如來藏有增上的信解，心中非常愛樂；想要求得這個佛藏，想要自己實證這個如來法身，想要證明祂是常住法，不是生滅法；那他就努力修菩薩道，到這個時候，他把六度修得很好，接下來就修四加行，等著見道。假使六度沒有修完整，欠了一度或欠兩度，或欠三度等等，對不起！如來不會用好的水幫他灌頂，因爲這個好水是要留給菩薩的。如來用什麼水來爲菩薩灌頂？如來說：「**爾時以薩婆若水而灌其頂。**」

「**薩婆若**」就是大乘法的總稱，主要就是講一切智和一切種智。那一切智有時候說的是二乘菩提究竟果的智慧，有時候說的是大乘菩提究竟果的智慧。所以有時候經論中說：「**佛是一切智者。**」那就是以大乘法究竟的智慧來稱爲一切智；但是在大乘法中，用「**一切種智**」和一切智來函蓋三乘菩提的全部智慧，這時候就說一切智就是解脫道的圓滿智慧，「**一切種智**」就是證得如來藏所含藏的一切種子的智慧；這兩個函蓋在一起，稱爲「**薩婆若智**」。

尋求「**佛藏大我**」的人，尋求常住法身的人，他要求證這個「**大我**」如來藏；這時候既然「增上信解」有了，該修的六度也修滿足了；那麼當他修好四加行時，「如來爾時以薩婆若水而灌其頂」，就是用大乘法中的一切智和「一切種智」的智慧爲他灌頂。「灌頂」表示什麼？智慧生起了！可不要被喇嘛們騙了，去到那個會場，每個人發一小瓶礦泉水，然後叫你眼睛蒙起來，在那邊唸誦一番咒語，叫你觀想怎麼回事，觀想完了，然後就打開瓶蓋自己灌（大眾笑…），說那是灌頂，那是兒戲呀！「灌頂」以後要有智慧生起才對呀！你們看，十地菩薩被諸佛灌頂之後，就進入等覺位，他就十地滿心，轉入等覺位了。然而密宗那個灌頂灌了以後呢，依舊是個凡夫！那是在灌什麼頂？呃！原來被騙啦！被騙了都還不知道，還很歡喜說：「我昨天去參加某某法王灌頂法會，我灌頂好了！」他灌了什麼智慧？沒有什麼智慧啊，依舊是凡夫一個。

那麼如來以這個「薩婆若水」爲他灌頂，就簡稱爲智慧水灌頂，那就表示有實證，有智慧開始生起了。這時 如來就說：「現在他已經是第七住位的『阿鞞跋致菩薩』。」也就是第七住的不退轉菩薩。有時候 如來爲他灌頂，然後他智慧通達了，如來就說：「這時候他是入地的不退菩薩。」現在不只是位不退，這時候開始都是行不退的菩薩，也是阿鞞跋致菩薩。這就是說，他證那個果位了，那　如來就給他「大乘素繒」，讓他戴在頭上。這是一個譬喻，你可別說：「欸！我怎麼沒看到你蕭老師頭上的大乘素繒？」你就是給我，我也戴不了啊！因爲我也光著頭，我怎麼戴？那是不是菩薩們都要留起頭髮才能戴？不！這是個譬喻。

譬如說：佛門凡是畫菩薩的聖像，那頭上都有個圓光。有沒有？哪一天，比如說未來世，你們如果遇到克勤大師再來，也許你請示了　如來，如來說那就是　克勤大師。但你不要在心裡面懷疑說：「那他怎麼沒有那個頭上的光？」對不起！等你把天眼修好了再來看，否則看不見的！如果凡夫眞的想要看那個光，不然就後面裝個燈泡，那不就看見了？可是那是世間光，不是智光，這個道理要懂。所以「大乘素繒」是否戴上了？要看他的身、口、意行，要看他是否有「大乘素繒」下面該有的智慧與解脫顯現出來給你看？要這樣判斷。

那「大乘素繒」特別鮮白、特別莊嚴，這是針對有「增上信解」的人，要求證　如來常住法身，要求證　如來這個佛藏大果的人才給他的；但不是他想求就有，還得要　如來爲他灌頂。那麼　如來爲他灌頂，有人一定會想：「我要等到什麼時候如來爲我灌頂？」他的想法也沒錯，眞的不容易等候！可是從「理」上來看，其實如來每天都爲你灌頂呢！阿哪個如來？對！你的自心如來，你的第八識如來藏每天爲你灌頂啊。那你如果看見這個如來爲你灌頂了，你頂門就有這一頂「大乘素繒」。

很多人都想上禪三，心裡面都想：「上山去了，導師『濫慈悲』，一定會幫我開悟的。」可是我不可能永遠濫慈悲下去，因爲我現在要作的就是鞏固正法，不希望繼續濫竽充數；假使未來二十年中，不斷地有濫竽充數的話，整個佛教都爛掉，那我們得要好好把這個門關了。所以從諸佛菩薩來看有情眾生，是否夠格戴上這一頂「大乘素繒」？顯然絕大多數的有情都不夠格！所以在佛教中證悟的人才會那麼少。因爲我這一世算是破紀錄了，既然破紀錄就要想：未來如何將養？豈不聞世間老人常說：「養不教，父之過。」「教不嚴呢？」（大眾笑⋯⋯）啊！又指涉到我身上來了，就是「師之惰」啊！可是我明明沒有懶惰！我每天這麼努力在作，就是教得不夠嚴；不斷地把法給大家，可是配合著「法」往上進應該有的「次法」卻沒有跟上來，那就是我的過失了！

所以從佛菩薩的立場來看，其實「福」與「智」應該要齊頭並進。修「福」不是只有在護持正法以及布施有情上面去修，福德的範圍很廣，包括「定力」以及「修除性障」，也都屬於修「福德」。如果有發起禪定，那也是福德，所以如果福德不夠，想要發起禪定也不容易；爲什麼呢？譬如說：你如果初禪善根發時，是遍身發而且不退，那麼你又把「慈無量心」修好了，你是有資格可以去當初禪天王的，想想初禪天王的福報有多大！所以禪定也是福德，所以修福不是只有在布施上面，要好好把自己的定力也修好！譬如說，如果把未到地定修得非常好，又加上廣大的布施，有資格去當他化自在天的天王，你說修定的福報大不大？所以定力也是福德的一種。

那麼除性障也是福德的一種，把性障斷除了，這會使你的福德增長，譬如說：發起初禪或者更深細的性障又除了，又發起二禪……等，這也是福德啊；所以這一些都跟伏除性障、修練定力有關。所以修福不單單是在護持正法以及利樂眾生上面。那麼如果這個修福的應作之事都不作，每堂增上班的課很努力修，那就變成怎麼樣？這一輛車右邊的輪子越來越大號、越莊嚴，可是左邊的輪子還那麼小。最後呢？當然是翻車，保證翻車！這個道理大家要懂。

因此說福與慧應當與時俱進，而修福的層面其實是非常廣的，所以各個方面都要去留意到。那這樣子呢，他的「大乘素繒」才能夠光明顯耀，否則他的「大乘素繒」是很莊嚴，然而戴上頭去是都蒙塵！佛菩薩看了就說：「這一頂大乘素繒也該好好清洗、清洗了吧？」怎麼清洗？要把性障修除掉，把定力好好學起來！性障修除了，定力學起來了，解脫果就跟著出現了。

很多人有斷三縛結的智慧之後，始終不能得到三果與四果的原因，就是沒有禪定。那麼禪定的由來，就是從斷除五蓋以及修好未到地定，初禪便生起了。所以發起圓滿不退的初禪，是因為他伏除了性障而且有定力；而定力成就的過程裡面，就是把他的性障一分一分地降伏，直到最後下定決心斷除了，「梵行已立」時初禪就現前了。所以「修定」就是一個伏除性障的過程。

那麼如果沒有定力，幫他戴上一頂「大乘素繒」，人家看了都掩起嘴來笑。為什麼私底下笑他？因為他的「大乘素繒」蒙塵（編案：例如二〇二〇年退轉的琅琊閣、張志成那一批人）。所以這個「大乘素繒」戴在頭上，必須名實相符。如果頭上頂著一頂「大乘素繒」，但是布滿了灰塵而沒有光彩，因為他一天到晚若不是貪，不然就是瞋；或者貪與瞋具足，或者是愚癡，人家就笑：「這算哪門子的大乘素繒？」越來越多人背地裡這樣指責，他的福德就一天一天損減。到最後，這個「大乘素繒」變得透明而不再鮮白，最後消失了，不見了，又成爲凡夫一個！

這就是說，必須要有「增上信解」，也就是說，對菩薩六度的內涵要有增上的信解——布施、持戒、忍辱乃至般若的內容與次第及前後的關聯性，全都有「增上信解」了，所以 如來以「薩婆若水」爲他灌頂以後，他便轉依成功了。轉依成功的時候不起大瞋、不起大貪、也無愚癡，然後藉著這個轉依的智慧功德次第漸修，貪瞋與癡就越來越小，他的無明就越來越少。也就是說，不單單是一念無明，而且無始無明也越來越少；那人家就讚歎他這一頂「大乘素繒」越來越光彩，那他的福德就越來越增加！

接下來，如來說：「大迦葉！我今亦復如是，以大乘素繒用冠汝首，汝於未來無量佛所當護持『此經』。迦葉當知，汝於我滅後堪任護持如是經典。」如來講了那個譬喻之後說：「我現在就是用『大乘素繒』戴在你頭上。那你未來要在無量佛的座下繼續護持『此經』。」所以他當上了禪宗第二祖。禪

宗初祖是 如來，他當了第二祖。所以他當禪宗教外別傳承先啓後的祖師，不是只有這一世，還要在未來無量佛的座下，繼續當禪宗的第二代祖師；諸佛如來捨世，就是由他當禪宗的法主。

所以未來 彌勒佛座下，會輪到你當禪宗的法主嗎？彌勒佛不會交給你，你也不會當禪宗二祖。會交給我嗎？也不會！會交給 克勤大師嗎？也不會！都已經預定好了，就是要由大迦葉去當。可別到時候說：「彌勒尊佛！您怎麼不叫我當禪宗的二祖？爲什麼要叫大迦葉當？」現在先跟你講了，因爲你不夠格！（大眾笑…）這也是跟每一個人過去世的願有關。譬如說你發願：「未來彌勒佛座下，我要爲彌勒佛結集大藏經。」對不起！你沒那個格，那是阿難要作的事；這因爲往昔發了願，一世一世這樣延續下來有關的。所以到了如來降生人間的時候，也不要強出頭，要認識到自己該有的分際在哪裡。所以到時候，彌勒尊佛下生人間成佛時，我一定不會跑上去說：「不管什麼場合，我都要上來說法，我要當說法第一。」絕對不！大家都安分守己。不然，套句大陸人講的話叫作「亂了套」。確實如此，佛陀座下不可兒戲！

那麼 如來在這裡也已經授記了！如來把這個「大乘素繒」爲他戴上頭去了。將來於無量佛所護持「此經」的事就是由他來作。「此經」是什麼？如來藏！所以護持如來藏妙法弘傳不絕的事，就是大迦葉要作的事，他自然是要當禪宗的第二代祖師，承接諸佛如來的教外別傳法脈。所以 如來特地再吩咐一遍：「**迦葉！你應當知道，你在我示現入滅以後，堪任護持像這樣的經典。**」像這樣的經典，到底是講哪一樣經典？（眾答：如來藏。）欸！就是如來藏。所以很多人讀經典時，經中總是說「**此經、此經、此經**」，大家都不知道「**此經**」就是在講第八識如來藏。

其實 如來講得很明白，就是第八識如來藏，這個第八識的妙義必須要不斷地弘傳下去，所以吩咐給大迦葉。那 如來已經吩咐了，所以 釋迦如來示現涅槃之後，沒有任何一個人出來爭執說：「**憑什麼你當禪宗的第二代祖？憑什麼當上了法主？爲什麼不是我？**」沒有人敢出來爭執。既然 如來吩咐了，大迦葉可不可以說：「**啊！不敢當！不敢當！**」不行的！一定要立刻應承下來。所以他就直接了當說：「**當如尊教。**」說「**我將會如同世尊的教導**」。由此可見，禪宗的教外別傳其實是 佛吩咐而傳承下來的，不是後代弟子虛構建立的。

這樣講了還不算數，復白佛言：「我從今日及滅度後，常當護持、廣說『此經』。」所以大迦葉就繼續住持如來藏妙法，直到捨世，然後傳給阿難，就這樣一代一代地傳下來。「常當護持、廣說此經」，「常」就表示永遠會在未來延續著，「當」就是時候還沒有到的未來，就是永遠都會在未來護持「此經」、廣說「此經」。那麼這時候，佛陀就讚歎他說：「善哉！善哉！今當爲汝說《大法鼓經》。」欸！原來到現在還沒有開始講。問題來了，爲什麼講了這麼長的對話之後，還沒有開始講？表示什麼？表示這個法是特大號的法，不是二乘菩提那個小法，更不是人天乘那個小小法；這個眞正的「大法」不是那麼容易就講的，所以這個「大法鼓」要敲起來之前，一定先有一番的宣示，讓大家都看見這一面「大法鼓」。

那這一面「大法鼓」有什麼「大法」？要讓大家先理解一下，然後才把這個「大法」敲擊出來。所以「大法」要宣講時並不是那麼容易的事，必須要這樣有人應承，願意繼續護持；表示這個「大法」將來不會中斷、不會失傳了，然後才可以開始爲大眾宣講。所以大迦葉尊者已經承諾未來在諸佛座下，都要繼續護持、繼續廣說「此經」了，如來才開始演說。

也許有人想：「欸！如來管到未來佛的事去了。」對吧？對啊！未來佛應該可以自己指定，我這禪宗法要傳給誰，為什麼釋迦牟尼佛先幫我指定了？如果你是當來下生 彌勒尊佛，你也許會這樣抗議吧？嗄？不會喔？你竟然搖頭說不會！然而你說得對！你不會抗議。為什麼？因為你到了一生補處時，就看清楚為什麼 如來會這樣授記了。這往劫的因緣都已經在那裡了，所以 如來這樣作了授記。

如果末法時代有人自稱成佛了，授記說：「我入涅槃之後，禪宗由你來住持。」不要輕易相信！要先檢查他有沒有斷我見再來談，別說檢查他有沒有成佛；因為 彌勒佛都還沒有下生人間呢，他成什麼佛？原來他成的是戲論佛！所以 如來的授記不可懷疑，因為 如來是如實語者。所以為被授記的菩薩說：「將來多少劫以後，再奉侍多少佛以後，某某人將會成佛，佛號叫什麼，世界叫什麼名稱，弟子怎麼樣等。」被授記的菩薩往往自己沒有聽到，所以有時都還不知道哩！但 如來已經看清楚了，這就是「一切種智」加上十力的功德來成就的，所以授記是 如來常法。

那麼有的人想要籠罩眾生，他也來作授記，可是不必多久就會被戳穿了。前些時候還有一個居士，用傳眞廣傳全臺灣各道場說：你某某大師、哪一天以前要來我這裡懺悔，不然你就會死掉。結果沒有人甩他。那些大師時間到了，都活得好好的，沒一個人死掉；我們講堂與出版社也都有接到傳眞。這一種事情很荒唐，可是他的徒眾信哪！直到那一天之後，不曉得他少了多少徒眾？可想而知！因爲他授記的那一些大師都沒有去跟他懺悔，後來也都活得好好的！有人能幹得出這種事情，你就知道這個人腦袋是有問題的；因爲他只要有世間智，就會知道自己有沒有授記的能力；就會知道如果膽敢亂授記，太陽是不會停下來的，早上升起來、傍晚降下去，一天一天過去，這個牛皮就被自己戳穿了！屆時如何自圓其說？欸！可是我後來看到，他又上了新聞，表示什麼？表示他的「世間智」眞的有問題，就不要說二乘菩提的出世間智，或者大乘菩提的世出世間智了。

所以這「大乘素繒」要傳下去，該誰來繼承？如來都看在眼裡，沒有誰可以強出頭。那麼 如來看到大迦葉應承下來了，所以說：「**眞好啊！眞好啊！你說得眞好，現在可以爲你來演說《大法鼓經》了。**」那接下來大眾是怎麼反應的，咱們來看看：

經文：【時虛空中諸天龍衆同聲歎言：「善哉！善哉！迦葉！今日諸天大雨天華，諸龍王衆雨甘露水及細末香，安慰悅樂一切衆生，應爲世尊之所建立，爲法長子。」時天龍衆同聲說偈：

王於舍衛城，伐鼓吹戰螺；
法王祇洹林，擊于大法鼓。

佛告迦葉：「汝今當以問難之桴，擊大法鼓；如來法王當爲汝說，天中之天當決汝疑。」】

語譯：【這時候，在虛空中的諸天以及龍衆，異口同聲來讚歎說：「太好了！太好了！迦葉！今天諸天要大大地散下很多天華，然後所有的龍王大衆也要從天上猶如大雨一般，把甘露水以及很細的末香飄降下來；安慰以及悅樂所有的衆生，應當被世尊來建立，說大迦葉是世尊法中的長子。」這時候諸天以及龍衆異口同聲說了這樣一首偈：

波斯匿王在舍衛城稱王，敲擊討伐的大戰鼓，吹起了大戰螺；

法王釋迦牟尼佛在祇洹林中，敲擊了大法鼓。這時佛陀告訴大迦葉說：「你如今應當以問難的這個鼓槌，來敲擊大法鼓；如來法王即將為你解說，如來是天中之天，應當為你解釋疑惑。」】

釋義：如來已經應諾要為大迦葉講《大法鼓經》了。這時虛空中有諸天，還有許多龍王以及他們的眷屬們，當然都很歡喜。這是因為住在天上要聽到如來演說佛法的機會很少！在佛世只有過兩次：第一次是 如來初成道，宣講《華嚴經》時，從人間講到忉利天上，之後就沒有了。然後一直到摩耶夫人捨壽生天很久，後來 如來特地上忉利天去為她說法幾個月。就這麼兩次，時間都不長。所以諸天想要聞法，還得常常到人間來，在天上很難遇見，機會難得。

所以 如來在人間凡有說法，虛空中都有諸天前來聞法；那麼諸天來了，龍王當然要追隨，所以龍眾也會跟著來，因為龍王也有許多的天龍等部眾。那他們聽到 如來要為大迦葉宣講《大法鼓經》了，所以讚歎說：「善哉！善哉！迦葉！」然後一面讚歎，諸天就開始降下天華，有紅色的大朵天華、小朵天華，也有白色的大朵天華、小朵天華，就從天上這樣飄下來。

然後是管水的龍王，他們就開始降甘露水，應該就是像霧一樣開始從天上降下來。甘露是天人的食物，天人以甘露爲食；所以說，密宗求天人的甘露，就算不是變魔術的障眼法，而是求到眞正的天界甘露，那跟三乘菩提的實證相不相干？不相干啊！只是天人的食物。吃了天人的食物，不會斷三縛結，也不會開悟；所以縱使能夠求到眞的甘露，也跟證道無關。何況現在密宗那些甘露法會的甘露，全都是變魔術變出來的，並不是眞的甘露。這是題外話。那龍王管水，降下了甘露水，而且把他們所擁有的細末香也降下來；這時大家當然就精神充滿了，又聞到異香：「哇，好香！」所以大家都很歡喜，這就是「安慰悅樂一切眾生」，讓一切眾生感覺很歡喜。那麼這個時候表示諸天都知道：如來就是建立大迦葉爲 如來法中的長子了。

所以誰當 如來的長子，誰當次子，這都是已經定好的事了。那麼諸天也知道，龍眾們也都知道了；如果有個人不知好歹站出來說：「不！我要當長子！」那就要鬧笑話了。所以既然 如來把這個法傳給他，叫他在 如來示現涅槃之後要繼續住持佛法的密意，要繼續爲人演說。不但如此，還吩咐他：未來諸佛座下，他還要繼續護持、繼續演說。就表示他眞是 如來法中的長子。所以你們在所有的經論裡面，看不到十大弟子或五百大弟子在那邊爭說：「我才是長子！你是次子。」絕對看不到。因爲大家心知肚明，各人有各人的角色，不相混淆；如果混淆了，就會被人家記錄下來。所以那個愛好女色的難陀，搶先在舍利弗尊者之前，就跑去爲那些比丘尼眾說法，佛教史就記錄而留下來了，逃不掉。將來哪一天，舍利弗尊者成佛了，難陀一定跑不掉的，一定會在他的座下；到時候，某一個因緣出現了，那時的舍利弗這尊佛，就得要講他的故事了（大眾笑…），這是一定的啊。所以有很多事情，要作之前都得要先三思。

以前佛教界都想：「唉呀！想那麼多幹什麼？誰知道！」不是誰知道，而是大家都知道！而他們的如來藏就是記錄者；將來到了某一尊佛座下，出現了某一件相關的事情時，大眾問起來就逃不掉了！然後他就知道：「如來要說我過去世的什麼事了！」他自己也知道。所以在 如來聖教中，一切聖眾各安其分。就像佛法之中，什麼法在什麼地位，都各有其分，就是「法住法位」。那也不必去探究說：「那爲什麼他當長子，不是我當長子？」不用探究，如來說了算，都是有往世的因緣在。所以這些諸天以及龍眾都知道：「現在大迦葉應當是已經被世尊建立，指定他就是如來法中的長子了。」所以這時候，諸天的龍眾讚歎了，就說：「好像是波斯匿王在舍衛大城當國王一樣，敲擊了討伐外國的大戰鼓、吹起了大戰螺；如來法王也是這樣，在祇洹林中，現在敲擊起大法鼓來了。」

既然是這樣，這部經典就應該開始講了。可是這一部經跟一般的經不太一樣，要藉由問答來講。有的經典是 如來不問自說，從頭講到尾，都是 如來主動講的。但這一部經典，如來要藉大迦葉的提問來演說。如果換了次子、三子、四子來講呢？那提問就不同了，那就不符合《大法鼓經》要講的內容。所以要當 如來的長子，必須在過去佛就已經聽過這一部《大法鼓經》，不斷地延續下來，都還記得；然後就這樣一步、一步把這部經講出來。說白了，這是師父跟徒弟兩個人演戲，這一齣戲的名稱叫作《大法鼓經》，這本來就是這樣啊！所以諸大菩薩都各安其分，知道自己應該幹什麼、不該幹什麼，沒有人是莽莽撞撞的。那如果莽莽撞撞的，當不了十大弟子的，最多就是五百大弟子裡面，搞不好還排到最末尾。

所以這時候 如來告訴大迦葉說：「你如今應當要來用大法鼓的那一根木

槌來敲擊大法鼓。」既然有鼓就要有木槌，沒有木槌怎麼敲得出聲音來？「大法鼓」不是普通的鼓，那麼大法鼓的「槌」呢，就是「問難之桴」。以「問難」作爲那一根木棒這樣來敲，敲了之後，「如來法王當爲汝說」，就會爲你來講解。如來還特地宣示說：「天中之天當決汝疑。」如來宣稱是「天中之天」，然而現代那些自稱成佛的人，有沒有誰敢自稱是「天中之天」？都沒有！沒有一個人敢，包括釋印順；他也說他成佛了，但他敢說自己是「天中之天」嗎？敢嗎？不敢！假使他膽敢說他是「天中之天」，不必菩薩問難，凡夫們就把他問倒了。

「天」有什麼功德，凡夫知道嗎？不必談到二乘菩提、大乘菩提的實證者。「天」顯現最外面的功德就是天人有五通，「那麼請問你有哪一通？」人家這麼一問，他就只好口掛壁上了。可是 如來說：「我是天中之天。」人間相對於天主、天人而言，就表示什麼？天人、天主勝過於人，所以人類才要奉祀諸天。現在如來說祂是「諸天中的天」，也就是說諸天要奉侍祂爲「天」；表示所有諸天都得要供養 如來、奉侍 如來，這才是佛啊！如果沒有「天中天」的功德，憑什麼宣稱成佛？好！現在既然說是「天中之天」要爲大家演說，當然已經證悟成爲菩薩摩訶薩的大迦葉尊者要來問疑了。問疑之時當然要答得出來，否則就不是「天中之天」了。接著 如來是怎麼開示的？

經文：【爾時，世尊告大迦葉：「有比丘名『信大方廣』，若有四眾聞其名者，貪恚癡箭悉皆拔出。所以者何？迦葉！譬如波斯匿王有耆婆子，名曰上藥；若波斯匿王與敵國戰時，告上藥言：『汝今速持能爲眾生拔箭藥來。』爾時上藥即持消毒藥，王以塗戰鼓；若塗、若熏、若打，若彼眾生被毒箭者，聞其鼓聲，若一由旬、若二由旬，箭悉拔出。如是，迦葉！若有聞『信方廣』比丘名者，貪恚癡箭悉皆拔出。所以者何？彼因『此經』增廣正法，以彼現法成就故，得此大果。大迦葉！汝當觀彼無心凡鼓，以無心藥，若塗、若熏、若打，有如是力，饒益眾生；況復聞彼菩薩摩訶薩『信方廣』比丘名，而不能除眾生三毒？」迦葉白佛言：「若聞菩薩名者，能除眾生三種毒箭，況稱世尊名號功德，言『南無釋迦牟尼』？若稱歎『釋迦牟尼』名號功德，能拔眾生三種毒箭，況復聞此《大法鼓經》安慰演說若偈、若句，況復廣說而不能拔三種毒箭？」】今天只能講到這裡，下週繼續解釋。

《大法鼓經》上週第八頁最後一段已經唸完了，接著是要語譯：

語譯：【這個時候，世尊告訴大迦葉：「有一位比丘名爲『信大方廣』，如果有佛門四眾聽聞到他的名號時，貪欲、瞋恚、愚癡的毒箭全部都可以拔出。這是什麼道理呢？迦葉！譬如波斯匿王有一個善於醫術的耆婆的兒子，名字叫作『上藥』；如果波斯匿王與敵國發生戰爭的時候，他告訴上藥說：『你現在趕快去把能夠爲眾生拔出箭的藥拿來。』這時候名爲『上藥』這個人，就趕快去取來消毒的藥，波斯匿王就把它塗在戰鼓上；有時候不一定用塗的，也許用熏的；有時候是熏了給他的戰士嗅聞；有時候是把那個戰鼓敲打起來。那如果有眾生被敵國的毒箭射到的話，只要聽聞到這個消毒鼓的鼓聲，也許距離一由旬或者兩由旬，毒箭全部都可以拔除。就像是這個道理，大迦葉！如果有人聽聞到『信大方廣』比丘的名字，他們心中的貪欲、瞋恚、愚癡的毒箭全部可以拔除。這是什麼道理呢？他們是因爲『此經』如來藏而增廣了正法；由於他們是在現法上面來成就的緣故，所以能得到這樣偉大的果報。大迦葉啊！你應當觀察那一面沒有心的世間平凡的鼓，用那一種沒有心的消毒的藥，或者塗、或者熏、或者敲打起來，就有這樣的力量可以饒益眾生；何況又再聽聞那一位菩薩摩訶薩名字叫作『信大方廣』的比丘的名聲，而不能夠滅除眾生貪、瞋、癡等三毒？」大迦葉稟白佛陀說：「如果聽聞那位菩薩的名號的話，能夠滅除眾生的三種毒箭，何況稱歎、受持世尊名號的功德，而在口中說『歸命釋迦牟尼』的人呢？或者稱讚、讚歎『釋迦牟尼』的名號與功德，能夠拔除眾生貪、瞋、癡等三種毒箭；更何況是聽聞這一部《大法鼓經》來安慰演說——不論是以偈頌或者以字句來講；更何況是將《大法鼓經》的偈頌與字句加以廣說，而不能夠拔除三毒之箭呢？」】

釋義：這可不是一般人嘴裡說的：「我相信哪！我信受啊！」甚至於有的人很高聲地發誓說：「我絕對信受！我要是沒有眞的信受，死後就下地獄！」但其實那樣說了也都不算數，因爲「信」有許多種。有的人心性好，他從來不懷疑，隨便你跟他講什麼他都信。譬如在臺灣，且不說大陸，就有許多凡夫自稱成佛；但是也有很多人信，那些信徒們絕不懷疑。如果我明天自稱成佛，你們一定不信；這跟傷不傷感情無關，而是跟智慧有關，因爲有正知見而生起了擇法覺分時便可以去判斷。可是有的人只要能夠作出一點兒排場，讓人看見覺得佩服，而那個人自稱已經成佛了，他們就信；這叫什麼信？（眾答：迷信！）諸位講得好！就是迷信，而且你想要改變他們，還眞難哪！

迷信之後，有的人繼續修學以後開始理解：什麼叫作佛法？佛的境界是什麼？然後對於諸佛以及諸大菩薩們的修證功德，他覺得「仰之彌高、鑽之彌堅」求不可得，所以非常地仰慕；但是已經不會被那一些假名大師所欺瞞，這叫作仰信。那到了仰信的階段，能不能說他就是「信大方廣」呢？還談不上！因爲仰信之後，即使再努力地修行都還談不上；得要實證了、轉依成功了，這時候從「理」上以及從「事」修的過程中，去證明「此經」如來藏眞實不虛，而且本來清淨、本來涅槃，還具有一種無可比擬的特性，就是能生萬法。他經由聖教量，也經由實證的理上面，從各種事相上去觀察祂；現前觀察了，所以他絕對的信入了，到這個時候才可以稱爲「信大方廣」。

如果剛剛悟了還不算數，因爲還沒有能力去作各種現前的觀察，從各個層面證明一切諸法都是由「此經」如來藏所生；當他沒有能力深入觀察時，他就沒有絕對的信，心中常常生起疑惑，那這樣就不能稱爲「信大方廣」；因爲這個信的層面要包含大、方、廣。「大」就是層面很廣大。「方」就是無所不至；一個四方形的土地很大，但是四方的每一個地點都走到了，這才叫作「方」，也就是窮極而無所遺漏。「廣」表示祂的內涵太多了，如果才剛剛悟了，那就來跟我說再見，這表示什麼？他沒有大、也沒有方、也沒有廣；那麼他最多只能夠安忍，而沒有辦法發起祂的功德。

所以要當上「信大方廣」這位比丘，還眞不容易啊。這表示什麼？表示說他至少得有無生法忍；假使沒有無生法忍，憑什麼信他有大、有方、有廣？只要他有無生法忍，他自己的信是已經通達的，通達了就能爲人廣說；這時他度的人多了，大眾聽聞他演述的法也多了，然後名聲傳出去了；別人聽到這位「信大方廣」比丘的名號就會信受，信受之後就只是信嗎？就比如諸位原來是讀了我的書，信了，可是不會滿足於信，一定會設法去達到實證的階段。所以一定會投入這個「法」裡面去學，修學的結果就是貪、瞋、癡三毒之箭拔掉。所以首先就是斷身見、證初果，再來就是證得「此經」，心得決定而不改變；就這樣子一步一步邁進，這叫作「貪恚癡箭悉皆拔出」。

所以有時我跟諸位說：「你們繼續努力修行，將來到彌勒尊佛下生人間成佛時，得要入地才行。」這話如果去外面講，一定有很多道場會說：「你蕭平實講得一番狂傲之語，不怕下地獄嗎？」會恐嚇我欸！因為他們不信啊！佛教界就是會有兩大類的人：一種人是隨便告訴他說怎麼樣就是成佛了，他們就信了；另一種人是極度保守，總是想：「那大妄語業千萬不可犯哪！蕭平實竟然敢說那個時候就要入地！」他們會覺得你蕭平實講話太狂傲。但是我知道不狂，因為我說的是事實。也就是說，眞實能夠篤信不疑，是由於他能夠現觀「此經」如來藏之所以為大、為方、為廣，所以心中再也無疑了；然後他就能夠利樂好多人，同樣實證「此經」；實證之後呢，次第進修，就拔除了貪、恚、癡箭。

那麼有的人是新學菩薩，對佛法不太瞭解，所以如來就作了個譬喻。譬如說波斯匿王他有個臣下，是良醫耆婆之子，名字叫作「上藥」。既然名為「上藥」，表示他有最上品的好藥。當波斯匿王要與敵國打仗的時候，往往人家會在箭頭塗上毒藥，只要被箭射中了都得死；那他告訴「上藥」，去把拔除眾生毒箭的藥趕快拿來。他就趕快拿來了，波斯匿王就把這個藥塗在戰鼓上面，有時候他乾脆用這個藥來熏戰鼓或熏他的士兵們。當戰爭一開始，搥起戰鼓來，那個藥的力量就藉著鼓聲傳出去了；如果戰士們有被敵國的毒箭射中的話，只要聽聞到這個鼓聲，凡是在一由旬、兩由旬之內的人，那些箭毒全部都會自動拔掉。以這個作譬喻，說如果有人聽聞到「信大方廣」這位比丘的名號，他一定不會聽了就算了，他一定會好好去修學，那麼「三毒之箭」也就可以全部拔出來。

這「三毒之箭」爲什麼不是先拔貪箭，然後拔瞋箭，然後拔癡箭呢？爲什麼是一時全部拔出？因爲當你學法努力修行，實證了之後，你會發覺：之所以會有貪、會起瞋，是因爲沒智慧。從世間法來看，有智慧的人永遠不跟人家生氣，絕對不跟人家起瞋，所以他永遠不跟人家口角。那他有智慧時就不貪不義之財，作生意時逐什一之利；不會說我要逐一十之利，一塊錢賣十塊錢。他不幹！老老實實，我賣十塊錢，賺一塊錢很合理，他有智慧。假使那是一塊錢的東西，他賣十塊錢，不斷地賣；而眾生愚癡，不斷地買，有一天黑道一定會找上門來；那到底他聰明不聰明？就是這個道理。所以爲什麼有人中了樂透都隱姓埋名？連親戚都不讓知道，還繼續住那個破宅、繼續開破車。爲什麼？因爲他有世間智慧，他如果到處嚷嚷，不必一個月，就被親戚要光了；要不然就是人家設局來騙他的錢財，所以他有世間智慧，就可以保住他的錢財。

那麼學法的人也是一樣，證得「此經」之後，發覺：「啊！我果然證得大法了！」這個法之大無可比擬，因爲萬法莫不從之生。世間人說：「天下再大，大不過我的父母吧！縱使我當了轉輪聖王，見了父母依舊是要禮拜，要好好奉侍供養。」可是從「此經」來看，轉輪聖王的父母也是「此經」所生。轉輪聖王的父母、的父母、的父母不曉得往上推幾代，也都是「此經」所生，那到底誰大？欸！懂了：「此經」最大！所以轉依了「此經」之後，智慧開始出來了，就開始遠離愚癡。

假使不能轉依，只知道「此經」的密意是什麼，但是不能轉依成功，他的智慧就起不來。如果轉依成功了，智慧開始起來，那就是愚癡的箭拔掉了。愚癡的箭拔掉以後，絕對不會再去貪非分之財或者非分的五欲；既然不貪！那就是貪這一支毒箭也拔了，然後轉依於「此經」。菩薩來世間與有情共事，發覺用不著起瞋，因爲於理不合；當你實證了這個理，而這個理是從來不起瞋的；再從世間法上來看，起瞋只會壞事，不能成事，所以這瞋恚之箭也給拔了。

所以說，根本就在於拔除了這個愚癡之箭，三而一，一而三！那不懂的人就是「三」，永遠都不知道什麼叫作「一」；可是眞懂的人證得「此經」，發覺貪、瞋兩支毒箭其實就是愚癡這一箭引生出來的。從「此經」來看，連「一」也沒有；一之不存，何以說三？欸！踱個文。對啊！依於「此經」第八識來看，連一也沒有，就不要說三毒了！所以聽聞到「信大方廣」比丘名的人，一定會精進修習；修學、熏習久了可以實證，實證了以後，貪、恚、癡箭悉皆拔除。如來也說明了這個原因，就是因爲「此經」可以增廣正法，所有正法都由此經而得增廣。

只有愚癡的人說：「**我證得如來藏，可是如來藏看起來好像沒什麼。**」這是我弘法以來一直都會遇到的狀況，一直都有人這樣。所以有時候我發現誰有這個心思時，我先跟他講：「**你別看這個心沒什麼，等你開始悟後起修了，你就知道祂眞的有什麼，因爲一切法都從祂來呀。**」所以只有證得「**此經**」，才能夠依於「**此經**」第八識次第進修，才能夠增廣一切法；到最後諸佛如來的四無所畏、三不護、十力、十八不共法……等一切的法，乃至如來的十號，那些功德都從「**此經**」而得增廣。

所以證得「此經」第八識之後，不斷去作觀行，增廣的層次越來越高、越來越廣大了，這一些功德都不是想像的，也不是用推理的，祂是「現法成就」。「現法」就是現前可以驗證的法，如果是比量推理，不會有很好的智慧生起，最多就是能言善道；但是遇到個實證的人，就會看穿他的手腳。所以歷年來總是有一些同修去打探「此經」的密意，打探之後知道密意了，後來遇到一個跟他一樣打探來的，但是他書讀很多，我的每一本書他都讀過兩、三遍，那就可以把這個人籠罩。所以不是悟後就沒事，而是悟後事更多，一定要好好地把我那些書詳細地讀上幾番，一面讀，一面現觀；不然悟了，別人看來他頭上好像有光環，其實那個光環是用紙板做的，因爲他的智慧沒有眞的生起來。

所以學佛時一定得要是「現法成就」，然後悟後繼續作觀行，繼續讀善知識的書，或者經典或者論典，然後開始觸類旁通去引生自己更多的智慧；這就是大乘證悟這個「眞見道」之後，所應該繼續進修的「相見道」位該修的法；由於這樣的「現法成就」的緣故，才能得到這個大果報。如果單單是證悟了，然後得少爲足，他的現法成就沒什麼可提的；看來好像很好，但其實套一句世俗人講的歇後語，叫作「馬尾巴拴豆腐」！綁豆腐應該用姑婆芋包起來，然後再綁好。古時候用姑婆芋把豆腐四面包起來，再用大甲藺綁起來讓人提回家。結果有人「聰明」，拿了馬尾巴的一根長毛來，把它綁了就提，提起來時就變成四塊豆腐！他有辦法提回家嗎？沒辦法！所以這句歇後語叫作「甭提了」！

還眞有人這樣呢，幾乎每隔兩、三年就會出現這麼一個人，所以佛菩薩怪我手頭太奢侈。啊！沒辦法！可是我就想：「**最好是每一個人都能悟了，那多好！**」卻是每隔兩、三年就要收拾一個爛攤子。這叫作「**自作孽，不可活**」。意思就是說：佛法都得是「**現法成就**」，不能夠只知道如來藏的密意，但是他沒有實際的體驗，就認爲自己開悟了。在禪三時哭喪著臉說：「**導師！救救我！**」有一位大陸六、七十歲的法師也這樣啊！我看了老大不忍，幫了他，結果又是後來給我扯了個爛攤子來。唉！你看我冤不冤啊？這一念心軟，害他也害我自己，眞的得不償失！這樣算是違背 彌勒菩薩的教誡。

彌勒菩薩說：「**菩薩凡有所作，應當自利他利。**」結果我一念心軟，作了這個事情，自不利、他也不利；唉！眞是傻瓜一個！智慧還不夠啦！如果夠智慧，我就不要心軟，就沒事了。對啊！欸！你們怎麼……（大眾笑……）沒有認同我啊？事實眞的是這樣。我弘法二十幾年，被咬了很多次了；去年底我又被一位大陸的法師咬了，眞是冤枉！不過也不怪他，是怪我自己。也就是說：必須得把握對方可以是「現法成就」，才能放手，否則總是會出問題；因爲他不得大果，然後就會拆爛污。一切的佛法都是「現法成就」，所以爲什麼佛法中要講「諦現觀」？爲什麼還要講九種、十種的現觀？因爲這些都是「現法成就」。

所以假使有人自稱說他入地了，那就要問他：「你的如幻觀在哪裡？陽焰觀在哪裡？你的如夢觀在哪裡？」對方一定會說：「我當然有啊，不然我哪敢這麼講？」那就問他：「你的如幻觀是怎麼成就的？講講你成就的過程與內涵。」並不是口頭說了就算了。假使口頭說了就算，那某甲如果今天說：「欸！我是美國總統。」那是不是呢？不是啊！得要經過選舉的過程，然後宣誓，眞的坐上那個白宮的寶座，才能算數。所以當他宣稱有什麼樣的現觀，他就得把那個過程與內涵講出來，不然全部都是因中說果，都是大妄語業。那麼如幻觀如是，陽焰觀、如夢觀亦復如是。假使有一個人也沒有禪定，而說他有如夢觀，那他的如夢觀是怎麼來的？作夢來的？對啊！如夢喔！但如夢是好像夢，不是眞的作夢。然而他只是作夢！那就不叫如夢觀。所以那些內涵都是「現法成就」，假設不是「現法成就」，是靠思惟來的，那都是大妄語。

那麼入地之前得有這三個現觀，入地之後到七地滿心，還有七個現觀；那也是每一地到了滿心位都要有的現觀，所以佛法都是「現法成就」，不是用思惟所得，因爲思惟所得都是比量。那麼比量有兩個現象：一個推論是正確的，另一個推論則是錯誤的。那麼推論時如果是正確的，可不可以叫作現量？不行！那麼推論若是錯誤的，叫作非量，表示它錯誤了。所以佛法如果不是「現法成就」都是有問題的，但是有的人對成就這兩個字很有意見。

講到這裡，我想起來了，我的第一本書叫作《無相念佛》，以前是要獻給農禪寺的，讓他們教導信徒學會這個功夫，就可以讓有才華的幹部留下來；因爲聖嚴法師以前都抱怨：「好的人才都川流不息，留不住。」他講了這一句成語：「川流不息」，因爲來了，人家看沒有法就走了，就這樣所以叫「川流不息」，這他親口跟我講的，是在禪坐會的幹部會議時講的。那我說：

「那如果教會他們看話頭，他們就信心滿滿，什麼時候要一念相應，那就悟了；所以只要會看話頭這個功夫，就不會走人了。」欸！聖嚴法師倒是聽進去了，告訴我說：「那你寫來給我，我準備刊登於《人生月刊》。」結果寫了去，有沒有用？沒有！三進三出之後，被丟在字紙簍，所以那個稿子是從農禪寺知客處的字紙簍裡撿回來的。如今那本書發行，現在大概快四十萬冊了吧？

那麼當年我都已經拿回家了，因爲人家從垃圾筒裡撿起來，看到是我的，通知我領回去了，他還不知道。後來他又告訴我說：「你趕快來領回去呀！」我說：「好！好！好！」他就解釋說：「爲什麼你這本書不能印，因爲你書裡面很多地方都講『成就、成就、成就』，這樣不好；這『成就』是密宗講的話。」我說：「那好，那我改了。」那是第二次還沒有拿回來之前。第二次他跟我講，我改了就送回去；送回去的結果是被丟到字紙簍，我被某師通知以後才拿回來。

拿回來之後，有一次園遊會，我想：「我最後再去一趟吧，總是有這麼幾年的情分。」就去參加園遊會，也去買了個佛前的小供桌——放供杯的供桌，兩千七百塊錢買的，我還記得，現在我家佛堂還供著。他一看見我了，找我去談話說：「你那本書，我還是不能幫你出版，因爲師父我都沒有說我是聖人，你倒說你是聖人，所以不能幫你出版。」我當場問說：「我有什麼地方寫說我是聖人嗎？」結果他怎麼講？「你雖然沒寫，但人家讀起來，覺得你就是個聖人。」（大眾笑⋯）這是我們師徒兩個人的對話，我一字不易，都沒有改一個字喔。他說：「欸，你就拿回去吧！」我說：「好！好、好、好，我就拿回去。」我也沒說我已經拿回去了。這「成就」這兩個字爲何對他這麼敏感？我不知道。我是說：「無相念佛有十個階段，每一個階段成就了，可以進入第二個階段。」就這樣，這「成就」兩個字也那麼敏感，可是來到佛法裡面，全部都是「現法成就」，才能說是眞正的佛法。

禪定，就是禪定的「現法成就」；般若，就是般若的「現法成就」；種智，就是種智的「現法成就」，一切都是現前你可以檢驗的法。如果不能現前檢驗的呢，那都是思惟得來的，只能說是比量。現代人聰明了，他們都要可以重複檢驗的，才說這個叫作眞理。所以哲學家推理，最後的結論是：假必依實——虛假的法、生滅的法、有爲的法，必定要依於一個眞實法，要依於不生滅的法，才能不斷生滅不停。所以他們推論最後的結果叫作「假必依實」。那這個「實」到底在哪裡？要能夠再三檢驗才算數。所以哲學裡面有一派講的就是「神創造萬物」，它的哲學理論是這樣來的，那就是「神學」。但有的哲學認爲說：假使神是能夠有所抉擇，他不應該創造人類這樣千差萬別。他有個推論，最後的結論就是：假必依實。

那麼現在有人說：「我主張這個才是眞實的。」這個眞實法有的人叫作大梵天王，有的人叫作祖父，有的人叫作上帝，有的人叫作阿拉，有的人叫作造物主；但不管他們叫作什麼，能不能檢驗？這才是重點；而檢驗時不是他一個人檢驗了算，要別人也能同樣檢驗。所以後來哲學界有的人提出了反思，就質問那一派神學的人：「上帝在哪裡？你說上帝創造了一切人，那麼人被創造出來之後，跟上帝就無關了；這道理不通欸！」就好像媽媽生了女兒、生了兒子，兒女要依媽媽存在，一直到成年獨立。對吧？好！人類出生以後，有沒有依上帝存在？從來沒有跟上帝互動過！那麼你們神學家說上帝造了人，請問怎麼檢驗？所以就提出來了：「那你請上帝來跟我見一下。」結果辦不到！有的人也許想：「有啊，你看！那個聖母瑪利亞會掉眼淚啊！

你看！有時候上帝的像會顯現什麼神蹟啊！」問題是：那是神蹟嗎？那只是物理現象！所以上帝不可證實。

但是「此經」可以證實啊！假使我出來弘法，二十幾年下來，永遠就是我一個人開悟，別人都悟不了。不管誰來找我求悟，我都說：「你們悟不了啦！你們還差很遠！」那表示：有可能大家都差很遠，而我的證量太高；但也有可能我根本就是虛言假語、籠罩天下。所以我們得要辦禪三，證明不是只有我蕭平實一個人的專利，而是每年都可以有人實證，來證明「此經」的存在。不但如此證明，而且還可以現前觀察祂出生了諸法。所以般若智慧在悟後生起，種智在悟後生起，都是「現法成就」的，都不是比量思惟得來的。

那麼既然可以「現法成就」，大眾聽到「信大方廣」比丘，當然就馬上想到：「嗨！果然眞的可以相信！而且此法『大、方、廣』，這才是眞實的佛法大果。」不然一天到晚老是自我吹噓說：「我這個法最大，我這個法最好！」等人家問起來：「法大在哪裡？法好在哪裡？」又講不出個所以然，那就是想像，不是親證。所以「現法成就」這四個字很重要，如果沒有成就，都是想像來的，而妄言他有什麼樣的果位，其實都是騙人的。

如來又用這個譬喻來講：「那個無心的凡鼓，用無心的藥，或者塗、或者熏、或者打，都有這個力量可以饒益眾生；那如果有心的人類，聽聞到有心的菩薩摩訶薩名字叫作『信大方廣』，怎麼可能不除掉眾生的三毒呢？」如來這個譬喻講得太好了！這時候大迦葉當然要加碼。政治上也是這樣，「我主張每年給民眾發三萬元敬老金。」那對方陣營就說：「我主張每年發六萬元！」好！大家都投票給主張六萬元的人，當然是這樣；民眾會選擇對自己最有利的方式，一定這樣選。佛法雖然不談世俗上的這一些所得，可是在法上、在解脫和智慧的修行上，作爲弟子的大迦葉當然要把 如來的功德突顯出來。

所以大迦葉向 如來稟白說：「如果聽聞『信大方廣』菩薩名號的人，就可以除掉眾生三種的毒箭；更何況稱讚世尊名號的功德，然後在稱讚完了之後，再於口中說出來：『歸命釋迦牟尼』，更能拔出眾生毒箭。」當然是這樣啊！「信大方廣」菩薩就算他修證很好，已經到了七地滿心，然而來到 如來面前，依舊是 如來的兒子；如來的家中寶物他還沒有全得，最多得到三分之二，要跟 如來比什麼呢？所以如果有人聽到「信大方廣」比丘的名號，而拔掉了三毒之箭；當他聽到「釋迦牟尼佛」名號，是不是更想要歸依呢？當然如此啊！

「釋迦牟尼」翻譯成中國話，叫作能仁寂靜：能對一切有情施行仁愛，而自己的心地是永遠寂靜的，這叫作「釋迦牟尼」；如果不寂靜，表示落在六塵境界中，一定是流轉生死之法。如果不是同體大悲，永遠行慈，不能叫作「能仁」；這是從「此經」如來藏的自性講出來的。所以 釋迦牟尼佛之所以成佛，是因爲第八識能仁寂靜，也就是因爲「此經」如來藏的自性而得以成佛，就稱爲「釋迦牟尼佛」。那麼每一個有情自身都有一尊「釋迦牟尼佛」；不論這個有情心性是好、是壞，他自己的釋迦牟尼佛永遠對他不離不棄，永遠都在幫助他；不但在世間法上一直幫助他，而且還每天爲他說法。

現在有沒有人懷疑說：「我有哪裡來的釋迦牟尼佛？」因爲祂對你眞的永遠行於慈仁，而祂自己永遠都處在寂靜的境界中，因爲祂的境界中沒有六塵。在《楞伽經》中說這第八識叫作「如來」，說祂是「我」，說祂有三阿僧祇百千異名。所謂外道說的上帝創造人類，他們指的「上帝」就是第八識如來，可是他們弄錯了，把祂講成一個有五陰的上帝！那這個第八識自心如來永遠寂滅，但是永遠都仁慈地應對著祂所生的眾生，沒有一剎那厭煩過。有的人生來對子女很慈愛，有的人生來對父母很孝順，但往往過個十年、八年的，有時候也會賭個氣，撂下一句不好聽的話，對吧？對呀！可是這個「自心釋迦牟尼佛」無始劫以來不曾一念厭煩過，當然「能仁」。

每一個人有這樣一尊「釋迦牟尼佛」在自己五陰中端坐，永遠行於仁愛之事，而且永遠地寂滅。那麼無量無邊百千萬億那由他劫之前，已經成佛的釋迦牟尼佛，現在又來示現給我們，但祂之所以能成佛，就是因為「此經」第八識的緣故。所以有時候我書中說，這個識叫作「自心如來」，我們將來成佛也依靠祂而成佛。那麼成佛之後，有種種無量無邊的功德。如果聽聞到「信大方廣」菩薩名，可以得到那麼大的果報；假使聽聞到 釋迦牟尼佛呢？如果聽聞到 釋迦牟尼佛名號之後，知道祂的功德了；再從嘴裡說出來：「歸命釋迦牟尼佛」，當然更可以拔除眾生的三種毒箭。

單單聽聞 釋迦牟尼佛名號就已經如此，如果再進一步聽聞這部《大法鼓經》，而經中對證悟的聽聞者安慰演說，也許以偈的方式講，也許以字句的方式來加以廣說，讓大家可以如實現觀而生起更深的智慧，當然更可以拔除三毒之箭。所以假使有人進得正覺證悟了，結果竟然搞起名聞、眷屬等世間法來，而宣稱說他入地了，這人的證悟根本是不可信受的事。所以《大法鼓經》到底是哪部經？（大眾答：如來藏經。）對！是如來藏經。所以不是這些經文、字句用紙張印起來、裝訂起來的這部經，而是「如來藏經」。那麼這樣，大家就瞭解這一段經文中，佛陀講了這四個字「現法成就」；如果沒有「現法成就」而誇大其詞，都不可信。好，接下來再聆聽 如來的開示：

經文：【佛告迦葉：「如我先說，淨戒比丘隨心所欲，以本願故。一切諸佛皆有是法，所謂不作、不起、不滅《大法鼓經》。是故，迦葉！汝於來世亦當如我。所以者何？若有四眾聞汝名者，三種毒箭悉得拔出。是故，迦葉！汝今當問《大法鼓經》，於我滅後，久於世間護持宣布。」迦葉白佛言：「善哉！世尊！今當為我說《大法鼓經》。」佛告迦葉：「汝於《大法鼓經》應少諮問。」】

語譯：【佛陀告訴大迦葉說：「猶如我在前面所說的，清淨戒法的比丘可以隨心所欲而不犯戒，這也是由於他的本願的緣故。一切諸佛同樣都有這個大法，也就是說不作、不起、不滅的《大法鼓經》。由於這個緣故，迦葉！你到了未來世的時候，也應當像我一樣。爲何這麼說呢？如果有四眾聽聞到你的名號的話，貪、瞋、癡三種毒箭全部都可以拔出。由於這個緣故，迦葉！你如今應當請問《大法鼓經》，在我釋迦牟尼入滅之後，要很長久的時間，在世間護持並且把祂加以宣揚布達。」迦葉稟白如來說：「眞的好啊！世尊！如今應當爲我解說《大法鼓經》了。」佛陀告訴迦葉說：「你對於《大法鼓經》應該稍微向我諮問。」】

釋義：這是說，修學佛法應該要先達到一個預定的「境界」，然後才能夠求「入地」。沒有到那個境界而越級說已入地，都是因中說果，那個境界叫作「隨心所欲」。「隨心所欲」儒家也有這一句話，孔老夫子說，三十而立、四十而不惑、五十而（眾答：知天命）知天命、六十而耳順，七十呢？（眾答：從心所欲。）七十歲才能夠「隨心所欲」而不踰矩，你們看多難！一個人活到三十歲才能夠自我立足於人間，不必再依靠父母了。所以你如果有兒子、女兒還沒有到三十，有時候求助於你，你還得幫幫忙，因爲他還沒有到達「而立」之年。對不對？三十歲以前沒有「而立」算正常，你給個幫忙也不算什麼。如果三十歲了以後，還成天到晚：「媽媽！給我兩萬塊錢！」那就不行了！因爲已過「而立之年」了。

「四十不惑」也只是對世間的人情世故懂得該怎麼作；什麼不該作，都弄清楚了。但是有時候聽到人家說這個、說那個，他就是心煩，覺得很膩了，乾脆摀起耳朵不聽了。所以年輕的菩薩們！如果有時候你跟父母建議什麼，父母聽不進去，你也別見怪，因爲他們要到六十歲才耳順。老實說，六十歲能夠耳順，那是孔子，對吧？不是每一個人六十歲時都能耳順。想清楚了喔？所以有時候，如果爸媽囉嗦一點兒，聽不進去，跟你有異議，你還是得安忍，因爲他們畢竟不是孔老夫子。那孔老夫子也到七十才從心所欲而不踰矩。然而大家是有努力在修行，在改變自己的心性，那如果是一般人呢？欸！就不用提了！

可是修學佛法則不然，必須要持戒持得很習慣，然後「隨心所欲」都不會犯戒。如果持戒了，看見某甲來了，「啊！他又要來供養了。」心裡就歡喜起來了。那就表示持戒沒有持好，不能「隨心所欲」。看到某乙來了，「唉！這人一天到晚要來求法，都不供養我！」就不歡喜了，那就表示他持戒沒持好。這是從心而言，事相上面都沒有犯戒，因爲他沒有罵人家，也沒有讚歎人家：「哇！你每次來，都這麼用心供養我。」都沒有！所以沒有犯戒。可是從心來講時，不論是起歡喜心或不歡喜心，都叫作戒沒有持好，所以持戒要持到「隨心所欲」而不犯，並不容易呀。

如來施設戒法教導給弟子們，本意就是說：眾生的心都像猿猴。猿猴有個習慣：取一捨一，所以你們可以觀察猴子。牠跑到人家屋裡去，看見桌上有水果，牠兩手都拿，可是牠還想再拿，於是就把右手的丟了，又拿另外一個；然後看看還有什麼東西還要再拿，又把左手的丟了，又拿另外一個；結果一直丟、一直拿，最後還是只拿到兩個。牠們爬樹摘水果也一樣，所以種水果那些農夫很討厭猴子，因爲牠摘下來不是全部吃；牠們是一直摘、一直丟，一直摘、一直丟，落果滿地呀！最後牠們都是只帶走兩個（大眾笑⋯⋯）；眾生的心就像這樣，心如猿猴。

所以　如來作了一個譬喻：好像是一個木樁釘在地上，把那個猿猴抓了來，綁了起來，就把牠綁在木樁上；然後猴子就在那邊一直繞、一直繞，一直繞個不停；繞上幾天以後，牠發覺：「我怎麼繞都跑不掉。」最後坐在木椿上，不動了。「戒」的目的就在這裡。剛開始持戒時，看到這個很想要，但是不行！看到那個也很想要，但也不行！什麼都不行，最後發覺：「根本就不能要。」後來就死了心！死了心以後就安住下來了，定就好修了，所以叫作「攝心爲戒」——以攝受自己的心不亂攀緣，以這個作戒才是最好的戒。

但有的人老是在戒相上面計較、用心，那不是好的持戒方法；所以怎麼樣攝持自心不亂攀緣，才是最好的方法。所以「攝心爲戒」才能夠發起決定心，有了決定心以後，要拔除煩惱就容易了。那麼這個持戒持習慣了以後，開始不攀緣了，然後遇到任何事情，一遇到就直接去作，作了也都不犯戒，叫作「隨心所欲」。

弘法的人最怕不能「隨心所欲」，如果不能「隨心所欲」，人家包個紅包來供養，回家一看，是五萬塊錢！「欸！不錯！這回可以買好東西了。」可是時間久了還是會發覺自己的心越來越貪，這貪心也越來越大！但這個還算好的，一般的人出家的時候都是爲了求法，心是很純的；可是到後來，求法老是求不到，那就開始求世間法了。有很多人出家是這樣，能夠堅持要求了義正法的人不是很多。所以剛開始都是爲了佛法，可是最後沒有辦法實證，就隨波逐流，這樣的出家人很多，那他們就沒有辦法「隨心所欲」。可是如果弘法的人不能「隨心所欲」，誘惑非常多，隨時隨地都會有誘惑，那他就只好沉淪了。所以「隨心所欲」是想要入地的首要條件，能夠「隨心所欲」而不犯戒，表示他有取證阿羅漢的資格，所以只要他遇到了眞正的二乘菩提，實修以後就可以實證。

那麼「淨戒比丘隨心所欲」，世尊說是「以本願故」。本願到底是什麼？還記得諸佛通願嗎？這四大願是三歸依的時候就發下了，可是有多少人歸依三寶之後，有依著四大願在修行的呢？很少啦！不說歸依的人，有很多人受過菩薩戒了，也沒有依四宏誓願在實行。所以你看：佛教界傳菩薩戒的道場很多，但有幾個人依照四宏誓願而行的？猶如麒麟一般稀有啊！

那我們希望的是：會裡的同修們都能依照四宏誓願努力去作。那麼依四宏誓願努力作，到底好不好？（眾答：好！）眞的好嗎？有沒有想到說了這個「好」以後的後果？（大眾笑…）對啊！你要先想到：當你說「好」，就表示一定要這樣作。如果一定要這樣作的話，而眾生都處在無明中，需不需要你努力來接引、來度化他們？（眾答：需要。）需要，所以是不是一旦拿到我的「金剛寶印」就說：「Good-bye!」可不可以這樣？（眾答：不可以。）不可以，這樣答得雄武有力，這才對啊！那麼證悟之後呢，煩惱還是一堆；因爲還沒有入地之前，世間煩惱都還很多，這些煩惱該不該斷？（眾答：該。）該斷！該斷就要辛苦一點了。要不然五億七千六百萬年後就要入地，憑什麼入地？就是要斷煩惱啊！煩惱斷了以後，才有辦法「隨心所欲」，才能入地；否則到時候聽聞了二乘菩提，搞不好在龍華三會中要當阿羅漢又當不上；每一會中都要有九十幾億人（相當於中國人說的九百多萬人）成爲阿羅漢，到時候九百五十九萬九千九百九十九位同修都成阿羅漢了，只剩下他一個不能成爲阿羅漢，是不是大家都要用異樣的眼光看他？對喔！所以一定要斷煩惱。這些煩惱雖然無量無邊，得要趕快斷，至少要先把現行斷了，現行斷了以後才能「隨心所欲」；習氣種子當然還會在，但無妨。

所以到時候成阿羅漢了，出來弘法時，看見人家拿了一大包紅包來供養，第一個念說：「喔！今天不錯！有大紅包供養。」第二個念呢，就是「用不著」！因爲收了那個紅包，變成違犯了出家戒，就是執持金銀生像，有黃金、有白銀、有什麼寶物等。那如果都歸於「常住」，也就沒事了。所以第二個念就是歸於常住，什麼事都沒有，依舊是「隨心所欲」。所以有時候，第一個念會想要收下，但第二個念上來：「歸到常住去！」那就可以「隨心所欲」而不犯戒；要有這樣斷煩惱的功夫，才能夠成爲阿羅漢；然後再加上無生法忍的修學，才能夠發起第一分的道種智，這樣才能夠入地。所以發了四宏誓願那句「煩惱無盡誓願斷」，就得要努力去修；可是有的人且不說三歸，受持菩薩戒以後，都還一天到晚小鼻子、小眼睛的，那他如何「隨心所欲」呢？

那麼第三個大願「法門無量誓願學」，爲什麼要修學無量的法門？因爲可以有更多的智慧；智慧更多了，就更有能力去斷煩惱；所以要學更多的法門，這才談得到最後成就佛道。可是有的人連最後這一個願也給捨了，嫌辛苦：「算了！我還是回去當阿羅漢好了。」他不想成佛了，那也是犯菩薩戒！回去當阿羅漢還是犯菩薩戒！因爲菩薩戒有受法而無捨法；他受了菩薩戒，就沒資格說我要「捨」菩薩戒，所以他還是犯戒。

所以很多人受了菩薩戒以後，繼續在謗法，卻以爲自己在護法；這也是破十重戒、毀謗三寶。大乘法寶他毀謗了，大乘的賢聖他也必然會毀謗，那就是破菩薩戒。可是有很多人嚴重破了菩薩戒都還不知道，那你要跟他談「隨心所欲」，也就太早了！但是跟諸位，這四個字還眞的要強調，因爲對諸位有所冀望：如果你們不好好努力修行，單憑我跟親教師們才有幾隻胳膊？要復興佛教，沒辦法啦！所以我們要充實陣容，希望大家努力。

這就是說，諸位不可以單靠我，上了禪三時都是在看我。（大眾笑⋯）我走到哪裡，他們眼睛便看到哪裡（大眾笑⋯），就是這樣，自己都不努力！是應該自己努力參究才對，可是有的人都不精進，沒辦法！那這個「隨心所欲」很重要，將來 彌勒尊佛在人間要攝受那麼多的有情，得要多少人幫忙哪！老實說，我們正覺同修會一萬個人都當上阿羅漢、都入地了，也還不夠祂用！說眞話：不夠祂用！所以到時候，彌勒尊佛還要從他方世界再調一些人來當弟子。如果他方世界來很多人，大家一看，「他是琉璃光世界來的，他是極樂世界來的⋯⋯。」然後大家一看說：「你們娑婆世界的菩薩怎麼這麼少？」（大眾笑⋯）那就把 瞿曇老爸的臉丟光了！所以大家要努力。

那現在說這個就是「本願」，因爲要能夠「隨心所欲」，就要堅持「本願」。假使時時刻刻都記著：「眾生無邊誓願度，煩惱無盡誓願斷，法門無量誓願學。」只要記著這三句就好，最後一定會成佛！那麼這就是「本願」而達成了「隨心所欲」的目標。所以「入地」的菩薩都是隨心所欲，都不會貪；也不會人家上網罵幾句，他就回對方幾十句，一定不會！這就是「隨心所欲」的功德。

那麼「隨心所欲」的功德是因爲「本願」，要記得本願裡面有個「眾生無邊誓願度」，所以入地的菩薩而對眾生起瞋，那是講不過去的；因爲每一個眾生他都想要度，他都想要攝受，包括毀謗他、傷害他的眾生，他都想要度；那怎麼可能說人家上網寫個文章罵他，結果他就寫了好幾篇去回應、去反駁，然後就指責對方如何、如何；不應該這樣而應該要救對方。所以應該從法義上去爲對方說清楚、講明白，讓對方知道自己的落處錯在哪裡，讓他們可以改邪歸正、懺悔滅罪，這樣才對呀！所以不應該寫書或者寫文章，去向對方謾罵，因爲本願中有一個「眾生無邊誓願度」，罵他的那個人也是眾生之一。而且說句老實話：「度那個罵他的人，比度一個對佛法沒興趣的人還容易。」對於佛法沒興趣的人，可能還要十百千萬劫以後才能度得了他；但這個會毀謗菩薩的人，他在毀謗的過程裡面，在菩薩寫書出來解釋法義的過程裡，他正法的種子便熏習進去了；他只要捨報前懂得對眾懺悔，滅除罪業，來世就會被度了，因爲正法種子已經種進他的心裡面去了。

所以菩薩應當這樣看，不要看現在的事相，這個不準確。所以有時候人家說：「一貫道說您怎麼樣，某某法師又說您怎麼樣。」我說：「這都正常啊！因爲他們被人家作了邪教導，熏習已久，積習難除。」有時候爲了與他的師父有師徒之情，爲了維護他師父，因爲他師父被我評論了，所以就寫文章貼網謾罵。但是我們不要只看這一世，他們現在雖然在罵我，但未來世就會成爲正法中人，因爲正法種子熏習到他們心裡去了。所以怎麼樣把「本願」具足實行，這才是重要的事情。所以「隨心所欲」是一個現象，這個現象的本質就是「本願」，可是很多人都把「本願」給忘了。

接著說：「一切諸佛皆有是法，所謂不作、不起、不滅《大法鼓經》。」這時候如果是一般人讀了，可能會想：「這部《大法鼓經》不就是釋迦如來講的嗎？那就是釋迦如來作的啊！爲什麼又叫作『不作』？」對啊！也許又想：「這部《大法鼓經》就是釋迦如來說了才有的，爲什麼叫作『不起』？」也許又想：「這部《大法鼓經》，釋迦如來講了以後，希望它流通久遠來利樂有情，**然而佛法中不是都說有生有滅嗎？爲什麼又叫『不滅』《大法鼓經》？**」那到底是誰會把它滅了？一堆的疑問。但問題就出於誤會了「**此經**」。

《大法鼓經》又叫作「**此經**」，此經叫作第八識如來藏，而如來藏從來不作。有時候會外的人士來，他們知道我週二講經，看見我講經完沒事了，所有來跟我討論事務的幹部們也都走了，他就來求見。好吧，我就見一見，然後就說及他參禪的內容，可是他講來講去都是「有所作」。「有所作」當然是錯誤的！但這時候，又有人會生起一個疑惑：「**你既然說一切人都是如來藏生的，那如來藏顯然能作啊，爲什麼又說祂不作？**」好有一問！問得不錯，但其實還是錯了！所以如來藏「非可作」。如來藏假使是作出來的，那就是有生之法，有生則必有滅，就是生滅法了，那你要這個生滅法幹嘛？人家都要不生不滅法，你要這個生滅法是沒用的；所以如來藏一定是無作的，永遠是「無作」之法。如來藏也不是被生的，沒有誰能夠去造作如來藏出來；那如來藏在這部經裡面，就叫作《大法鼓經》；這一部《大法鼓經》非所作，祂是本來就存在的。這時也許有人要問：「**爲什麼祂是本來存在的，總得有個原因吧？**」然而沒有原因！法爾如是，沒理由可講。

講到這裡，好像我們講經二十幾年，都翻轉了佛教界原來的說法。佛教界講的《華嚴經》，就是這一部裝訂起來的、紙上印了很多字的叫作《華嚴經》；佛教界講《如來藏經》、《佛藏經》（《佛藏經》沒有人講、不會有人講），有人講《法華經》，還有我們之前也講《金剛經》了，來到我們這裡，這些經都變作「如來藏」，因爲諸經中講的「此經」就是講如來藏。現在講《大法鼓經》竟然也說是「如來藏」，我們眞是翻轉了佛教界以前的講法。

可是呢，其實我這個說法有語病！而是佛教界把 如來的說法翻轉了，我們再把它轉回來！因爲 如來說：「『此經』就是《大法鼓經》，『此經』就是《法華經》，『此經』就是《金剛經》、《佛藏經》，『此經』就是如來藏。」這才是 如來的本懷。那他們誤解了，然後誣蔑 佛陀說：「如來講的《法華經》就是這一本經，裝訂得好好的這一本。」那是不對的！那麼「此經」第八識不是被造作出來的法，從來無生，所以 如來不可能造作《大法鼓經》。《大法鼓經》就是如來藏；一切諸佛都有這個法，但是這個法是本然而有，不是由 如來造作的。

這個法叫作第八識如來藏，叫作《大法鼓經》，但這個法「不起」。怎麼叫作「不起」？也就是說祂生起了許多的功能，但是現觀而轉依成功的人仍然會說「不起」，因為「此經」的功能之所以生起，都因為眾生心有所冀求、有所攀緣而起的，然而「此經」依舊不動其心，所以「此經」從來「不起」。比如說一面明鏡，這面明鏡裡面的影像中，有張三、有王五在互動，但他們的互動是明鏡叫他們互動的嗎？不是！明鏡只是顯示眾生的心在互動。你對著一面明鏡時，明鏡一直都擁有影像；可是鏡中的影像動來動去，忽然間生起張三、生起李四、生起王五，並不是明鏡要生起的。同樣的道理，想要生天，造作了善業，到了來世，這明鏡如來藏出生了李四，把他生到欲界天享福去了；然而這是明鏡故意把他生起的嗎？不是啊！是張三造作了善業以後，依於那個「業力」和意根的「作意力」，於是明鏡把來世的李四生到天上去，而明鏡依舊無起。

所以有時候會外有人來找我說：「我參禪完畢，我知道了，我開悟了。」我說：「你悟個什麼？」他說：「就這樣啊，這樣就是了。我都知道，我都知道啊！」我說你知道個什麼？「就是這樣啊，就是這樣啊。」唉！這種人多欸！有時候我們不得不跟他潑冷水，以免他大妄語，就告訴他：「我們週二講經時，來聽經的一千多位同修都像你這樣講，他們都會這樣講，但並不是證悟。」他一聽就洩氣了，不然還眞以爲自己悟了呢。當他們這樣告訴我的時候早就有起了，可是如來藏仍然是「無起」的。都因爲眾生的意根，所以「這樣就是、這樣就是」，這就是意識與意根！所以如來藏是無起的，有起的都不是「此經」。好，今天講到這裡。

《大法鼓經》我們上週講到第九頁第二段第二行「不作、不起」。那麼今天要講「不滅」。考慮到也許有人今天是第一次來聽我講經，所以要講「不滅」的時候，先問大家一句：「《大法鼓經》是什麼？」（眾答：如來藏。）喔，是第八識如來藏！好，這個前提表白過了，接著就好講了。因爲如果直接講說《大法鼓經》不滅，一定會有第一次來聽經的人錯會誤解，就說：「末法時代過去了，人間就沒有法了，這部《大法鼓經》就會跟著滅失，怎麼說《大法鼓經》不滅？」那既然先把前提講了：「《大法鼓經》名爲『此經』，名爲『如來藏』。」那麼這個「不滅」就好講了。

這就是說，一直以來，佛教界都把完整的佛法拆解得七零八落，所以《阿含經》是《阿含經》，《般若經》是《般若經》，《方廣經》是《方廣經》，互不相干。不但如此，《方廣經》裡面有許多大乘經典，比如說《大方等如來藏經》、《無上依經》、《佛說解節經》，加上大家耳熟能詳的《金剛經》，現在講的《大法鼓經》，或者《法華經》，那他們就把佛法拆解：這部經是這部經，那部經是那部經，所講的內容都互不相關。

然而實際上並不是這樣，因爲不論是《法華經》、《金剛經》、《大法鼓經》、《佛藏經》，或者《如來藏經》，隨便哪一部經講的都是第八識如來藏；結果被那些所謂的學術專家全面切割到支離破碎了。不但那一些學術專家這樣切割，連佛門的印順長老也這樣切割，所以當年他這樣切割的時候，他的師父太虛大師就責備他，說他把佛法割裂到支離破碎了。釋印順何嘗不知道他的師父太虛大師這樣指責他，可是終其一生沒有一句辯解，這也太奇怪了吧？這個人腦袋眞的有問題！人家這樣對佛教界當眾指責他，而且是他的師父指責的，他連一句辯解都沒有。

而且我在公元兩千年出版的《楞伽經詳解》第三輯開始，書中有指名道姓評論他，也有寄給他，他是早就知道了；然後我一本接著一本都要拈一下他、提一下他，也都有寄給他，可是他好像沒有神經知覺。這位一向都是眼裡揉不進一顆金屑的人（不要說砂子，連金屑都揉不進去），竟然可以對我這麼雍容大度，對我這麼有雅量，完全不回應一個字；這回還眞要說他奇特，那他就是佛教界的一個代表。

所以，把佛法完整的模樣支解到支離破碎的，不是只有學術界，佛門中人也這樣幹；但他其實不是創始者，創始者是宗喀巴、蓮花生、阿底峽……等人，包括寂天、安惠、佛護全都一樣，全部源出密宗喇嘛教。可是釋印順就不是密宗的人嗎？釋印順也是啊！徹頭徹尾都是密宗的人。他只是不認同雙身法，要是他哪天脫下僧服還俗了，他還是會認同雙身法的；因爲他受用不到，就說那個雙身法不對，但他完全認同密宗的應成派中觀，他的思想簡單的說，就是密宗的應成派中觀，這樣簡單說就明白了。那這樣把佛法割裂到支離破碎的結果：中觀是中觀，阿含是阿含，種智是種智，唯識是唯識。他把種智跟唯識又加以切割成兩個部分，於是乎大家請出了《大藏經》，讀來讀去，最後只好掩卷嘆息（應該說是掩「經」嘆息）說：「三藏十二部經浩如煙海，不知從何下手！」是啊！咱們正覺開始弘法之前的佛教界，誰不是這樣講？

也有人說：「佛法沒什麼啦！」這是另一種人喔：「佛法沒什麼，不過就是四聖諦、八正道、十二因緣，我全部都知道了。」其實是完全不懂佛法的人才會這樣講。所以《法華經》是《法華經》，《般若經》是《般若經》，《如來藏經》是《如來藏經》，《阿含經》是《阿含經》，全部都沒有關聯！假使沒有關聯，如來爲什麼要辛辛苦苦講那麼多經典？既然沒有關聯，成佛後只要講一部經就好了，看是講《法華》，還是什麼經就好了，爲何要講那麼多？所以事實上，此經通彼經，彼經通此經，每一部經都相通；其實說個「相通」就有語病了，因爲每一部經就叫「此經」，「此經」就是第八識如來藏啊，何嘗有此、有彼可通？所以以前佛教界、學術界都說：「《阿含》中沒有講過第七識、第八識。」但是等我們把《阿含正義》寫出來，證明《阿含》裡面講的就是八識具足，他們又不講話了，眞的很能包容我欸。所以《大法鼓經》就是《如來藏經》，就是《解節經》，就是《無上依經》，就是《金剛經》，就是《法華經》，就是《佛藏經》……，統統叫作「此經」。

既然《大法鼓經》就是「此經」，就是如來藏，那麼能生萬法的第八識如來藏滅不滅？（眾答：不滅。）不滅！諸位異口同聲說「不滅」，我相信第一次來到這裡聽經的人，就算心中有疑，也不敢跟我說「滅」（大眾笑…），因為我聽了不講話，左鄰右舍倒是會看著他。那麼問題來了，《大法鼓經》如來藏為什麼不滅？一定要有個好理由呀！在一切種智中，說祂有四種特性，咱們今天不講。咱們從一個很簡單的道理來講祂「不滅」的理由——因為祂不曾有生；不曾生，就不會滅。這時候也許又有人想：「**不對吧？不曾生就表示不存在，怎麼會不滅？**」說得有道理，然而那是在現象界裡面才說有道理，從實相法界來講就沒道理！

只有現象法界裡的法才會有生，有生則必有滅，但是第八識《大法鼓經》是無始以來本就存在，不曾出生過；因為祂無生，所以就無滅。接著，一定有人又聯想到另一個問題：「**那祂本來就在，本來無生。是個什麼道理？**」當然也有道理，因為祂是一切諸法之所從生；十方三世萬有諸法，無一法不從祂生，祂是萬法的本源；既是萬法的本源，就不可能有生。假使是萬法的本源，而祂又是有生的，邏輯上講不通，互相牴觸了！一定是無生的，才可能是萬法的本源。

萬法依於無生的祂，才能夠不斷地生了又滅、滅了又生，所以祂是本來就在的。祂自己本來就在，所以叫作自在。因此，如果菩薩們哪天證得了《大法鼓經》，現前觀察到自己這個本來就在的心，那就稱之爲「觀自在菩薩」。所以法爾如是、本來就自己存在的心，你無法追溯到祂是何時出生的，因爲祂本來就在，沒什麼道理；硬要說個道理，就說因爲祂是萬法的根源；既然是萬法之所依，是萬法的所依身，祂就是「**法身**」，法身當然是常住的。所以有時候 如來說：「**眾生即是法身。**」爲什麼呢？因爲眾生依於各自的法身而存在，眾生不能外於法身而存在，所以有一部經中的大意是說：「**眾生界即是法身，法身即名眾生界，法身即名如來藏。**」希望我有機會講這一部經。（編案：《佛說不增不減經》：「舍利弗！甚深義者即是第一義諦，第一義諦者即是眾生界，眾生界者即是如來藏，如來藏者即是法身。」）

那麼這樣看來，《大法鼓經》是眾生一切諸法的所依身，就是法身，那祂當然不滅啊！所以 如來才說：「**一切諸佛皆有是法，所謂不作、不起、不滅《大法鼓經》。**」但我們衍伸下來說：「**不但一切諸佛皆有是法，諸位一樣皆有是法，乃至諸位身上一切有害菌、有益菌、跟你共生的細菌同樣皆有是法。**」所以你可別說：「**我坐在這裡就是一部《大法鼓經》。**」不見得喔！因爲你身上的所謂益生菌、有害菌等，牠們也都是有情，牠們也各自都有一部《大法鼓經》。那麼請問你這一尊自心如來在這裡，含攝了多少的《大法鼓經》？所以假使我現在以神通力，讓諸位身中的每一個有情都聽懂我說法，想想看：這樣我們六個講堂一千多個人，包括各自攝受的那一些有情，這是多少有情聽我說法——不可數、不可數；不可說、不可說。

所以第八識《大法鼓經》，是每一個有情各自都有一部，同樣都是「**不作、不起、不滅**」；如來降生於人間，就是爲這個大事因緣來的，而結果到末法時代的佛教界、學術界竟然把祂推翻了，說這第八識是外道神我。早年還有密宗外道在網路上罵我說：「**蕭平實是阿賴耶外道。**」這親證阿賴耶識的人是外道啊？那麼諸佛菩薩同樣都是證得阿賴耶識以後修行成就的，豈不也都是外道了！那什麼才是內道？修雙身法而落入識陰的我所中的密宗才是內道嗎？所以密宗人士無知到這個地步，也眞的……啊？不能說是可笑，因爲笑不起來，只能說他們眞的可悲啦！

那麼這幾年密宗好像沒有再罵我是阿賴耶外道了，似乎他們也跟著進步，是因爲臺灣佛教界全面進步了！大家都知道：「**阿賴耶識是開悟明心的**

標的，諸佛如來都藉這個『心』修行才能最後成佛的。」所以他們不敢再罵了，表示有進步了。因爲如果繼續罵，懂佛法的人都會告訴他：「你這是在謗法。」聽到謗法，心中就嘀咕起來了，因爲密宗的信徒他們就只是信徒，不是學人；但信徒有個特色：當他們瞭解到是謗法的時候，就會趕快收手，不會再謗，這就是信徒的一個好處。

但是既然十方諸佛同有「此經」，各個有情都有自己的一部《大法鼓經》，同樣都是藉此而成佛；釋迦如來示現在人間度化的這一些弟子們，也都證悟了；那麼大迦葉身爲「此經」的傳承人，所以　如來走後，禪宗就交給他了。既然他當上了禪宗承先啓後的第一位祖師，他將來一定得要住持「此經」，令「此經」弘傳不輟，所以　如來吩咐他說：「是故，迦葉！汝於來世亦當如我。」那麼　如來對聖弟子這樣吩咐了，聖弟子還能夠違背嗎？當然不行！所以就得這樣一代傳承一代，來至於現代，我們依舊要繼續傳承下去，不能讓此經的妙法中斷。

但是爲什麼　如來要這樣吩咐？如來還有另一個原因：「所以者何？若有四衆聞汝名者，三種毒箭悉得拔出。」大迦葉有這個功德與威德。前面　如來說過：聽聞到有一位比丘名為「信大方廣」，就可以拔除三毒之箭。現在如來又說了：「**未來世如果有人聽聞到摩訶迦葉的名字，三種毒箭全部可以拔出。**」貪、瞋、癡三毒之箭，最重要的根本原因就是出於無明。大家聽聞到無明這兩個字，心裡面想：「**也許不盡然吧？**」那我們不妨來合計合計。末法時代之所以名為末法，是什麼緣故名為末法？就是因為眾生的無明深重。如果眾生沒什麼無明，大家都很有智慧，貪、瞋、癡就會越來越淡薄。比如說，在正覺弘法之前的全球佛教界，講第八識如來藏妙法的人少之又少；偶爾找到一、兩本書說有如來藏，然後把第八識的體性稍微講一下；可是往往過後不久，你又會看到某一些書、有些人在指責說：「**那一本書亂講，那是邪魔外道法！**」咱們正覺弘法之前的佛教界就是這樣。

也許有人想：「**好像不對呢，那釋印順不是也講過《楞伽經》嗎？《楞伽經》是講第八阿賴耶識的，說阿賴耶識名為如來藏。**」可是後來他又否定如來藏，不承認七、八二識了，而且後來他根本不想出版對《楞伽經》的講解；所以演培法師幫他整理好了，要出版了，請他寫個序，他都不願意寫。結果演培法師想：「**我這麼辛辛苦苦整理出來的心血，不要出版，我的功德**

都糟蹋了！」所以他依舊出版了，就是印順法師講解《楞伽經》；演培自己就在書中寫了，說印順不肯爲他寫序文。你看天下有這麼荒唐的事啊！那就是因爲他後來走入密宗應成派中觀的邪見了，對密宗的法一直深入，被應成派中觀所荼毒，所以他不承認第八識，當然以前講解《楞伽經》的事，最好是提都別提！結果演培還要幫他出版？所以印順就不肯寫序文了。這種事情很少見吧？人家爲他整理出來，請他寫個序文，爲他出書，也不跟他要求潤筆。（他也沒資格跟人家要求潤筆，因爲是他講的。）欸！他竟然拒絕了！這事情恐怕是普天之下絕無僅有的一件事吧！那麼爲什麼是這樣？正因爲他有深重的無明。

而臺灣佛教界被他誤導了以後，大家的無明越來越深重了；本來無明只有一點，聽到「如來藏第八識」覺得還不錯，這個法可以學學看；結果被他一否定以後，大家都怕了，因爲他是佛教界的導師啊！但是大家都沒想到，原來他是將導眾生走入下墮之途，所以就因爲他的緣故，大眾的無明越來越重、越來越廣。如果以二十幾年前的那個時節，來看待今天佛教界一切佛弟子的知見水平，一定會覺得不可思議：爲什麼二十一世紀以後，佛教界的佛子們對佛法的知見那麼好？無法想像！但這就是我們大家齊心合力達成的目標。那麼我們每年付出好幾百萬元在有線電視宗教臺上，只付出而不接受贊助；這樣，這些錢花得值得，功不唐捐！所以只要你曾經贊助過正覺同修會一分一毫，這個福德你就攀上了。

也許有人心想：「**我來共修好幾年，才贊助一千塊錢而已，沒什麼福德吧？**」其實不然！雖然你來共修好幾年，贊助了一千塊錢還不夠水電、冷氣的費用；但是你要想到一千塊錢有了護法、弘法、救護眾生的這個大功德、大福德，只是分享到一點點都不得了，這就是來世證悟的因緣了，因爲法大，所以護持後的福德、功德就大。那表示說，這二十幾年來，臺灣佛教界的佛子知見水平普遍提升了，表示大家的無明減少了。無明減少的第一個現象就是：知道二乘菩提該怎麼入手，大乘菩提該怎麼入手，全都知道了。

所以現在只要是佛教界的老修行人，一聽到說要開悟、應該悟個什麼？如來藏！馬上就舉手：「**如來藏！**」立刻就知道怎麼回答。二乘菩提要證初果該怎麼辦——斷三縛結，主要是斷身見！如果要修因緣觀呢？那十二因緣很難修啊！修來修去好像都沒有辦法實證；「**我知道：要先修十因緣！十因**

緣修好了，再修十二因緣就能成功。」這就是無明打破的一個現象。以前大家都說：「啊！佛法渺渺茫茫！」可是剛學佛的人，才學半年、一年都說：「佛法我都知道了，就四聖諦、八正道、十二因緣。沒有別的啦！」然而學久了以後，都認為佛法渺渺茫茫；可是現在不渺、不茫了，知道怎麼下手了。現在很多人也知道：要證果或者要明心開悟，得有什麼基礎條件，很多人也知道了。這表示什麼呢？無明之箭拔掉了！只差實證這一步。

這個無明之箭拔掉了，因無明而起的法瞋、法貪就改變了。所以當人家在講佛法的時候，他再也不毀謗了；他反而有興趣，想要繼續聽聞、繼續熏習；對於剛入門的人，他也願意為他們說明。所以，以前一聽到佛菩提道大乘法，就罵「大乘非佛說！」「那是外道法！」那個瞋拔掉了。現在你們去看看：還有誰聽聞到大乘法起瞋的？沒有了！即使現在還在釋印順那個「六識論」法裡的比丘尼們，也不會起瞋，因為她們也知道大乘法不可毀謗。

那麼如果知道每一個人都揹著一部《大法鼓經》第八識，都揹著一部《如來藏經》第八識，心中就會很清楚瞭解到世俗人講的「舉頭三尺有神明」，哪個不恐怖？幹惡事的時候，「舉頭三尺有神明」不恐怖！可是一知道說：「幹了一切惡事以後，原來都在自己的『如來藏』裡面收存著、保存著。」這才恐怖啊！原來因果眞的存在，全都逃不掉！所以一切惡事都不能幹了。也許這時候有人說：「欸！導師！您說的不對吧？我看每一個人找到如來藏的時候都很歡喜，都很高興啊！您怎麼說恐怖？」我說的是事實，不但現在知道了覺得恐怖，證悟了以後也有人覺得恐怖。

我們有的同修證悟之後，解三回家了。早上起床刷牙時，看著鏡子裡面，怎麼我身中有這個東西？好恐怖！自己覺得恐怖。現代有人如是，古時有人也如是。有個紹卿禪師，他師父給了他機鋒，沒想到他才一證悟竟然說：「紹卿甚生怕怖。」結果是挨他師父一頓臭罵：「是汝屋裡的，怕怖什麼？」才終於接受下來。因爲他覺得好陌生！怎麼有這個東西在我身上？那表示他還沒有深入觀行。深入觀行以後就說：「喔！我一天都不能沒有你！」不但不能一天沒有祂，一時一刻都不能沒有祂；因爲我們從祂而來，假使祂走了，就沒有我們了。

所以一切眾生的五陰我、十八界我，本質上就是如來藏；沒有如來藏就沒有眾生我。那麼這樣一看，我去貪求一切的權勢、名位、錢財、功名利祿等等，結果都只是在如來藏裡面的東西而已！這時候不需要再貪了。賺錢，賺夠就好了；公司繼續賺，沒關係，就繼續賺，但不必再想辦法說：「我明年還要再翻倍。」不了！保持現狀就好；重要的是我在道業上可以繼續增長。所以世間法上的貪開始淡薄了，這也是在拔三毒裡面的貪箭。所以以後假使誰看見了大迦葉跟 如來之間拈花和微笑的公案，馬上聯想到：「喔！是《大法鼓經》；喔！是《如來藏經》；喔！是《法華經》、是《金剛經》。」然後也懂得說：「原來一切的一切都是在『此經』裡面。」所以聽到大迦葉的名號就懂了，除非他從來不學佛法。

如果往世不曾學，今生不曾聽聞，那就無可奈何，當然無明深重；因為他初信位都還沒有開始修呢，否則的話，一切老修行者聽聞到大迦葉的名號，三毒之箭就開始拔出來了。拔出來之後，傷口就馬上癒合了嗎？有沒有？沒有啦！傷口癒合得要一段時間。到什麼時候完全癒合？等你開悟明心了，轉依成功了，就完全癒合了；所以拔出歸拔出，離癒合還有一段時間。因此大迦葉之所以從 如來手裡接了禪宗這個祖師的名位，不是沒有原因的。那麼也因為要大迦葉住持 如來向上一路都不明傳的妙法，所以 如來作個因緣給他，就說：「是故，迦葉！汝今當問《大法鼓經》，於我滅後，久於世間護持宣布。」套句現代話說：「作球給他，看他怎麼答。」所以要由大迦葉來請問《大法鼓經》，然後以他作爲《大法鼓經》的緣起；因此吩咐他要請問《大法鼓經》，那麼《大法鼓經》就會有內容，由 如來爲大家來宣說；但 如來同時就交付給他責任：「於我滅後，久於世間護持宣布。」

所以大迦葉，如果這個地球上沒有菩薩住持「此經」的時候，他一定得來。他現在呢？可能 如來派他到哪個星球去，咱們不知道；總之，不會把他晾在一邊，因爲這是他的責任；如來也公開對眾宣示，交代他「久於世間護持宣布」，不是只有一世、兩世而已，是要很長久地在世間護持；如果沒有人弘法，他自己就要來「宣布」。

「宣」就是把祂宣揚出來，讓大家看見；「布」就是把祂流布出去，讓祂更廣泛，讓更多的人知道，這就是「宣布」。既然 如來這樣吩咐了，大迦葉就稟白 如來說：「善哉！世尊！今當爲我說《大法鼓經》。」欸！如來告訴他說「汝今當問」，結果他卻說：「很好啊！世尊！如今請世尊就爲我演說《大法鼓經》。」好像腦袋瓜一時轉不過來，於是 世尊重新再提示他一次：

「汝於《大法鼓經》應少諮問。」吩咐他說：「你其實是這一部經典的緣起者，所以你對這一部《大法鼓經》應稍加諮問。」總要稍微問一問，不能全都賴著我如來呀，意思是這樣。如來都已經這樣講了，那麼大迦葉怎麼說呢？

經文：【爾時迦葉即白佛言：「善哉！世尊！當請所疑。如世尊所說『若有有則有苦樂，無有則無苦樂』，此有何義？」佛告迦葉：「若無『有』者，謂般涅槃第一之樂，是故離苦樂，得般涅槃第一之樂。若苦、若樂，彼則是『有』；若無『有』者，則無苦樂。是故欲得般涅槃者，當求斷『有』。」爾時世尊欲重宣此義，而說偈言：

一切有無常，亦無不變異；彼有有苦樂，無有無苦樂。
不爲無苦樂，爲則有苦樂；莫樂諸有爲，亦勿更習近。
若人得安樂，還復墜於苦；若不到涅槃，不住安樂處。

爾時迦葉以偈答言：

眾生不爲有，涅槃第一樂；彼則名字樂，無有受樂者。

爾時世尊復說偈言：

常解脫非名，妙色湛然住；非聲聞緣覺，菩薩之境界。】

語譯：【這時候摩訶迦葉就稟白如來說：「非常好啊！世尊！我將請示心中所有的疑惑。猶如世尊所說的：『如果有有，就會有苦有樂，沒有有就沒有苦、也沒有樂』，這到底是有什麼道理呢？」佛陀告訴摩訶迦葉說：「如果沒有『有』的話，那是說般涅槃第一無上之樂。由於這個緣故而遠離了苦與樂，得到了般涅槃第一之樂。如果是苦，或者是樂，那一些其實就是『有』；如果沒有『有』的話，就不會有苦樂。由於這個緣故，想要證得般涅槃的人，應當尋求如何斷『有』。」這時候 世尊想要重新宣示這裡面的道理，就以偈頌說道：

一切的有都是無常的，也沒有不變異的；
那一些有，全都有苦有樂；沒有有的時候，就沒有苦、也沒有樂。
不造作事與業的時候，就不會有苦樂；有造作的時候，就有了苦與樂。
不要愛樂於種種的有爲諸法，而且也不要再三的熏習、親近。
如果有人得到安樂的話，未來還會重新再墜落於苦之中；
如果不能到達涅槃的境界，他不能夠住於安樂之處。

這時候，摩訶迦葉以偈頌答覆說：

眾生不造作種種的有，這就是涅槃第一之樂；
可是那個涅槃第一之樂就只是名字上的樂，其實並沒有受樂的人。

這時候世尊又說了偈：

常而不變的解脫不是名相，眞實勝妙的色法純清絕點地安住了；
這不是聲聞與緣覺的境界，這是菩薩們的境界。】

釋義：如果你有觸證到如來藏了，你這時候一定心有戚戚焉；如果你是在增上班中，聽了就說：「欸！果然如此！如來說的正是誠實言。」也確實如此啊！大迦葉因爲　如來的付囑，所以稍微諮問。那他就從總體上來問：「猶如世尊所說：『如果有有，就會有苦樂；如果沒有有，就沒有苦樂。』那「有」是什麼？三界一切法都是「有」。如果現在遇到一個社會人士，問他說：「你是不是擁有一切？」他一定說：「對啊！我現在五子登科，我一切都有了。」沾沾自喜。他反過來問你：「那你現在呢？」你跟他說：「我現在一切無有。」他聽了，一定嚇一跳：「什麼？你一切無有！你還請了司機，坐著勞斯萊斯，你的辦公大樓一整棟，怎麼說你一切無有？」他一定很驚訝，但無論遇到誰聽了都很驚訝，這是正常的事。

他就要追問了，這時候你可別跟他講太多，否則他看不起你這個大企業家了。就告訴他：「這是菩薩境界，非凡夫所知。」（我還沒講，你笑什麼？我很容易跟你們相應，這很麻煩！現在應該把佛性給丟了才好。）他這一聽說「這是菩薩的境界」，就問：「你現在是菩薩了？哇！好厲害！」你只跟他說：「你也別羨慕！有一天，你也會像我這樣。」他一定想：「怎麼可能？」那你就告訴他：「你這一世不像我這樣，來世不像我這樣，未來很多劫以後也會像我這樣；因為這才是究竟之道，每一個有情遲早都要走上這一條路。」然後就跟他 say goodbye。別講太多，講多了，他就不看重你。

二十幾年前，我不讓人家看重，就是因為講太多（大眾笑⋯），沒人信我。所以後來除非講經、上課，我都不講佛法；因此有好多親朋好友不知道我懂佛法，有時候左鄰右舍也不知道。後來展轉聽聞到風聲說：「呃！你就是什麼人喔。」我就要趕快搬家了，被知道了以後，我就得搬家。

這就是說「有」都是生滅法，所以古時候禪師都求「無心」。為什麼要求無心？求無心不是求這個覺知心什麼都不知道，或者消滅，都不是啦！是要求那個「無心於一切法的心」，轉依了那個無一切法的心——依止無心於一切法的第八識，就叫作無心。可是後代淺學之人誤會了，然後就說：「祖師叫我們要無心，所以不管看見什麼、聽見什麼、接觸到什麼，都不要起念；無心就是道，所以大家都要靜坐離念。」演變到後來，甚至於在大殿裡面，東廂貼著一個大字條：「打得念頭死」；西廂（西單）貼著大字條：「許汝法身活」，都是以「無念」爲悟。

我小時候都要陪老爸上「鼓山寺」供養僧眾，我們家鄉彰化縣田中鎮有個鼓山寺。到寺裡時，我以前看見東單貼著這麼一張、西單貼著這麼一張，心裡面想：「把念頭打死了，法身就活過來；不曉得那些出家人有沒有活過法身來？」就起一個念頭，但不敢問，因爲那時候如果開口，人家大人都會罵：「小孩子有耳無嘴！」所以什麼都不敢問。學佛以後，終於知道：「原來那一對子就是告訴你：不要打妄想、不要起念頭，說這樣就能使法身活轉過來。」可是「法身」到底是什麼？始終也弄不懂！因爲以前佛教界沒有人在講法身的。

可是現在你們大家都瞭解了：把念頭打死了，那個離念靈知還是三界有，叫作「欲界有」，因爲不離欲界五塵。「有『有』則有苦樂」，既然這是「欲界有」，那就會跟欲界中的六塵境界相應，就會與苦樂相應，所以領受快樂的時候別高興，快樂的背後就是苦。假使現在讓你賺得大把大把的銀子，很高興！我現在有一百億的財產；假使明天醫院檢查出來說有癌症，這時候怎麼想？老實說啦！這時候錢財越多是越苦啊！如果錢財少反而輕鬆：「反正我也沒多少錢，生不帶來、死不帶去，早晚都得死，死就死吧！」反而輕鬆。所以你看，樂的背後就是苦；欲界有如是，色界有、無色界有亦復如是。

眞正修行的人以遠離苦樂作爲涅槃，所以當他到了色界天的時候，或者在人間修到色界境界的時候，心裡面想：「我這個境界裡面無苦也無樂。」譬如說二禪以上的「等至位」就沒有苦樂了。可問題來了，無苦無樂的等至境界裡面，要不要出定？要！總沒有辦法在二禪裡面坐到死吧？出定後，又有苦了！那麼去到非想非非想天好了，本來以爲那就是無餘涅槃，就在非想非非想天那樣安住。結果沒想到：一念之間離開了非非想定，隨即下墮了！所以那離苦離樂的境界，其實也不是眞的離苦離樂，因爲它仍然是「有」，它是無色界有。如果等而、再等而下之，到了三惡道；三惡道裡面不必談「有『有』則有苦樂」，不必談了！因爲他「有」存在的當下，就已經在「苦苦」裡面了，所以凡是有「有」就會有苦樂。

所以說，生到非想非非想天，具足壽命八萬大劫，之後依舊下來欲界輪迴繼續受苦樂；所以非非想天那個「有」也不是眞正的離苦。在那裡自以爲是涅槃的人，其實正在「諸行無常」的那個「行」苦裡面，那就是無常苦，苦則空，空則非我。但是大家不懂，大迦葉便提出來問：「如世尊所說『若有有則有苦樂』，眞的是這樣；「無有則無苦樂」，那後面這一句就不談，稍後再來講；大迦葉問說：「此有何義？」說這兩句話，其中的道理是什麼呢？佛陀告訴摩訶迦葉說：「如果沒有『有』的話，那就是般涅槃第一之樂。」如果沒有三界有，那就是般涅槃，就是實際上取證的離苦離樂的涅槃，那才是「第一之樂」。「第一」就是沒有什麼境界或者快樂可以超過祂了，所以叫作「第一之樂」；一切樂無有過於此，但是又附帶一句話：「是故離苦樂，得般涅槃第一之樂。」

淺學之人，讀了這幾句都覺得矛盾；實證之人則認爲本來就是這樣，無可非議。可是淺學的人會覺得說：「既然是般涅槃第一之樂，爲什麼又離苦樂？離苦樂那顯然是離樂了；離樂了，怎麼會是第一之樂？」淺學的人弄不懂的。那他如果膽子大，心高氣傲，罵將起來：「此是僞經也！」就這樣罵了。所以大乘經被那些六識論的法師、居士們罵作僞經已經罵多久了？罵幾十年了！在臺灣哪。可我們偏偏來講解他們所罵的僞經，就像以前好多人罵說《起信論》是僞論，我就偏來講《起信論》；人家罵《楞嚴經》是僞經，我偏來講《楞嚴經》。現在他們不罵了，因爲我講了，內容說清楚了，大家明白了：「啊，原來是我們誤會了！」

但是般涅槃是第一之樂，爲什麼說「是故離苦樂」？單從這兩句話來說，好像是矛盾的，可是你如果延續到前面來講：「若無『有』者，謂般涅槃第一之樂。」既然無有，無有就不會有苦也不會有樂了，表示說：「般涅槃這個法不在三界有之中，超脫於三界有之上。」所以住在三界有裡面才會有苦樂，超脫三界有的就沒有苦樂；由於這樣的緣故，離苦樂這邏輯沒有問題啊！可是不懂的人就覺得會有問題；而且不懂的人隨便亂斷句，斷錯了，他也不是故意的，因爲他不懂。

所以我這幾天把《景德傳燈錄》卷五、卷六、卷七重新斷句，因爲要作禪三普說之用，才發覺他們斷句眞是錯得一塌糊塗。日本人錯了，CBETA 也同樣斷錯；而且 CBETA 自以爲改對了，結果也是改錯了。可是我有發覺到一點：只要我《公案拈提》寫過的，他們斷句就沒有錯（大眾笑…）。像龐蘊大師那個偈，以前聖嚴法師亂斷句，我在《公案拈提》書中有寫出正確的斷句，結果 CBETA 就對了——它跟著改對了，這是題外話。斷句錯誤是因爲對那個意涵錯解了，所以 如來說的法沒有矛盾、沒有衝突，可是他們誤會 如來之意，因爲他們落到意識境界去，用意識的境界來解釋此經的境界、來解釋如來藏的境界，因此他就覺得邏輯不通。

由於這個緣故，離苦樂而得到般涅槃第一之樂，但是得到了「般涅槃第一之樂」是沒有「樂」可言的；因爲祂不是三界有，不在六塵境界中，在三界有裡面才會「有苦、有樂」。那譬如說弄璋，哇！得了個寶貝兒子，很快樂！沒想到才剛滿月，死了！唉！又痛苦得要死。可是如果他從來沒有生過那個兒子，就沒有死掉兒子的痛苦，對吧？道理是這樣啊！那麼因爲有了三界有，所以才會有樂；有樂的時候，這個樂遲早會失去，那就是苦，所以樂與苦是一體之兩面。如來在《大般涅槃經》裡面講那個功德天與黑暗女，她們兩個姊妹形影不離；要奉養「功德天」到家裡面來，「黑暗女」就得跟進來，這就是三界有的特性。因此說有苦就有樂，有樂就有苦；那苦與樂之所從來都因爲「三界有」，能夠離苦樂的時候，表示不在三界有之中，那才是得到了「般涅槃第一之樂」。

如來接著說：「若苦、若樂，彼則是『有』；若無『有』者，則無苦樂。」

譬如說，有的人修定，老是心裡面亂七八糟，妄想雜念一大堆，永遠都無法離念，很苦惱！所以在專門所謂修禪—其實是修定—的道場，大家努力在打坐，非常精進，但是偶爾會聽到有人自己打巴掌。不奇怪啊！爲什麼會自己打巴掌？因爲妄想停不下來，一次又一次下定決心，已經下過幾百次的決心了，還是沒辦法停下語言妄想！最後下毒手：「啪！」但是問題來了，禪七打完了以後（大眾笑…）照樣打妄想！

後來終於遇到一個好法，「聽說正覺『無相念佛』可以讓人家淨念相繼，都無雜念。聽說三、四個月就可以練成！嘿！我去請一本《無相念佛》回家試試看。」於是開始努力讀，然後在家裡自己就開始練起來了，你們一定也有人是這樣走過來的。我知道有好幾個人，如果沒有把無相念佛練好，不肯進來禪淨班修學，他們是練好才進來的。讀著、練著，終於有一天可以淨念相繼了，哇！心裡好高興。可是這個高興的背後是什麼？背後就是苦。所以還沒有進正覺來學正知正見之前，如果有人來打擾，他就生氣起來，因爲那個淨念相繼的境界被打亂了；所以快樂的背後其實就是苦，他心裡面已經在等待著：誰會來打擾我。只是那個苦還沒有現前，還隱藏著；現前時就是樂，苦就隱藏在裡面。等到進來學了正知正見以後才放下說：「**啊！這個都是正常，反正就是要在動中練功夫。**」所以凡是「有」都有苦樂。

所以不管是哪一種法，只要他有一絲一毫的樂、一絲一毫的苦，那都是「有」；表示沒有超脫於「三界有」之上，還在三界有之內。談到這裡，諸位有沒有聯想到佛教界的哪一個宗派？（其實也不算是佛教界，他們叫作密宗。）想到了吧？宗喀巴《菩提道次第廣論》，後面講的「止觀」的境界；或者他的《密宗道次第廣論》講的「初喜、二喜、三喜、四喜」的境界，他們叫作「俱生大樂」，是不是樂？不是樂喔？那他那個雙身法就不是「三界有」了？他是不是有樂受？有啊！觸覺上的身識樂受啊！然後引生他們「意識」層面的樂，覺得說：「**哇！我現在成佛了，很高興成佛了！**」就這樣子樂。然而有樂就是三界有，那就是「有」；假使沒有「五蘊」，他能有那個雙身法的淫樂嗎？不能！

即使都還有五蘊，譬如初禪天人，或是二禪、三禪天人，到了四禪天人時已經超過三禪天了，但他們還有五蘊，那都還是三界有，可是已經無色身的樂觸了，卻都還是三界有；何況是密宗那個粗重之樂，只能存在於人間，那當然更是三界有。從這裡分判，清楚了然：那密宗就是外道法！且不說與佛菩提不相應，根本就連二乘菩提都不相應；他們落在三界有裡面，特別是最粗重的欲界有。而欲界有裡面最粗重的就是人間的欲界法，密宗落在那裡面還沾沾自喜：「**我們是報身佛，證量比釋迦牟尼佛還高。**」自覺眞高啊！然而死了以後呢？眞低啊！因爲要下地獄了，所以那叫作「外道」，根本不懂佛法！

那麼落在三界有裡面才有苦樂，如果沒有樂、沒有苦，那就不是三界有。然而密宗他們顯然有苦、有樂，所以有的仁波切因爲在臺灣住久了，民眾知識水平提升了，知道說那個密宗是垃圾教，所以女信徒也許離開了；也許不願跟他配合，他就沒有女人可以共修雙身法了。那他怎麼辦？跑到華西街妓女戶去了，不是有個仁波切被抓到了嗎？我想起來了，他叫作耐邁仁波切。這表示大家的功德顯現出來了，因爲臺灣的民眾開始聰明了，知道那不是佛法，不想再當他的明妃了。

可是他從小到大、到壯年，被教導的就是要修這個雙身法，要追求這個所謂的「俱生大樂」；因爲他如果一天不修就是「犯戒」，叫作持戒不清淨。所以密宗的人士都說：「我們仁波切持戒清淨。」可不要被騙了！他們「持戒清淨」的意涵等於每天修雙身法，所以他們持戒清淨的意涵跟我們的意涵不同的！但世間人不知道，那他們也故意這樣混濫來講，所以大家都被騙了：「人家都說他們持戒清淨，偏你們正覺說他們犯了佛戒？」結果我們要揹黑鍋了！所以我們得要告訴大家：「他們所謂的持戒清淨，就是沒有違背三昧耶戒。但他們的三昧耶戒規定：每天都要跟女人修雙身法，否則就是犯戒；然而佛教裡面的戒是不邪淫！否則就是犯戒；出家人則是不淫，否則就是犯戒。」持戒清淨的定義，跟他們持戒清淨的定義不同，因爲兩者所受的戒不一樣！他們的戒不是佛戒。

話說回來，那他們那個所謂成佛的、所謂報身佛的境界有樂，有樂就是「有」；而且不是無色有，也不是色有，並且是欲界有；而他們密宗這個「欲有」是生滅無常的，凡是三界有都是無常。如來說得很直白：「若無『有』者，則無苦樂。」如果不落到三界有裡面，就沒有苦、也沒有樂。然後作一個結論說：「是故欲得般涅槃者，當求斷『有』。」這就是如來的結論。因爲前面的「有『有』則有苦樂，無『有』則得般涅槃第一之樂」，由於這個緣故，所以想要得到般涅槃的人，應當尋求如何去斷除三界有。

現在有個問題，也許有人今晚初來乍到，他心裡面起了一個念頭：「你蕭老師既然這樣講，你也寫了那麼多書，看起來，你是不墮於三界有之中。那麼請問：『你坐在這裡講經說法，你這個五蘊到底是不是三界有？』」初來乍到，第一次聽我說法，起這個念頭是正常的。就像以前有外道在網路上罵我：「你不是證得無分別心了嗎？爲什麼你一天到晚寫書在講別人不對？那你不是都在分別嗎？」是啊！因爲他們不懂佛法，所以有這樣的想法也正常。

可是如果這樣的話，那麼諸佛菩薩在人間示現時，是不是同樣有五蘊？那是不是三界法？那麼能不能因爲這樣就說：「諸佛菩薩都落在三界有裡面。」不能！也就是說，諸佛菩薩是乘願而來，本身沒有落在三界有裡面；但因爲眾生需要，所以乘願而來，取得這個三界有是爲了利樂眾生，不然要如何利樂眾生？諸佛菩薩來人間時如果無形無色，眾生既聽不見、也看不見，要怎麼樣追隨？對喔！

以前有位師兄私下裡爲我抱不平說：「老師！您眞是委屈了，那些人背後裡罵老師，其實老師可以世世生在色界天中，根本就不用來人間，卻來人間受這一些人辱罵，實在很冤枉！」我說：「你是怎麼說的呢？」他說：「不談佛法的實證啦，單說禪定就好，您可以生到『色界天』去，至少初禪天、二禪天都沒問題！爲什麼還要來人間被那些人這樣辱罵？」我說：「喔！你倒看得很明白，可是他們看不明白呀。」所以他們那樣罵也就正常。沒有到達色界境界的人，心裡面想的都是欲界法，所以他們無法想像說：「竟然有善知識來人間，不收人家供養等等。」這眞的不能想像，因爲跟世間人完全不同，無法相信啊！

因爲人類有個心態，就是「人同此心，心同此理」。有惻隱之心的人會想：別人跟我一樣有惻隱之心；有貪心的人也會想：別人跟我一樣有貪心。

這都是正常的。而其實，如果我不要弘法，十年之間把往世的那些禪定、神通都找回來，就可以到色究竟天去了。多好過！可是不能！因爲放不下你們哪。當大家被誤導到那麼嚴重的時候，明明知道，又怎麼能放手離開？這叫作於心不忍。所以有貪心的人就會想：「你蕭平實跟我一樣有貪心，怎麼可能不貪財。」有癡心的人也會想：「你蕭平實跟我一樣有癡心，哪有什麼智慧。」這叫人同此心，心同此理。可是他們不知道的是：「證得『色界定』的人，他心中是遠離『欲界法』的，欲界法引誘不了他。所以想要拿欲界法來影響這個人、繫縛這個人，都是不可能成功的。」如果哪一天我開始收供養，背後開個大門，有消息的人知道那個大門時就趕快來送錢。那表示什麼？表示我根本沒有離開欲界法，我的境界還在欲界裡面。如果哪一天我跟諸位說，我現在開放供養，供養一百萬消一世的業；供養五百萬我消你五世的業。這表示什麼？表示我的離欲境界失去了，退轉了！

初禪之所以能證得，是因爲離欲，不是因爲禪定。修定的人多著哩！二十年前我去到南投國姓鄉，那山裡面好多的茅棚，在那裡努力修定的人多的是！然而有誰證得禪定了？沒有！爲什麼？因爲不懂得初禪的道理，頂多修得很好的未到地定，但永遠起不了初禪。所以落到三界有裡面的人一定有苦、有樂，連初禪、二禪之樂都不免苦樂，何況是落在欲界的人間境界裡？那麼想要得到「般涅槃」的人，一定要設法、一定要去尋求如何把「有」斷除。

但是我今天到人間來，我不是因爲無法斷三界有；我兩千五百年前，就是已經「斷有」了；到現在還是一樣，住在「本來自性清淨涅槃」裡面，在涅槃裡面無苦、無樂；可是因爲大家需要，我就跟大家一樣有苦、有樂，可是我所實證的境界無苦、無樂。也許有人今天第一次來聽經，聽我這麼講，心想說：「欸！你說大話吧？」是不是大話呢？我們增上班的所有同修都可以證明：「這是眞實的『涅槃』境界，其中無苦無樂，不帶有一絲一毫的『有』。」

往年有人解釋《維摩詰經》，維摩詰大士不是說：「以一切眾生病，是故我病。」他就解釋了：「因爲維摩詰大士太慈悲了！那麼眾生生病了，所以維摩詰菩薩就跟著生病，那是在幫大家消業。」別笑得那麼高興啦！其實不是這個道理！維摩詰大士是成佛之後，倒駕慈航再來的；祂本來是 金粟如來，往昔無數劫前蒙恩於 釋迦古佛，所以來幫忙弘化；祂可以不必來人間生病的，可是爲了眾生需要，也爲了來向 釋迦古佛報恩，所以來娑婆世界的人間取得眾生身；那麼眾生會生病，祂當然就會生病。因此不可以要求 如來說：「您不是超過三界有了嗎？那您爲什麼中午還要去托缽？」是因爲眾生需要，所以 如來來人間取得這個色身，而這個色身就是要吃飯才能存在。這道理是相同的。

所以，不能因爲佛菩薩來人間取得三界有，就說佛菩薩還有三界有。佛菩薩來取得這個人間的「欲界有」，是爲了欲界眾生需要。如果不以三界有——特別是人間的眾生有，就算你欲界天的欲界有好了，來到人間，有幾個人看得見？除非有天眼，否則誰也看不見他；看不見、聽不見時，如何能夠學得到佛菩薩的法？所以爲了眾生需要，諸佛菩薩來取得人間的色身，這樣才能夠讓人間的有情可以追隨、可以修學，然後可以實證，同樣離開三界有；既然取得人間的有，當然就會有人間的病跟著要承受。所以尋求「斷有」是一切佛弟子應當努力的事。

可是緊接著下個問題：「滅了三界有，是不是等於斷滅空？」如果滅了三界有是等於斷滅空，那麼斷滅空就不可能有「般涅槃」之樂了！斷滅空就是空，空就是無有，談什麼涅槃？一定是有人實證了那個「非三界有」的境界，因此不墮於苦樂之中，那才能叫作「不生不滅」的涅槃。所以「證涅槃」是得要有五蘊存在，當五蘊不存在了，誰證涅槃？所以我十幾年前講了《邪見與佛法》，我說：「阿羅漢沒有證涅槃，菩薩才有證涅槃。」當年佛教界的知見普遍不夠，當然要罵我。其實我故意延遲了一年，等《宗通與說通》出版之後一個月，我才出版《邪見與佛法》，但一樣是挨罵。所以那時候罵蕭平實邪魔外道的人多的是！可又無法反駁我。這道理很明白：「既然證涅槃，涅槃就是所證；有所證的涅槃，一定有個『能證』的人；若沒有一個能證的人，誰證涅槃？」緊接著，阿羅漢在世時不知道無餘涅槃裡面是什麼，而他們入了無餘涅槃以後，滅盡一切法，連五蘊都不存在一絲一毫，他們不存在了，那時還有他們證得涅槃嗎？也沒有啊！這個道理任誰也無法推翻的。

所以我說：「阿羅漢證涅槃，那是如來的方便說；阿羅漢其實沒有實證涅槃！菩薩呢，五蘊俱在，卻現前看見了無餘涅槃裡面的境界，證實自己五蘊住在不生不死的如來藏中，那才是眞正的證涅槃。」但這個涅槃不在三界有之中，叫作「本來自性清淨涅槃」。可是要證得這個涅槃之前，先要把三界有全部否定；如果沒有否定三界有的全部，沒有死得薩迦耶見，而自稱「證涅槃」，那會有什麼後果？且聽下回分解。

《大法鼓經》上週講到第十頁第二段第四行「當求斷『有』」。那上回最後有說到：想要求般涅槃的人應當從斷「有」開始修行。爲什麼得要從斷「有」開始修行？這是因爲有情之所以會不斷輪迴生死，就是不能斷「有」；可是斷有而出三界的道理，佛教界很多人都知道啊，卻爲何辦不到？所以應該探求爲何辦不到，這才是最重要的。到二十世紀末，臺灣有很多大師、大居士，都認爲他們已經斷有、已經證得阿羅漢了；但是正覺出來弘法以後，竟然證明他們都不是阿羅漢。甚至於也有大法師自認爲是成佛了，就像印順法師他的傳記，他生前同意命名爲《看見佛陀在人間》，他就是宣示已經成佛。又像他的歸依弟子——後山那位比丘尼，向外宣稱她是「宇宙大覺者」，那也是宣稱成佛。結果正覺弘法之後，竟然發覺他們都沒有開悟明心，而且跟其他的法師、居士們一樣，不但沒有證阿羅漢果，連薩迦耶見都沒有斷除；但在正覺弘法之前，他們自認爲是已經解脫的聖者了。要斷除三界有，要離開三界輪迴這個道理他們也懂啊！敢宣稱成佛，或者已經成爲阿羅漢了，就表示他們是對外宣示已經「斷有」；那爲什麼不但不是成佛，不是成阿羅漢，連「初果」都沒證得？那是什麼原因呢？是因爲他們對於「有」的內涵不懂。

假使有人今晚第一次來聽我講經，聽到我竟然指控釋印順、釋證嚴以及某些大法師、大居士是不懂得「斷有」，說他們不懂得「三界有」的內容，心中覺得眞是豈有此理！第一次來聽我講經，有這個想法都正常，因爲他們就眞的不懂「三界有」的內涵。他們總是認爲：這覺知心意識只要修到一念不生，那就是出三界了。從他們的著作或者演講錄音，或者所發行的那些錄影帶來看，他們正是這樣；顯然他們對三界有的內涵沒有弄清楚。

我說他們沒有弄清楚「三界有」的內涵，這個指控不嚴厲，其實是很客氣的。爲什麼我說是客氣？因爲他們把「欲界有」當作出三界的境界，就別提色界有、無色界有了！因爲他們的離念靈知，或者釋印順講的直覺、細意識，那都是「五俱意識」的境界，都是跟五識和合運作的意識；那諸位想想看：「意識離念時，仍然有五識俱在，同時分明了知六塵；那是欲界、色界、還是無色界的境界？」（有人答：欲界。）對了！頂多到欲界天罷了。

他們落在「欲界有」裡面，當作出三界了；這分明顯示：他們連「欲界有」的內涵都沒弄清楚。至於色界有、無色界有也就甭提了！以前也有現代禪李居士宣稱證得二禪，當時我是這一世初學佛，我一直覺得：「這個居士修行還眞好！看來那些大師們還及不上他。」所以我買了他的三本書，一本留著自己讀（那時候學佛大概只有兩、三年），一本送給侄兒，然後一本送給熟識的法師；於是就被那位法師密告聖嚴法師，就對我作了記號，說我腳踏兩條船。我買書好意送給他們，還密告了我；可是我跟李居士根本就沒有一面之緣，電話也沒聯繫過。但是後來證明，李居士所謂的二禪也是假的，連初禪都沒有。這表示什麼？他自稱爲阿羅漢，可是他對欲界有也沒弄清楚，所以認爲活在當下的離念靈知就是「本地風光」，但那其實還是「欲界有」。

所以諸位看看：我說他們沒有眞的弄懂三界有，這句話是客氣的，因爲連欲界有都沒弄清楚，那麼色界有的內涵聽他們講過嗎？當然也沒有！你如果證得二禪了，總得知道初禪的過程吧？那麼你初禪天身是怎麼回事？你得知道啊！不可能先跳過去證二禪，再回來取證初禪吧？因爲三界中沒這個道理呀！所以佛教界講初禪發起的原理和過程、內涵，以及初禪天身是怎麼回事？就只有我一個蕭平實。我很瞭解色界有，色界天身是怎麼回事，我都講過了；結果那些沒體驗過、沒親證的人，竟然說他們出三界了；後時等到有人來跟我們提出比較說：「你們正覺層次太低了！我們都是先證四禪，然後再來證三禪、二禪、初禪。你們只得初禪、二禪，層次太低了！」結果勘驗之下，他們是把一念不生當作是四禪，誤會眞的大了！所以經過二十幾年的法義辨正之後，現在他們都學會 維摩詰大師那一招——默然；不管你蕭平實怎麼說，我就是默然。那也算聰明人！

所以想要出三界，當然得斷「有」；斷了三界有的煩惱，捨壽的時候，對「三界有」沒有一絲一毫的掛念，可以不再受生於欲界、色界、無色界中，這樣才能得「般涅槃」，這是一切阿羅漢之所應證，就是「不受後有」。他們都沒有弄懂三界有，就說超過三界的境界了，如是之言，何可信之？像這樣的凡夫而宣稱是阿羅漢的大妄語者，你要跟他們說：「我住在三界中就已經在涅槃了。」他們更不懂！譬如增上班的諸位同修們，假使他們來問你：「你斷盡思惑沒有？」你跟他說：「猶有思惑未斷在。」那他們聽了一定會罵說：「你既然沒有斷盡思惑，憑什麼說你住在涅槃中？」他們一定罵呀，因爲他們的所知就是那麼粗淺，連阿羅漢都不知道的境界，他們也自認爲知道。那你就說：「這就是『本來自性清淨涅槃』，即使是阿羅漢入了無餘涅槃，也還是這個涅槃；所以我下一世還會在人間輪迴生死，自度度他；但我無妨就在涅槃中輪迴生死，這叫作『不可思議的涅槃』。」他正要開口反駁你，你就告訴他：「三十年後再來跟我談，現在沒時間。」走了！

那些人根本不懂三界有，所以在我們正覺弘法之前，各個趾高氣揚、不可一世的人，所在多有！沒想到我們卻是低調得不得了。也許有人抗議說：「你哪裡有低調？你很高調欸！」說的也是，因爲我確實很高調，可是我只在「法」上高調，我的爲人一向低調。那麼在「法」上高調也是不得不然，因爲眾生被他們引導到大妄語業去了！那我明明知道他們共同犯下大妄語業，來世有極不可愛的長劫果報，我能不救嗎？不能！所以我得要救啊！可是剛開始我把法講清楚，他們都說我是邪魔外道，唉！這叫作「人善被人欺，馬善被人騎」，既然如此，與人爲善不得，那我就來當惡人吧，所以我開始「拈提」；拈提到後來，他們各個都默然，原來他們都讀了《維摩詰經》。嘎？可惜的是：彼默然非此默然。

所以「法」上，我是高調，沒錯！本來我也很低調啊！我從來不拈提任何人；不論對於哪位弘法的人，但有舉問，我都說：「很好、很好！他悟得很好、悟得很妙。」我都讚歎人家。但讚歎也會出毛病，因爲他們的信徒會反過來說：「你說我們師父悟得對，可是你悟的跟我們師父不一樣，所以你悟錯了！」欸！眞悟的人想要與人爲善還眞難啦！無可奈何，那就開始拈提吧！針對抵制最嚴重的，我就開始寫書拈提了，於是當起了「惡人」。這件事情一開頭就沒完沒了，永遠是惡人。可是我個人爲人很低調，所以我出門都是自己獨行，我沒有侍者；不像我們大陸前不久有位六十多歲的法師退轉了，他退轉前在大陸說法時是怎麼樣呢？當他出去說法的時候，一出場，可眞嚇人呢！前面四個金剛護法、後面四個金剛護法，身後還有一個人擎著黃色的寶蓋爲他莊嚴。在我看來，那個寶蓋很沉重，要是在我頭上，什麼時候要壓死我，眞的不知道；我逃都來不及了，還容它在我頭上？眞正的寶蓋無形無色，那才是眞寶蓋。那人間的黃絲布等縫起來的，那是生滅法！所以你們不曾看過我出場的時候有八大護法，後面還有寶蓋。有一次，四二五演講去高雄，那是前二人、後二人，因爲是到陌生的地方，他們怕我出事，他們很謹愼。那時候因爲放話要對付我的人很多，他們就預防著。我說：「本來不會有這些事，應該不會有。你們別擔心！」可是他們不放心。那就是唯一的一次，也不過就是四個人，也沒有寶蓋。

「作人低調，但無妨法上高調，因爲你要救護眾生不墮惡道，說法時不許作人情。」我往世發過這個願。那這一世剛開始弘法，我也是作人情，因此不論人家來問的是何人，我都讚歎。這樣讚歎了五年，最後沒奈何，只好一改讚歎之風開始拈提，目的就是要教育佛教界的學人都知道，他們落在三界有之中；要教令佛教界的大師們知道，他們都落在欲界有裡面，還要抵制證得正法的菩薩。當他們看到我說的，自我檢查了以後，發覺我說的正確，自己果然是落在欲界有之中，那他們就有機會在捨壽前，於 佛前對眾懺悔；也有機會把那一些被錯誤印證爲阿羅漢，以及錯誤印證爲開悟般若的弟子們找來，一起懺悔滅罪，那就不必墮三惡道了。

以此緣故，所以咱們當「惡人」也當得甘願；千夫所指，絲毫都無畏懼，繼續往前行。乃至於西藏喇嘛們十年前放話：「你蕭平實有種來西藏看看。」搞不好，我哪天真的去西藏旅遊，但現在沒時間，越來越忙。所以有位同修line給我一幅圖，叫作忙忙忙。但是爲眾生，該忙就得忙，辛苦也不能道辛苦，誰叫你要當菩薩？這是你的本分事！所以打從今年以來，我走路越來越快。有人說：「本來臺北人走路就比較快。」可是我去年沒走那麼快啊！如今我也七十五了，走路慢應該算正常；可是現在越走越快，開車也開很快（大眾笑…），越開越快，希望多爭取一些時間。

我今天忙了一個下午，時間有一點兒耽擱，可是講經前得開會。下午一點鐘的會，我推辭了，因為實在太累，沒辦法。到出門的時候呢，我把環河南路當作高速公路開（大眾笑…），開到一百零九公里，終於可以準時開會；可是也沒開完，講經完下座以後還得繼續開。不圖名、不圖利，為的是什麼？為了救護眾生，這是菩薩的本分事！所以你們作義工作很多，忙得不得了，不用來跟我訴苦，那是為你自己作；而我也是為我自己作，我作得越多，大家道業越快增長；我也託諸位的福，當然就加快成佛，這是兩利之事。

話說回來，如何教導眾生理解三界有的內涵，是佛教界的當務之急。假使大家都懂：這是欲界有、這是色界有、這是無色界有，他們就不會再大妄語了、那麼下墮惡道的機會就消失了。所以你們看：臺灣佛教界這十年來，沒再看見有大妄語的狀況了；現在還有大妄語的就是附佛外道。所以接著救護被附佛外道所籠罩的那些人，我們也得作。喔！我現在想起來，有一本口袋書是救護附佛外道的，我現在還沒時間看；已經在我手裡差不多半年了，撥不出時間來。這就是說「見道」是首要之務，釋印順也懂這個道理，他的書中也寫著：「**見道是修學佛法者的首要之務。**」但問題是他自己也無法見道。

問題就在於釋印順沒有把三界有的內涵分析清楚，所以自己落到欲界有裡面。因為他所謂的細意識、所謂的直覺，還是六塵中的直覺，或者六塵中的細意識；那表示意識心常住的邪見沒斷，就是欲界有；而他當作是出三界的境界，並且還誣賴說：「**禪宗的祖師們悟的就是直覺。**」這是他書上明明白白寫著的，白紙黑字抵賴不掉的。你看，他誣賴了禪宗祖師們，這個罪業也不小吧？但是追究他之所以如此的原因，也就是不懂三界有，這就是末法時代學人們的悲哀：各個看來都好像成佛了、成阿羅漢了、出三界了，結果都還在欲界中混，混來混去不知出離。所以 佛才需要講世界悉檀，因為出三界的唯一定義就是「**斷有**」——把三界有的執著全斷了，才是出三界；出三界的境界就是「**般涅槃**」。所以上週最後我說：「**想要證得般涅槃必須要斷**

有。」原因就在這裡。因爲出三界的涅槃境界中，沒有三界中的任何一法；如果還有三界中的法，就表示還在三界中。

所以咱們弘法之前，臺灣佛教界、乃至現在大陸佛教界的大師們都還是這樣，他們認爲一念不生時就是無餘涅槃。八大修行人，前些年才往生的徐恆志以及早幾年過世的元音老人都是這樣，都說一念不生時的境界就是涅槃；但一念不生只是欲界有，即使入了二禪等至位，離五塵了，算是細意識，也還是色界有；轉入四空定中的最細意識也還是無色界有，這些都得要斷除才算出三界。所以「**當求斷『有』**」，這是如來給我們的一個最簡單扼要的提示，想要得「**般涅槃**」的人，沒有人可以不求「**斷有**」，把三界有斷了才能出三界。

涅槃之中無一法可得，可是轉到大乘法來時，說法又不同了。所以有時菩薩會說：「**涅槃並不禁制任何一法的生住異滅。**」所以在大乘菩薩的境界中，無妨在涅槃之中，可是萬象森羅，無一不包；但當下卻是不生不滅的涅槃、無生無死的涅槃。這要叫那些定性阿羅漢們怎麼想像呢？至於釋印順、釋證嚴等等凡夫們那就別提了！所以有時候祖師們說：「**涅槃中不禁制任何**

一法。」看來跟二乘菩提阿羅漢的所證有所衝突，可是其實完全沒有衝突，因爲涅槃的境界是本自存在的。

無餘涅槃的境界本自存在，只是阿羅漢們不懂，所以他們要修行：斷三縛結、薄貪瞋癡，然後到了「離地」、到阿羅漢位「畢地」，死了出三界。可是從菩薩眼裡看來，定性聲聞的阿羅漢死後入了無餘涅槃，那個涅槃其實在他們還沒有死亡之前、還沒有入無餘涅槃之前就已經存在，就是他們的如來藏本來涅槃。但阿羅漢們入了無餘涅槃以後，就是他生前就在的那個涅槃；既然那個涅槃本來就在，又何必禁制一切諸法的生滅？那就可以利用這一切諸法來利樂有情、來成就佛道，這不是更棒？對呀！所以菩薩們沒有一個人想要回去當阿羅漢。菩薩們會依「此經」第八識次第修行，逐漸成佛，沒有人想要回去當阿羅漢。所以入地以後，二地、三地、四地都一樣，沒有人想要回到地前那個阿羅漢果去。

但是般涅槃得要斷「有」，菩薩們爲什麼不斷「有」？假使有人提出這個質疑，這個質疑也有道理，因爲他的所知就是如此。可是菩薩們繼續在三界中，一世又一世不斷受生，其實是斷「有」，不是不「斷有」。只是「斷有」

之後，爲了利樂有情、爲了護持聖教，所以起惑潤生；並且繼續把三界有的習氣種子斷除淨盡，進入第八地，那不是阿羅漢之所能。八地開始，無妨仍然繼續在人間受生，那純粹是依於他的「願力」而爲；因爲入地之時，已經發了十大無盡願，那「十大願」一發，永無盡期。假使你有讀過《華嚴經》，不論《四十華嚴》、《六十華嚴》、《八十華嚴》都有提到，發這十大願時都說：「虛空有盡，我願無窮。」所以這十大願是永無窮盡的。因此我說：「釋印順他們認爲『釋迦如來示現無餘涅槃之後就灰飛煙滅了』，他們是在謗佛。」諸佛如來成佛前兩大阿僧祇劫發的十大願，每一願最後都說「虛空有盡，我願無窮」，難道成佛之後，倒把這十大願給捨了？十方三界沒有這樣的佛，所以他們都是謗佛者。

因此菩薩們不是不斷「有」，是爲了成佛；也是爲了在成佛的過程中，利樂更多的有情；也是爲了成佛之後，繼續無窮盡地利樂有情，所以起惑潤生直到入八地以後或者成佛，依於十大願繼續受生於三界中，怎能夠說他們不斷「有」？因爲入地前就斷「有」了。所以 如來說的：「是故欲得般涅槃者，當求斷『有』。」這是至誠語、不二語。

只是般涅槃有大乘、二乘之別，連二乘聖者都不能懂得，何況是凡夫大師們呢？其實「凡夫大師」這四個字不該講，既然是凡夫，就不能用「大師」兩個字。即使像我走到今天這個地步，我也拒絕使用「大師」兩個字，因爲大師在古時是對 如來的尊稱；偏偏那些凡夫們個個都是大師，但是這不怪，因爲這是末法時代的正常現象，否則現在要改名叫像法或正法時期了。九千年後，月光菩薩出現在人間，他也不會容許人家稱呼他是大師。可是現代到處都有凡夫自稱大師，那麼有些眞懂的人會覺得很不能接受，可是我沒要求你接受，我要求你把他忽略；忽略就好了，不用爲此義憤塡膺。義憤塡膺一次要死掉多少細胞，請諸位保重！爲道業努力。

這就是我想要說明的，想得涅槃的人一定要斷「有」；斷有最基本的、應該作到的就是瞭解三界有的內涵。所以以前有人說：「**如來爲什麼要講世界悉檀？**」我直接了當答覆：「**爲了防杜末法時代學佛人的大妄語業。**」然而 佛陀已經把世界悉檀講了，可是末法時代好多凡夫的大法師們、大居士們依舊視而無見，依舊犯下大妄語業；自犯也就罷了，又引導一大群弟子或信徒跟著犯。好在那麼多大妄語業的人出現以後，緊跟著出現了正覺同修會，所以咱們其實救了很多的人不下地獄，這個功德諸位都有一分；這不是我獨得的，因為我講了以後，如果我一個人在這裡講，法怎麼傳出去啊？就是你們大家來共襄盛舉，然後把法傳出去，因此救了他們。

接下來 世尊想要重宣這個道理，就用偈來說。首先來談這四句：「**一切有無常，亦無不變異；彼有有苦樂，無有無苦樂。**」舉凡一切「有」全都無常。先從欲界有來談好了。人間大眾最喜愛的是什麼？嗄？財，還有色，還有名、食、睡。那你們是講五欲欸。其實人剛出生時都很天眞，所以你看嬰兒剛出生一個月、半個月的，他有貪財嗎？有貪色嗎？他連父母親都不貪。對吧？有哪一個嬰兒剛剛出生之後，一直看：我媽媽呢？我媽媽呢？沒有啊！他只在自己身上去體會說：肚子餓了，就哇哇大哭；尿布濕了，哇哇大哭。如果肚子飽了、尿布沒有濕，就睡覺。他也不會打什麼妄想，那他是不是證阿羅漢果了？（大眾笑⋯）對啊！大師們都說「一念不生」就是出三界、就是證阿羅漢哪！那每一個嬰兒剛出生，一個月、半個月內都是一念不生的；那所有學佛人只要生了兒子、生了女兒，都要趕快禮拜，要拜兒子、女兒，因為他們都是阿羅漢。可是諸位聽了都哈哈大笑，因為覺得太可笑了！

怎麼會一念不生就是阿羅漢？但是二十年前的臺灣，現在大陸還有許多人依舊這樣認為呢，認為一念不生時就是證阿羅漢。那以後遇到他們，應該問他們：「欸！你想不想供養阿羅漢？」對了！應該問了，那他們說：「我想，我想要種福田。」那你就抱個嬰兒給他們拜，給他們種福田。這個道理是相通的啊！因為邏輯一樣。

可是小兒其實是不懂，所以沒有心機，人家就說他叫作「天眞」；但是隨著年月漸增，往世的習氣種子遇到外緣時就開始勾引上來；世間法懂得越多，習氣種子勾引出來越多。那麼十歲之前，最重視的就是父母親；可是成長了以後，重視的是好的職業。有了個稍微好一點的職業，心裡面想著：「我要討個好老婆。」或者說：「我要找個白馬王子。」聽說內地現在有很多女孩子，眞的在找白馬王子。有人開來白色車子寶馬牌的，至少要五字頭的、七字頭的，否則相什麼親？別相了！人家把這種女人叫作拜金女，開始有這方面的想法。可是年歲漸長，又想要有很多的財富，想要有很大的營利事業。到了五十幾歲，想：「我還要有好名聲才行，要得到社會的敬重。」於是開始投入社會救濟；果然就是諸位講的「財、色、名、食、睡」，所以每餐都得吃好吃的，然後每天晚上誰都不許打擾他，要好好的睡覺，沒有人可以打擾他。這些五欲都是欲界有，而且是人間之有。

如果到了四王天，飲食不必買，不必花錢，天然就有；衣服也沒有所謂名牌、不名牌的問題，你該穿什麼衣服，就給你什麼衣服，自然就有。至於其他的，其實也一樣，全都是欲界有，只是比人間精緻一點罷了。可是古時外道修行人懂得一切「有」無常，他們先看清楚的就是欲界有，所以開始遠離五欲；因此把未到地定修得很好，然後出家去修行，遠離五欲；把欲心給斷除了，五欲不存在了，進入初禪，發起了初禪天身。那時知道：「**啊！原來色界境界是這樣。**」在色界境界裡面，依舊有眼識、耳識、身識、意識，依舊有色界天的境界，與禪定相應。

但是有智慧的人就知道：「**那也是有生之法，遲早必滅。**」他懂得有身即有過患，所以他繼續努力修行，把色界法也捨了，轉入到四空定中。大部分的外道都是認爲那就是涅槃，所以 如來降生人間的時候，在印度有證得初禪的、二禪的、三禪的、四禪的，有無想定的、也有證得四空定的。最有名的、最後那一個徒弟叫須䟦陀羅，他證得非想非非想定，在定中已經無所了知，連了知的心都不能了知自己了，本來以爲那就是涅槃；後來 如來出現，開始弘法之後，風聲傳到他耳裡，他也不來見。如來最後放話說三月後當般涅槃，結果他就一天捱過一天，到了最後一天，如來已經要般涅槃了，他還在那邊猶豫著。到最後一刻，如來已經在雙林樹下準備要入涅槃了，他才來，因爲他心中還有猶豫：「**也許我這樣眞的是遠離『三界有』的涅槃境界吧？**」所以他忍到最後一刻才來。

阿難尊者身爲侍者，這時候當然不讓他來打擾 如來；沒想到 如來聽得很清澈，就吩咐阿難說：「**讓他進來吧！這是我最後的弟子。**」於是讓他進來。如來跟他開示：「**那非想非非想定的境界還是三界有，你得把這個也捨了，才能入無餘涅槃。**」他當下捨了，成阿羅漢。當下成爲阿羅漢以後就向如來稟報說：「**我不忍見如來涅槃，我要先般涅槃。**」你看！他至少也服侍 如來涅槃，然後再入吧。不！他竟然先入涅槃！可是 如來非常慈悲，根本就沒有阻攔，也沒有罵他說：「**你這麼忘恩負義！沒有服侍我，先入涅槃！**」如來說：「**善哉！**」或者說：「**汝自知時。**」他當下就入涅槃了。佛弟子們沒先辦 如來的事情，要先辦他的後事；可是這樣的弟子，如來也度啊！你看 如來慈悲不慈悲？要是依照世俗人的想法，就說他大逆不道。這樣看來，那些背後無根毀謗我，然後謗法離開的人，我都說：「如果回來我都接納。」這就是佛法中的正常事，如果記著、怨著，不接受他，那就不是菩薩。

這就是說：凡是「有」，都是生滅法。因爲三界中的任何「有」都是有生之法，沒有一法是本來無生；有生則必有滅，所以如來說：「一切『有』無常，並且一切『有』也沒有不變異的事。」出生之後，在存在的過程中都是剎那變異的；剎那變異就是無常，名爲諸行無常；無常即是苦，苦即非我——不是眞實的我，不應該執著。可是話說回來，爲什麼那些大法師們都認爲這個「覺知心」是恆常的呢？因爲他們不知道覺知心的剎那生滅性；覺知心之所從來，是從如來藏中生出來的，不是單有根與塵的相觸就可以出生；根與塵只是藉緣，藉用根與塵爲助緣，而由如來藏出生，否則就是無因唯緣論，不是佛法的見地。

但覺知心是出生在哪裡？出生在根與塵相觸的地方，所以六識覺知心有所依的處所，也有住處；覺知心六識所依的處所即是根塵相觸之處，住處即是六塵境界，始終不離六塵的了別。但六識的生起，不單是根與塵等助緣，假使根與塵接觸而不必有如來藏爲因，就可以出生六識的話；那麼一個人車禍，他的身體壞了，可是他腦袋沒有撞上，勝義根仍然是好的，是不是就能繼續有六識存在？理論上應該可以啊！可是事實上不然，既然得要依於完整的色身，來供應他的勝義根繼續完好存在，他的六識才能存在；就表示：這六識是依於他六根的存在而存在；但是六根有處所，因爲意根只能接觸法塵，而法塵在勝義根；六識則只能接觸內六塵，而內六塵也在你的勝義根。所以勝義根壞了，六識就得壞滅，意根就得離開，因爲如來藏無法流注這六識種子於六根中了。

不知道有沒有人想過說：「這六識是心，心應該無住處吧？」有沒有人這樣想過？一定有！爲什麼我說一定有？以前連大禪師都這樣講。高旻寺在大陸很有名，高旻寺近代出了一個很有名的禪師，叫作來果禪師。聽過吧？你們大陸同修都沒聽過嗎？沒有啊？反而來臺灣才聽過，怪哉！我第一輯的《公案拈提》，最後一則就是拈提他，所以我拈提了不久，大陸高旻寺的僧眾說很氣我；不過我接受，因爲他們都認爲來果禪師是證悟者。大乘精舍也印過來果禪師的開示，也認爲他是證悟者。嘿！沒想到這蕭平實好大膽！竟然敢說人家沒開悟！可我就講了，但終究沒有人敢出來反駁；因爲提不出證據證明來果禪師有悟，反而我證明了他落在意識裡面。但他套用《楞嚴經》來講，他說：「眞實心不在內、不在外，也不在中間。」他怎麼問的？他說：「如果你說心在外，那怎麼又會知道說胃痛、肚子痛？」好像有道理，所以心不在外。「那你說如果心是在內，那你長年住在身體裡面，不會覺得悶嗎？」他這麼問，顯然他所說的心是覺知心，才會悶、才會知道痛，那正是覺知心啊！那他又說：「如果說心是住在內、外的中間，（他講的好像是皮膚）那會怎麼樣呢？」等等。那他講的眞實心不就是意識心嗎？

可是這覺知心總共六個識，也就是離念靈知，一定是有所住的；如果無所住，你這覺知心應該可以飛到那邊去、飛到這邊去吧？可不行！一定是在你的腦袋瓜裡面。哪一個人覺知心在運作的時候可以離開腦袋瓜？沒有啊！這表示覺知心是有所住的，並且住在六塵境之中；六塵境消失了，覺知心就跟著消失，這就是無常，不是常住不壞的眞實心。除了我們常常講的「五位斷滅」以外，其實還可以從覺知心之所以出生的因緣，來講祂的生滅、來講祂的無常。因爲覺知心如果修到了四空定，死後生於四空天，沒有色身、沒有勝義根了，扶塵根都沒有了；可是他憑藉著意根以及四空定的定力，依於那樣的定境可以存在，這時只剩下意識心，那叫作細意識，是三界中的最細意識。這個細意識不需要依扶塵根、勝義根而存在，外道正因爲這樣而認爲是常，是無餘涅槃；可是 如來說：「**那依舊是三界有。**」因爲那樣的定心，外道不知道祂的生滅流注，所以認爲是常，可是 如來說那同樣是意識心。

意識心是由如來藏流注意識的種子出來，祂是刹那生滅的，一刹那有九百個生滅。如來說：「**七轉識都是同樣的由如來藏流注種子而有。**」但是因爲流注種子的速度太快，好像是恆常的、好像是連貫不斷的，所以外道、凡夫誤以爲祂是常，而其實是刹那生滅。一刹那有九百個生滅，並且這個「因緣」的生滅流注，是每一個「識」各有自己所依的處所或地位而生滅流注的。譬如眼識在眼的勝義根處，這個「勝義根」接觸了如來藏藉由外相分而變現出的「內相分」色塵，方能產生根觸塵的狀態；在勝義根接觸內色塵的地方，眼識可以在這裡流注出來，如來藏流注了眼識種子到這裡；可是如果眼識種子只有一個，那麼你出生，或者說你早上醒來一直到晚上睡覺，你只會看見一個影像或圖片；那好像幻燈片一樣，從早上醒來到晚上睡覺前所見都是同一個影像，那你還能生活嗎？這影像必須不斷地轉換，你才能夠生活啊。但是在這個眼勝義根和色塵相觸之處，要不斷地轉換種子，因此前種子得要開避其位，離開這個地方，落謝了，然後如來藏流注第二個種子上來；這第二個種子又開避其位，落謝了，第三個種子再上來，前後沒有間隔；前後沒有間隔就說是「等無間」。所以「等無間緣」有兩個意涵，一個意涵就是：前眼識種子與後眼識種子之間沒有任何間隔而迅速地、不斷地轉換。那眼識種子不斷流注的過程當中，又跟意識的種子相等無間，中間也沒有間隔；所以眼識看到什麼，意識就知道，這也是「等無間」，等無間有這兩個意涵。這個本來是我們增上班在講的，以前我在《成唯識論》講的。現在又證明：即使是非想非非想定中的意識境界依舊是生滅，我得要說明這一點。

如來在《楞嚴經》裡面講過，說這七轉識的種子流注，它的生滅太快，「如急流水，流急不覺」。所以很多人去海裡浮潛或者說潛水，不知不覺被流走了；而那時速只有二十幾公里而已，他都已經被流走了；結果人家要到外海去找他，去把他救上來。所以我有時候會講個譬喻，譬如牆壁上鑽兩個洞，裝一根厚玻璃管子（透明的玻璃管子），牆壁後面抽水馬達放在水池裡面；

電啓動了，水從這邊牆壁快速流出外面的管子，然後又流回去到原來的水池；把透明水管固定得很好時，大眾人來人往，都沒有人發覺透明管子裡有水在快速流動。如果鎖得不夠牢，會震動，大家會覺得奇怪，一看，欸！可能有水在流；如果你鎖得很牢固，一點都不動，大眾都不會發覺有水在流，因爲前水與後水之間沒有間隙。假使後面抽水馬達那裡，把它混進一些空氣，結果那水管的水變白了，大家就會看到：「啊！原來有氣泡、有水。」就知道有水在流動了，那就表示這時的水流不是等無間，因爲有氣泡間隔了。

那諸位想一想，六識的種子流注，如果一剎那有九百生滅那麼快，而且都是前後種子無間，你怎能發覺它有生滅？所以一醒來就覺得自己覺知心是常。就像我們小時候，那時候電很貴，電的品質也不好。臺灣的電是一百一十伏特、六十周；大陸的電是兩百二十伏特、五十周。那我們小時候，小孩子沒留意，大人常常會講：「欸！今天的電有點奇怪。」以前都是白熱燈泡，日光燈是後來才有的；你們也許有人生來就是只看到日光燈，沒看過白熱燈泡。我們以前都是用白熱燈泡，而且一個房間最多只能用二十燭光的燈泡，我們是那樣讀書的。檯燈，那是有錢人家才用的。大人有時候會說：「今天電怪怪的。」為什麼？因為那發電機的轉速變慢了，為了省油，有時候到了晚上，工廠關門不用電了。臺電為了省油，發電機速率放慢了；或者說為了省水，水庫放水放少了，發電機的轉速轉慢了。很敏感的人，降到每秒五十周，他就發覺了；如果降到四十周呢？一般人都會覺得：「欸！今天的電有問題。」為什麼叫六十周、四十周、五十周？那就是說，發電機每一秒鐘轉動六十次，叫作六十周，就是六十個圓周。六十周就表示什麼？轉一次電就來一次，轉兩次電來兩次，是一次一次不斷地送來。那白熱燈泡，因為電來了所以發熱，就亮一下，等候第二次送電來再亮一下，電燈泡是這樣的；那麼如果一秒鐘來六十次，它還來不及暗，第二次電又來了，就保持常亮，它的前後間隔就發覺不出來，所以你就感覺它是恆常的；其實是一秒鐘來六十次，你就不覺得電是無常，你覺得電是常，是因為它沒有降速到讓你發覺出來。可是如果降到一秒鐘來四十次，再遲鈍的人都覺得電有問題。

那諸位想想，電一秒鐘來六十趟，你就不覺得它有生滅；那麼再想想看，如果你的「識種子」是一剎那上來九百次，你哪能發覺它是生滅的？但如來告訴我們「**就是這樣剎那生滅**」，所以名為「**剎尼迦**」；但是因為速度很快，所以人們無法發覺生滅性。但其實非非想天中，這樣子意識種子一剎那流注九百個生滅，這樣經歷了八萬大劫，之後還是下墮，依舊無常，因爲它是剎那變異的。剎那變異之法就不可能是常，何況它是由如來藏所生，所以說一切「有」無不變異。那非想非非想天的三界最細意識都還是剎那變異的，三界中還有什麼境界比它更高的呢？沒有了！所以須跋陀羅最後聽了如來的開示，他懂了，把這個無色界「有」捨了，當場入無餘涅槃。

如來接著說：「彼『有』有苦樂，無『有』無苦樂。」說那個三界有都有苦樂，沒有三界有時就沒有苦樂了。很多人來正覺之前，都去參加過什麼成長營、心靈雞湯、心靈成長等，很多人參加過，都告訴你要把握自我，要追求快樂。追求快樂就是追求苦，有樂便有苦。可是假使有人今晚第一次來聽經，聽到我這麼說，一定很不服氣：「那明明如來也叫我們追求快樂啊，說『生滅滅已，寂滅爲樂』，不也是樂嗎？」問得也對喔？其實不對！因爲寂滅之中無苦樂，以無苦樂爲樂，這我們稍後再講。

凡是三界有都有苦樂，差別只是：欲界的人間，苦與樂都特別強烈，越往上越淡薄。所以人間譬如飲食好了，人間飲食的時候覺得很快樂，那如果是很清淡的飲食給他，他覺得不快樂。這表示什麼？表示他吃得很快樂的飲食是色、香、味俱全。換句話說，該酸的要夠酸，該甜的要夠甜，苦瓜還得苦才好吃。可是這樣還不滿足，還得要加點辣，所以叫作酸、甜、苦、辣，這是很強烈的覺受。可是欲界天人吃甘露，從人間的境界來講，甘露清淡到不得了。如果喜歡上館子的人，請他吃甘露，說：「這是天上才有的。」他一聽很高興，但吃在嘴裡一定說：「嗯？怎麼這樣？」因爲他覺得沒什麼味道，而欲界天人以此爲樂。這就是說：「三界層次越低的，苦樂的程度越濃厚、越粗重。」這就是欲界有的特性。

到了色界天呢？諸位常常聽我講過說「初禪有身樂」，可是初禪的身樂以一般人來講，相比於平常人所領受的男女之樂，一般人一定說：「那我才不要那個初禪樂。」而其實初禪樂很淡薄，可是因爲離欲了，所以他覺得那個樂很受用。初禪之樂就是說他的初禪善根發過後，那平常就會胸腔有樂觸；那個樂觸我跟諸位形容，譬如說你騎著腳踏車在一個下坡路上，那個下坡有點陡又不算很陡，但還眞的陡；當你騎在平路上，突然這樣往下騎下去；但因爲很安全，那條路很寬、很平坦，根本沒有問題，所以你就享受著那個有點失重的味道。有沒有？體驗過沒有？就像那樣。不過你這樣騎下坡的時候，你會帶點兒擔心，可是初禪沒有擔心；騎車時你會怕撞上或跌倒，但初禪沒有擔心！就像是那個感覺。在我弘法之前，沒有人講過初禪的樂是什麼、是什麼樣的感覺。我講給諸位聽。

可是如果說每天都讓你享受這個快樂，那你就離婚吧！要不要？一般人都不要了！就是這樣啊。所以越往上，苦或者樂都越淡薄；越往下就越濃厚，可是過了人間再往下，多苦少樂；如果到了地獄呢？有苦無樂，改以無苦爲樂，雖然只有那麼幾刹那無苦，他們也覺得好快樂：終於離開痛苦了！可是緊接著下一個苦又來，那叫作以「無苦爲樂」，其實沒有樂。那麼越往上，樂的覺受越淺，所以說禪定之中，講三禪之樂是天下至樂；其實那個樂淡薄，不過是初禪的身樂，再加上二禪的心喜罷了，說那是三界至樂。爲什麼是三界至樂？因爲過此無復有樂，過了三禪天，再也沒有樂觸之可言，所以是天下最高層次的樂受。可是爲什麼人還是追求往四禪天呢？因爲覺得三禪之樂是無常，而且三禪天的境界也是「有」；所以要轉入四禪天，息脈俱斷，不受風災的摧殘。可是有的人想：「**不對！四禪天還是有個色身在，色身是物**

質之法，終究要壞，所以要離開色身；捨了色身看有沒有更高的層次？」因此轉入四空定去。

然而有一分外道愚癡，他們就想：「這個心是無常，這覺知心會中斷，所以我應該把這個覺知心滅掉。」可是他們又怕斷滅，所以就留著那個四禪天身在，而把覺知心滅了，當作是入無餘涅槃，成爲無想天的境界，其實這叫作愚癡外道。因爲色界天身只是個物質，雖然很微細，那你留著沒有心的物質，不如留著心，不要留物質，所以說那叫作愚癡外道。聰明的人還是應該往四空天才對，雖然菩薩說：「那也是笨蛋，你往四空天，不能得解脫，也不能學法呀。」

那現在是純粹從世間人的知見來談，說入無想定的人是傻瓜；比較聰明的人不入無想定，寧可留著這覺知心意識，把那個身滅掉往生四空天；但四空天無苦也無樂，沒有色身了，只剩下意識心住在四空定裡面。這個時候以離開生滅爲樂，他認爲這意識心是不生滅的。其實有樂嗎？沒有！就像一個得到初禪很久的人，久修二禪不得，後來有一天終於離開五塵了，轉入二禪等至位去了；但他突然一念反觀：現在沒有五塵了，我這個境界中沒有五塵！

一念反觀時都沒有語言文字，所以心中歡喜起來，欸！五塵又出現了。第一次都是這樣的，入二禪等至位的第一次都是這樣，所以心裡面很歡喜：哈！終於進來了；結果馬上就出去了，不能起歡喜心！然後這樣一次又一次安住慣了，出定的時候心中很歡喜，這也是快樂啊；可是到了四禪，身樂沒了，心喜也沒了。但是爲什麼大家還是要往四禪走、不留在三禪？因爲覺得那比較安穩哪，但也還是有生滅之苦。

所以，苦與樂其實都是伴隨著三界有而存在，差別只是比較強烈或比較淡薄，三界中沒有誰可以無苦樂。譬如說到了四空天，本來是覺得這是無苦樂的涅槃，因爲不知道意識的剎那生滅。等到即將捨壽的時候才發覺不對，原來這也有生滅；才一發覺時，就已經下墮了。噢！這時候就是苦了！所以不管是欲界、色界、無色界，凡是有「有」就有苦樂，差別只是它的粗重或者微細而已。所以生到四空天依舊有苦，只是那個無常的行苦他沒有發覺；等到他發覺而知道是苦的時候，那就下墮了。所以有智慧的人不要有苦樂，但究竟的離開苦樂只有一個辦法，就是遠離三界有；如果三界所有的「有」都不存在了，就不會有苦樂了。接著說：

「不為無苦樂，為則有苦樂；莫樂諸有為，亦勿更習近。」「莫樂」二字或者讀作「莫要」諸有為。也就是說：只要住在無為之中，就不會有苦樂。譬如世間好了，自古以來都有隱士。隱士的想法是什麼？我隱居山林，不跟世人爭名奪利，那我這一生就過得很安隱。對他來講，他就叫作無為。譬如說中國傳統文化也有講說「無為而治」，有沒有？其實這句話有語病。既然是「治」，怎麼會是「無為」？只是管少一點罷了。只要是造作就會有苦樂，所以隱士們想要避免那種粗糙的苦樂，就隱居山林、隱居田園。他們不想去多所造作，於是過著最基本的生活。

現代有時候也會有什麼報導出來，說在山上很難到達的地方，也有人住在那很高的地方，自己挖個山洞住在那邊，喝泉水、吃水果，自己種一點稻子等什麼東西；沒電，更沒有電視、電話，什麼都沒有，他就這樣生活；然後穿著垢衣，鬍鬚、頭髮都長得很長，衣服也都髒髒的。有沒有？有啊！前些年還有報導過，他就是不想去追求物質生活，覺得世間人是那麼辛苦！他覺得說：我只要過得安安逸逸就夠了。那就是最粗淺的無為。那麼如果提升再提升，人間高級的「無為」是什麼？就是老子思想。他有一句話說：「吾所以有大患者，爲吾有身。」大意是如此。他懂這個道理，說：「我有一個很大的災患存在，只因爲我有這個色身的緣故。」可是如果他眞的有依照自己的說法努力奉行的話，他就不用寫《道德經》了。《道德經》講的是什麼？《道德經》講的還是要治理天下，從修身齊家開始作起，那不還是「有爲」嗎？你治理天下，不是一定要有身嗎？你若無身還能治天下？所以有時候心情還很矛盾，這就是老子的心情。所以無爲的層次千差萬別，他還不懂得天界的境界，所以寫的很多東西，就是要怎麼修正自己的心意，乃至於平天下等等。至於打坐，最多就是坐忘罷了，依舊是欲界境界。

那麼很多外道，古時候他們那些人就是爲了不要造作，想要無爲，所以他們修得未到地定，得初禪、二禪乃至四空定等；因爲他們知道只要是造作就會有苦、有樂，而造作的過程則是苦，然後結果得到是樂。世間人在社會上奔走，來來去去，終於買到一戶公寓了。哇！好高興，我要搬家了！可是他爲了買那個房子，到處奔走賺錢，終於獲得這個房子，他覺得很快樂；但在那個賺錢過程中是不是苦？苦啊！不只是朝九晚五而已，早上九點上班前，先去弄了一份兼差；五點下班以後，又弄另一份兼差。對啊！除非像臺灣某某人，人家說的含著金湯匙出世，一生下來就繼承很多財產。但他也有苦惱，他老是想著：「我這麼多錢，越來越貶值。」想了一堆，這都是有爲，有爲就有苦樂。那如果想當總統，終於當上了，是不是最大的快樂？爲什麼搖頭？啊？所以你們不適合當總統！老實說，我也不適合；給我轉輪聖王幹，我還不幹呢！所以諸位適合當菩薩，才會每個週二來聽我講經；也才會去禪三，四天三夜那麼辛苦，就爲了追求眞正的無爲。

那有的人不這樣想，一心要當總統。當上了以後呢？不說總統了，當皇帝好了。皇帝最過癮吧？總統還有制度繫縛。那皇帝呢，他說了算！但是皇帝也苦啊！不然爲什麼自稱「寡人」？因爲想要談心時，找個人也難！怕人家知道他心裡的看法。當皇帝，第一就是不能讓人家知道他心裡的想法，否則隨時有性命之憂；但是這樣看來，好像當皇帝也不快樂。那到底有什麼快樂可說？喔，當個大企業家，總不會被害了吧？又有錢有勢，可是大企業家忙得一塌糊塗，吃飯吃得不安隱，睡覺睡得不安生，有什麼快樂？這就是因爲「有爲」。

所以能夠懂得「無爲」，苦樂就越來越輕，然而最懂得無爲就是佛法。

阿羅漢就是因爲懂得無爲，所以成爲阿羅漢；因爲把三界有給捨離了，成爲眞正的「無爲」了。因此，眞正懂得追求無爲、實證無爲的人，才是眞正能離苦樂的人；所以如來勸告大家，不可以愛樂各種有爲之法。當然，一開始叫大家要離開有爲，也眞的很難；可是漸漸熏習，時間久了以後，對有爲法的愛樂就會漸漸地降低。如來還吩咐說：「亦勿更習近。」不愛樂有爲法，還得要不斷地遠離有爲法。也就是說，如果不是再三的遠離而變成習氣，那還是會被有爲法所吸引；那就會保留著多分或者少分對有爲法的愛樂，那就無法般涅槃。好，今天講到這裡。

上回《大法鼓經》說「莫樂諸有爲，亦勿更習近。」那麼今天要從「若人得安樂，還復墜於苦；若不到涅槃，不住安樂處」開始解說。這四句對照起來，一般人會覺得好像邏輯有問題；即使很相信佛法的人，讀起來也會覺得好像怪怪的，只是不敢講。但其實邏輯沒問題，一點兒都不怪，這就是證得與未證的差別。因爲實證的人，首尾相照，雙觀實相與現象界，所以沒有衝突、矛盾；可是如果落在六識心境界中的人，看起來就是衝突的，就是矛盾的。

我們先從字義上來看：「如果有人得到了安樂，他還會重新再墜落於苦之中；如果不能到達涅槃，就不能住於安樂處。」假使依文解義說：既然得到安樂，又會得到苦啊；可是到了涅槃，說是安樂，那不也是樂嗎？有樂的對面就是苦。那不是矛盾嗎？從字義上來看，從表面上來看，所說是矛盾的。可是你如果證得涅槃了，如果證得二乘涅槃以及大乘的「本來自性清淨涅槃」，你來看這首偈時，一點兒矛盾都沒有。前面這兩句是依現象界來講的，後面兩句則是依實相的法界來講的。從現象法界來講，大家都尋求離苦得樂的方法，害怕受苦；但是在現象界的法裡面，不論是欲界、色界或無色界，如果他有安樂可得，他將來還會重新墜落於痛苦之中；但是這個道理一般人是想不通的，外道修行人也沒想通過。

一般人總是追求世俗法中的利益，認為從世俗法的那一些所得，來使自己名聞利養或者眷屬、權利得到更大的保障，或者有更大的發展，就說那是安樂，但其實沒有安樂。比如說，如果哪一天，我當上了總統或者我當上國王，我得要隨時留意身邊的人，哪個有反心，對不對？那相命的人說：「那些人天生的反骨，你得留意！」欸！他作國王的人是不是很快樂？其實不快樂！只是表面上快樂。有人說：「唉呀！那個是世俗法，你談那個幹什麼？」不然我們來談佛門修行人好了。我記得有個大法師，他有一次跟人家講：「聰明人都當老二，所以叫作『老二哲學』；因爲老大會被推翻，老二沒有人會推翻他。人家會推翻老大，一定會來跟老二聯合。」聽起來也有道理，那表示什麼？當老大會被推翻！有人也許又想：「你講的還是世間法呀！你講的這個還是世俗法，跟佛法無關。」好，那我們就說佛教的道場裡面好了。

有許多道場他們爲什麼分裂？因爲老二叛變！可是我要說回來，我們正覺亦復不免。對吧？都三次法難了。不過我都不去注意誰是天生的反骨……等，我一律都以「誠」待之，而且全無私心地把法給他們；我又沒有收他們供養，又不是賣他們佛法說：「明心要一百萬元，見性要兩千萬元。」我都沒有啊！我從來沒收過錢。前面那些不談，且說後面的法難。他們爲了要取代我，叫我退休，說他要上來接班。我說：「也行，我沒意見。我本來就在故鄉把地買好，準備要退休了，這不是問題。」可是親教師會議一提出來時（那時親教師只有十來位），人家對嘴就說：「那也要看他有沒有能力？」那時還沒有提出是誰要上來領導，人家當面就回答：「也要看他有沒有能力。」

親教師們不同意我退休，我也沒輒。如果同意了，我現在養老多快活！我在故鄉買的地還留著，還沒賣呢。但是不管怎麼樣，我們都不擔心這個事情；因爲這個現象在五濁惡世永遠都會存在，即使 如來在世，亦復不免哪。

那麼你看，提婆達多他們不就是這樣嗎？提婆達多是個代表人，可是還有六群比丘、善星比丘……等。但是不管是世間法中的領導人、或者佛法僧團中的領導人，畢竟都是在人間的境界中。人間的境界中，假使有佛法的實證，解脫道與佛菩提道有實證，對於被取代的事都覺得無所謂。所以正覺同修會成立之後，我總是有一個作意存在：「假使哪天來了個七地、八地菩薩，我就下座了，換我拜他爲師。」那時候你們的座位要讓一個位置給我。我說眞的呢，所以當初也有人跟我介紹一位八地菩薩，我眞的拜他爲師，可是後來發覺那都是假的。那一群人學了我的法，還來騙我，說服我兩年，我說：「好，既然你們可以堅持這麼久，持續推薦，姑且信之。」拜他爲師，結果一問三不知。所以世間法當領頭不一定好，因爲隨時會被推翻。那僧團也是住在人間，也在世間法中；只有實證的法不是世間法。

那世間法中，就算他當上了領頭的人好了，看起來很風光；大家都對他恭恭敬敬，然後各種供養就來了；可是那背面就是苦。對了，說到七地菩薩，我們最近開除了一位「七地菩薩」（大眾笑…），諸位有看到公告了喔。要仿冒也仿冒高一點，仿冒七地幹嘛？仿冒是佛，自己宣稱說「我已經成佛了」，這樣不更風光一點嗎？七地又不是佛。但經過三次法難以後，七地菩薩來到我這裡，我要先秤秤斤兩。這就是說，有的人是愚癡，爲了人間小小的錢財利益，可以作大妄語；現在是得到供養（那是不知情的人、不懂的人就供養他了），但他來世要下墮地獄。因爲那是大妄語業，不值得幹哪！單單一個未悟言悟的大妄語業就得下地獄，何況是冒充七地菩薩？所以這種事情只要幹得出來的，保證是凡夫；眞正明心了就不敢作這種事了。那麼爲什麼我敢開除這個七地菩薩？因爲修到七地總共要十種現觀，他老兄一個也沒有，連明心的智慧都沒有，算什麼七地菩薩？那麼得到了少許錢財供養，不會超過一千萬元臺幣，還不是人民幣，也不是美鈔，爲了小小的錢賠上未來世在地獄中的長劫尤重純苦，不是聰明人！

那麼不管是在三界中的什麼境界，只要有樂的，反過來就是苦。有樂一定有苦，跑不掉！因爲會失去，也因爲全都是意識境界，可是世間人想不通這個道理。年輕人剛踏入社會，都有一個期待：我要五子登科。五子登科以後，突然失去了其中某一個，或者其中某兩個時，哇！就痛苦到不行了。所以當上了爺爺、奶奶時喜獲金孫，高興得不得了，然後成日裡掛心著這個金孫。有一天，突然這個金孫離開人間了，痛苦至極，就想不開啊！他如果夠聰明，就說：「這金孫我本來也沒有，只是來我家作客，作個幾年走人了。」那就想開了，就不會苦。

那我們學佛之後，得要這樣想：「這個金孫是來教我無常，來我家作客三、五年，教給我無常；教好了，他就走了！」那就好了。金孫，你往世多的是！要不要把往世死掉的金孫一起納進來痛苦？所以世間人得到金孫的時候很高興，失去金孫就痛苦，但卻是遲早要失去。也許有人抗議說：「不！不會失去啊，我養的金孫一定會養到他長大成人。」他長大成人，事業有成，那時是換你走人了，還是失去他了！能有什麼時候能夠不失去他？所以得的時候，就要先有個預想：「將來會失去。」嫁了個白馬王子，娶了個白雪公主，結婚的時候就要想：「將來會失去。」這就是：有樂的時候，苦就追隨著，這是無法避免的；因爲一切有爲法莫不如是。這樣來舉例世間法的安樂，應該夠多了吧？

有人也許想：「喔不！您講得不正確，您只講到人間哪。」不然講色界天、無色界天好不好？色界天還有禪定之樂，享受禪悅。到無色界沒有禪悅了，那都是意識心獨住的境界；但有人自認爲樂，自認爲這樣離開生死了，所以他覺得快樂。可是他的壽命終了時，即使活八萬大劫，一直常住非想非非想天，這時間終究也會過完哪！過完了下來人間時，不就是苦了嗎？因爲他把福報享盡了，下來人間當毛毛蟲。也許有人說：「當毛毛蟲不知道苦吧？」是不知道苦，可是鳥兒飛來這麼一啄，也很痛的，就沒命了；然後一世又一世的愚癡無明，一世又一世被吃，不曉得要被人家吃多久？

所以說，不管他是什麼樣的樂，只要是三界中的樂，後必失去，那就是苦；所以得到「樂」的時候就是「苦」，也因爲享樂之時也有無常苦。那也許有人想：「您蕭老師現在弘法成就，好多弟子證悟了，應當很快樂。那您將來走的時候也會有苦。」說的也是，但其實不是！因爲我不會有苦，屆時我會像世間人講的，很灑脫！我該走就走了，因爲下一世有事情等著我去作；佛菩薩安排好了，咱們就去作，所以死時不會有苦；是因爲本來可以不必來三界中的，那就不會有苦；來三界中作事是因爲願，所以繼續來。

所以所謂的苦、所謂的樂，都只是一個表相、一個過程。外道不懂，就說：「嘿！佛來人間，不是也要吃飯嗎？天氣冷了也是要穿衣呀。」那就是愚癡人！諸佛菩薩本來解脫於三界，不必受三界之苦，但是爲什麼再來人間？都是因爲願的關係。所以，諸地菩薩都是有能力入無餘涅槃的，只是留惑潤生或者起惑潤生，爲了眾生而來人間，是爲了荷擔如來的家業；所以對他們而言，來人間取得一個五蘊身，那是爲了利樂有情而取的。「以眾生病故我病」，這就是菩薩的情懷；因爲眾生這個色身是會病的，那菩薩們爲了眾生而來人間，取得這個色身以後當然一樣會生病，道理是一樣的；但他們的境界，不是這個人間的境界。所以從世間法來看，而不是從三乘菩提的實證來看，不管誰都一樣；如果得到世間法中的安樂了，他將來還會重新墜落於痛苦之中。

後面兩句話說：「若不到涅槃，不住安樂處。」這個「安樂」不是講世間法上的安樂，而是說「無苦亦無樂」，也是「不生亦不滅」，這才是眞實的安樂。就像三法印、四法印講的一樣：「證得涅槃，以寂滅爲樂。」既然寂滅，就是一切法都不存在了，這樣的境界有什麼世間樂可言？無六根、無六塵、也無六識，這才是眞寂滅。如果靜坐一念不生，念念分明，可是依舊有五塵，那就不免有樂；那叫作感官的樂，接著就產生了感官上的痛苦，這是避不開的。但如果入了二禪等至位，只剩下定境，那就無苦了嗎？不！意識存在就有行苦，未來一樣會有壞苦，因爲那個境界不是究竟的寂滅；所以究竟的寂滅是十八界法全滅，無一存在，那就是無餘涅槃，那種涅槃的境界才是眞安樂；可是那個安樂，無苦亦無樂。所以說，如果不能到達涅槃的境界，就不可能眞正住於安樂的地方。所以這四句話一點矛盾都沒有。

那如果沒有在佛菩提中證得實相，也沒有在解脫道中證得涅槃的人，從六識識陰的境界來看，這四句話看起來就是自相矛盾。前兩句、後兩句邏輯不符合，因爲他以世間的境界來解釋。但 如來說的是：「現實法中只要得到安樂，就一定會在未來產生痛苦，因爲那個樂會損壞、會失去；如果到達了涅槃，涅槃中無苦無樂，那麼就沒有任何世間法的苦與樂可言，這樣就可以脫離生死，這才是眞正的安樂。」

那麼二乘人證得涅槃，是要入無餘涅槃的；但大乘人證得的涅槃是本來自性清淨涅槃，這個本來自性清淨涅槃，其實就是依於「法」，也就是依於第八識如來藏自身的境界來安立。所以涅槃不是眞實法，涅槃其實就是「法」，就是如來藏的自住境界。但是菩薩無妨在第七住位證得本來性淨涅槃，然後次第進修無生法忍；入地之前加修了安立諦十六品心、九品心之後，取得慧解脫的解脫果；然後依於相見道位的非安立諦三品心，來對十大願生起「增上意樂」，盡未來際受持。所以諸地其實都是起惑潤生，不是因爲無明所致而流轉生死，那就是爲了救護眾生而來人間示現有流轉生死。所以表相上看他有生、老、病、死之苦，他的實際境界卻沒有生老病死；所以有智慧的人看他的解脫果、菩提果，不看他的色身；沒有智慧的人就想：「你開悟了，冬天一樣穿棉襖；夏天一樣吹冷氣；熱了，你也得流汗；冬天寒流來了，沒衣服給你穿，你照樣得打哆嗦。你到底是悟個什麼？」世間就有這樣的愚癡人哪。

有的人從來都只聽到二乘法，才剛聽到大乘法說：「菩薩第七住位就證得涅槃。」他就想：「嘿！你證涅槃，那你這一世就要入無餘涅槃了？」因爲他不曾聽過本來自性清淨涅槃。所以愚癡不懂佛法的人是很多的，依他們所住的識陰境界來看，這四句就是自相矛盾的。可是你如果證得二乘菩提以及大乘菩提，比如說斷了三縛結，又證得實相心，那你可以雙觀現象界與實相界時，你再來看這四句，立即知道這是本來就如此的，法界中的眞相本來就是這樣的，哪有什麼矛盾？所以假使看見有什麼大法師、大居士依文解義，聽了就覺得好笑：「**啊！這是可以現觀的事情，很簡單的事情！爲什麼他講得那麼複雜？讓聽眾聽不懂，他自己也不懂自己在講什麼。**」就是這樣。

可是世間法還得要這樣，假使我沒有親證，而我要當「大師」也可以，我會編來編去、繞來繞去，讓大家都聽不懂，那大家就覺得我很高，就說：「**哇！因爲他講得很深哪！我們都聽不懂。**」其實我自己也不懂，那我就成爲大師了，釋印順不就是如此嗎？可是菩薩不能這樣作，菩薩是人家不懂的經典，要講到給人聽懂；那如果要講到給人聽懂，就得要詳細地解釋，這時你要把宗旨提出來，然後說明爲什麼是這樣，也就是它的「因」。可是大眾不一定聽懂，那你怎麼辦呢？你就要施設各種「譬喻」，讓大家聽懂。如果譬喻講過了，還聽不懂呢，你還要再加以解釋，然後再作個結論，最後加上四個字「如是應成」，這才是眞正的「應成派」。

至於密宗那個應成派所謂的中觀，那都是胡謅！所以眞要講應成派中觀，我才是應成派！他們那個應成派中觀都是仿冒的，因爲他們是意識境界，不是實相心的境界，根本就沒有中道性可言，哪來的中道觀行。所以我辨正他們的法義以後，都說「如是應否定」，不是應成。所以你如果三乘菩提都有實證，可以雙觀現象法界、實相法界，再來讀世尊這四句語，你會說：「這本來就是這樣啊！有甚麼矛盾的？」那麼接下來，迦葉以偈答覆。

「爾時迦葉以偈答言：『眾生不為有，涅槃第一樂；彼則名字樂，無有受樂者。』」這部經是誰譯的啊？我覺得這樣譯不是很好。我看看，是誰譯的？啊，求那跋陀羅。沒辦法！不過他這樣譯，我們已經很讚歎了，不要嫌東嫌西啦（大眾笑…）。但是如果由我譯，這兩句我會改譯：「眾生若不為，有涅槃至樂。」也就是說，依照他的譯法：「眾生如果不造作各種的有，那麼涅槃就是第一之樂。」或者解釋說：「眾生如果不落入各種造作中，那就會有涅槃第一之樂。」可是這樣，這個「有」字要拆到下一句去，否則對仗就不工整了！所以我說應該把它翻譯說：「眾生若不為，有涅槃至樂。」第一樂的「第一」就改爲「至」就行了。這就是說：眾生如果可以離開有爲法，不落入有爲法當中，那當然就是超脫於有爲法；超脫於有爲法時，就是涅槃的第一之樂。因超脫有爲法時就只有涅槃，沒有別的。而涅槃寂滅之樂，無苦也無樂；沒有世間法的苦，也無世間法的樂，這才是究竟的安樂之處。所以說這個解脫於生死痛苦的，才是究竟樂，就是第一之樂。

那麼接下來說，涅槃之樂是有樂受嗎？涅槃裡面無一切法呢。當然也許有人想到說：「二乘涅槃裡面無一切法，可是大乘涅槃不禁制一切法；不會禁止、不會壓制任何一法呀。」那咱們就分開來講吧。二乘涅槃，阿羅漢剩下微苦所依，就是冷、熱、痛、癢、飢、寒……等，這是最後的苦，其他的苦都不見了；那麼死後這些苦也都沒有了，因爲他就入無餘涅槃。在無餘涅槃裡面說他「寂滅爲樂」，哪有樂？因爲他五蘊十八界全部滅盡了，所以根本無樂可言；所以說那個寂滅爲樂，那叫作「名字樂」，其中沒有受樂者。在無餘涅槃之中，根本就沒有證涅槃者，何況能有受樂者？

所以我們十幾年前印出來《邪見與佛法》，不就講了嗎：「阿羅漢沒有證涅槃。」那個年代沒有人敢這麼講的。「這蕭平實好大膽！」可是他們也不能反駁我，我講得很清楚，我簡單扼要說了：「阿羅漢入涅槃的時候，他的五蘊、十八界全部滅盡，沒有誰住在涅槃裡面；所以在無餘涅槃當中，沒有覺知心而不知道無餘涅槃的境界。可是他生前證得有餘涅槃，很清楚知道自己不受後有，卻不知道無餘涅槃裡面的境界是什麼；因爲無餘涅槃裡面就是如來藏獨住，可是他沒有證得第八識如來藏，所以他生前也不知道那個無餘涅槃或者如來藏的境界。死後進入無餘涅槃時，他的五蘊又不在了，那他有證嗎？沒有證啦！所以他能入無餘涅槃，卻不證無餘涅槃。」如果今晚是第一次來聽我講經，又覺得怪：「嘿！你蕭平實怎麼講話七顛八倒？我聽起來就是不合邏輯。」但事實是這樣，因爲這不是三界中法，不能用三界中的邏輯套上去。所以阿羅漢證涅槃，那是如來的方便施設。可是阿羅漢一旦迴小向大，如來給他個機鋒，當他已經聽完《般若經》或聽到一半，大致瞭解了；如來依於教外別傳，給他個機鋒，他悟了，隨即就知道：「我將來入無餘涅槃，原來就是這個境界。」他就懂了，但無需再入無餘涅槃了。

所以，所謂的「涅槃寂滅」之樂，其實沒有樂可說。是因爲依於意識心住在解脫的境界中，來看見未來不必再輪迴生死，因此以這個涅槃寂滅爲樂。而這個涅槃寂滅之樂，其中沒有樂；因爲入涅槃以後五蘊都滅盡了，十八界都滅盡了，還有誰受樂？都沒有了！因此所謂的證得涅槃之樂，那個樂叫作「名字樂」，依名字來言說、施設，說那叫作「究竟樂」，其實其中無樂。那麼阿羅漢只要迴小向大，證悟了，馬上懂這個道理，因爲他可以現觀：自己將來假使入無餘涅槃，那就是剩下第八識如來藏獨存。如來藏獨存的時候，沒有十八界法，也沒有五蘊，當然沒有境界也沒有領受者；可是那一個境界稱之爲樂，那就是名字施設。而那個涅槃寂滅之樂，其實還沒有入涅槃之前就在了，現前就可以觀察到。那他就懂：「**如來這樣講，果然是有道理，因爲本來就是這樣。**」

所以讀不懂佛經，只能怪自己智慧還不夠，不能妄起毀謗之心，就說：「**這不是佛講的啦！這是後人僞造的啦！**」如果眞是後人僞造的，那今天我就要把它判定說：「**那叫作僞經！**」譬如有一部講六字大明咒的僞經，諾那精舍印出來的《佛說大乘莊嚴寶王經》就是僞經啊。十來年前，就有人拿那一本給我，我看了就說：「**這是僞經。**」那後來又有人提出來問，我們《電子報》也答覆過，說明爲什麼它是僞經，但不懂得的人就崇拜。你們看密宗最推崇的《大日經》、《金剛頂經》、《蘇悉地經》，我們都說那叫作僞經。他們的根本經典被咱們推翻了，但密宗沒有一個人敢出頭來吭一聲，爲什麼呢？因爲他們沒有實相法界的現觀，也沒有解脫道的現觀，所以被古時候的那一些密宗祖師給籠罩了。

現在CBETA他們竟然把那個宗喀巴凡夫寫的《菩提道次第廣論》也放進去，有種把《密宗道次第廣論》也放進去吧。有沒有放進去？有誰知道嗎？CBETA光碟也有放進去呀？《密宗道次第廣論》？呦！膽子眞大呢。這當然只有一個理由，因爲他們也讀不懂，才敢放進去；如果他們讀懂了，還敢放進去嗎？如果他們讀懂，那徒眾在打字的時候，一面打，一面要耳朵發熱的。要不要？一定要發熱啊！那麼校對的人呢，一面校對，也要一面耳朵發熱，一定會想：「我這個流通出去，讓大家都可以拿到。這樣好嗎？」對啊！爲什麼日常法師他講解《菩提道次第廣論》，講到「止觀」的時候都停止，一直都不講，又從頭開始，就好像在放錄音帶一樣。他永遠都不講《菩提道次第廣論》中的「止觀」，他不敢講；所以他死得不明不白之後，他那個教團便交給一個女人領導，那就無足爲奇了！但是大家要想想看：背後原因是什麼？

可不要抗議說：「欸！《阿含經》不是有個迦葉童女，也率領五百比丘遊行人間嗎？」可是迦葉童女是童女，永離淫欲的，而且是入地的大菩薩，不像宗喀巴與徒眾們都是落在六識裡面的凡夫，那不能相提並論的！你如果把一輛裕隆一千三百CC的青鳥汽車，拿來跟勞斯萊斯比，人家會笑死你，要記得這個道理。所以說，眞正證得實相法界和現象法界，同時證得解脫道以及佛菩提道的人，他可以雙觀兩種法界，就懂 如來講的是甚麼道理。那麼隨著悟後的進修，自然漸漸就會瞭解哪些經是僞經？都逃不過他的法眼。

突然聯想起來，我得要跟諸位講：我們經過兩個梯次的禪三，下下週是第三梯次。第一個梯次，有兩位得到我的印證；第二個梯次有一位，創紀錄了。可是爲什麼這樣？因爲我不再濫慈悲了！濫慈悲的結果是我要收拾爛攤子，所以打從去年冬天收拾爛攤子，到現在還在收拾，還沒收拾好，都因爲以前一念慈悲！大陸有個僧人打第三次禪三，打到第三天中午過後，來到我面前合掌哭喪著臉說：「導師！救救我！」我一時不忍，救了他，今天換我被他咬。我當時要不救他，讓他再來個三、五回，好好悟了，他今天就不會咬我。所以這兩個梯次總共三位過關，我都沒有指點他們。我說的是這一次沒有指點，但他們前回來禪三時我有指點了。那我這一回也指點了幾位，下回讓他們自己來闖，下回我就不指點他們了；能夠過得去，表示他們眞的通透了，以後就不會來咬我。所以我現在主持禪三，先求自保（大眾笑…）。也就是說，懂法的人讀我的書，不會說我繞來繞去；說我繞來繞去的人，那就是什麼？外行人！因為說法時得要「宗、因、喻、結」，最後才是結論，這才是正宗的說法。

可是這法師，就是這麼一頭小獅子才出生三、五天，本來就先天不良；因為禪淨班的課，他不是每堂都來修；親教師教的要好好修定力，他也不好好修；我的書他也不好好讀。那第三次禪三哭喪著臉求我，我幫他而救了他；救了以後，至少要喝我的奶水吧？他也不喝，所以增上班的課也不來上；悟後，一定要把我的書全部都讀過一遍，那法師也不讀；那就永遠都是出生三天、五天那個虛弱的模樣，遇到一頭老山羊，喝足了我的奶水，就這麼一頂，把那法師給頂死了。像這樣子，號稱「獅子」有什麼用？所以我說：「悟後一定要好好讀我的書！增上班的課一定要學！」不能夠拿到我的印證以後，就覺得不可一世。因為要想想自己：縱然先天具足，出生了三、五天，沒有奶水也長不大呀。而那法師出生才三、五天的模樣，步履蹣跚，看起來是很天眞；但是遇到老山羊這麼一頂，就頂死了。

所以悟前要好好作功夫及上課，悟後一定要好好讀書，並且增上班的課一定要上；沒有上增上班的課，就不知道悟後要怎麼樣快速進步，這個道理我還是要重新再講一遍。悟後一定要好好讀我的書，不能說我的書中說法繞來繞去。如果讀我的書，讀後說，我的每一本書都說哪一個就是如來藏，如來藏就是不來不去、不生不滅。如果眞是這樣，那我依他的說法，每一頁就印這幾個字就好了（大眾笑…），這樣就不會繞來繞去了。他還說什麼？還怪我的書講得繞來繞去。其實那是說法勝妙！（大眾笑…）能從各個不同層面加以解說。眞是！你想，我《法華經》才不過講幾年，文殊菩薩在龍宮已經講上幾劫了！同樣一部《法華經》，那文殊菩薩不是更加繞來繞去了？

所以，人沒有智慧又不聽親教師教導，就變成這個模樣，所以我就後悔救他呀。我說：「**當初我要不救他，就沒事了；救他，反而害他。**」當初就應該讓他在水裡繼續游、繼續游，一直游不上來。沒關係，就讓他繼續游，弄個管子送奶水給他喝，再讓他一面吃奶，一面游上三年、五年，那時再悟就不會有問題，一定很棒！所以現在禪三不要像以前那樣每一次至少悟了五個、八個，現在機會少了！但其實我還是希望更多的人趕快悟出來，卻是被咬怕了。那佛菩薩交代，老和尚也講了，我就縮手吧！反正咬這一口也算蠻痛的，因爲已經被咬上很多回；如果還是不知不覺，那就該自己砍腦袋。太笨了吧！

所以法一定要好好學，因爲那個熏習的過程，以及悟後經由善知識書中、從各個層面講的那一些道理，可以使自己對沒有現觀到的部分一一隨聞入觀。那麼自己每隨聞入觀一次，就往上又進一大步；不但幫助自己的道業快速增長，同時也能使自己擁有日後度眾弘法的智慧，這樣才是聰明人！話說回來，會退轉或者會被老山羊這麼頭角一頂就頂死了，就是因爲對解脫道沒有實證，對於菩提道也沒有如實的親證，是善知識奉送的，所以自己的觀行不夠；因此到後來，竟然還可以把所悟的內容給忘了，夠天才吧？如果是你親自參禪而實證的，怎麼可能忘掉呢？那是刻骨銘心的體驗哪！怎麼會忘掉？所以歸結到最後，還是怪我自己，不怪別人，因此只好求自保了。所以現在禪三過關的人就是會比較少，以後這將會成爲正常事，因爲我們原來的方式就是不正常。

你們想想：古時候禪師家都不隨便放手的，手頭都是很嚴謹的，不像我這麼奢侈。你看那些禪師家，江西要是參訪不到什麼結果，告辭了，趕快就往湖南去；如果去湖南盤桓一段時間，還參不出結果，又趕快回頭，再往江西去；這樣來來回回，步履都很快，都急著要見善知識。一來到這邊又產生一個疑惑，善知識指點了，不懂，只好去那邊問；那邊問了，善知識解釋了，又產生一個新的疑惑，又來這邊問。所以江西、湖南這樣來來去去，就叫作「走江湖」，也就是在馬祖道一跟石頭希遷這兩個道場來來去去。走江湖多辛苦！南泉普願說啊：「**漿水價且置，草鞋錢教阿誰還？**」江西、湖南這樣走路，都沒有騎馬，也沒有車子可坐，逢村遇店總是要買個茶水喝；來來去去都穿草鞋，古時候草鞋也不算便宜，走一趟大概就要一雙、兩雙草鞋，草鞋能走多遠？

所以有的人跟在禪師座下十幾年，老是悟不了；然後過了二十來年，禪師突然大發悲心，幫他悟了，那眞是刻骨銘心！等了二十幾年，你要叫他忘，永遠都忘不了。可是人家來我面前：「**老師！救救我啦！**」我就給了。給了，他就忘光了。所以悟後想要深入經典中，一定要親證的，必須體驗得很深刻的，才能夠有很廣的現觀以及很深的現觀，那就保證永遠不退。所以這次小參驗收喝水時，我這些題目應該以前是一次都跟十幾個人講的，現在專爲一個破參的人講一個鐘頭。走了路回來，又爲他講半個鐘頭。他的福報眞夠大！那到底如果你是他，好不好？（眾答：好。）好？我說不好！我希望是多一點，也好有更多人出來作事。但是，就這樣吧，安忍了。

話說回來，爾時　世尊復說偈言：「常解脫非名，妙色湛然住；非聲聞緣覺，菩薩之境界。」迦葉依他的親證，說眾生如果不造作有爲法、不落入有爲法，那就可以證得涅槃至樂；可是那個涅槃至樂只是名字上說樂，其中沒有樂受、苦受可言。那　世尊就進一步說明：眞常、解脫沒有名字可以說。爲什麼沒有名字可說？也許有人想：「《阿含經》中講了那麼多的名相，那大乘法經典更多，講的名相更多，怎麼說是非名？」可是要知道的是：講那麼多的法、那麼多的名相，以及說了那麼多的譬喻，目的是要讓人家理解那個非名的「常」、非名的「解脫」。

「解脫沒有語言文字可說，眞實的常住法也沒有語言文字可說。」談到這一句，在我們正覺弘法之前，以及我們正覺弘法的初期，那一些印順派的信徒都說：「只要講『常』，那就是外道法，佛法講的是一切無常、一切緣起性空。」你們很多人一定還有這個記憶，當年他們都是這樣主張的。所以我出來弘揚如來藏法，那昭慧法師主動寫信來，我跟她說：「如來藏這個法是眞實可證的，這個法才是眞正的常。」結果她回信的大意是說：「你講如來藏是常，你就是執著如來藏；說如來藏是常，那跟常見外道一樣，那是外道神我。」因爲這一往來，所以才有後來三、四封書信往來，後來她又鬧到法院去。不是嗎？但其實他們誤會佛法了，假使佛法說的只是一切法緣起性空，何異於斷見外道？

佛明明講：「斷見外道的見解是錯誤的。」她今天卻說：「一切法緣起性空，沒有眞實法，無一法常住。」說那就是 佛講的，那是在謗佛呢！因爲佛不是這樣講的啊！而她把外道講的認爲是 佛講的；所以你看 如來也眞冤枉欸！得到 如來的庇蔭，穿著如來衣、吃如來食、住如來家，然後拿外道法來套到 如來頭上說：「這就是如來講的。」眞夠冤哪！直到我們出來弘法，一年又一年不斷地論辯把它講清楚，才知道：「常」才是 如來說的法，「解脫」也不是名字。

咱們先來說「常」。有什麼法是「常」呢？三界中法無一法是常，只有每一個有情身上的如來藏是「常」。但是如來藏不住三界法中，所以如來藏不攝在三界法中。祂自己的境界不在三界內，卻無妨提供三界法給眾生，這才叫厲害呀！所以祂自己永遠是無餘涅槃的境界，但是因爲眾生有無明、有善業、惡業，所以要輪轉生死，祂就從涅槃的境界裡面流注出「三界法」給眾生，而祂自己不住於三界法的境界中，這才是「眞實的常」。

再從另一方面來說，眾生假使懂得解脫道，斷盡了見惑與思惑，將來取無餘涅槃，說他解脫於三界生死輪迴。所以不迴心阿羅漢死後入無餘涅槃，也不是斷滅空，那樣的解脫才是眞解脫。那麼定性聲聞阿羅漢入無餘涅槃時，一切法滅盡，只留下他自己的如來藏獨自存在，但是無形無色，不再輪迴生死，那才是「常」。所以二乘聖人所入的無餘涅槃，不是斷滅空，那是常。

所以《阿含經》裡面說：「**阿羅漢們證得的涅槃是常住不變，再也無有變異，他們就這樣消失於三界中。**」那麼這樣的解脫沒有辦法以名字施設，

所以 如來施設阿羅漢入涅槃前叫作有餘依涅槃，因爲仍然餘下的微苦作爲他的所依；將來入了無餘涅槃時一切苦滅盡，才是眞實的解脫。可是在無餘涅槃裡面只有如來藏，如來藏也不反觀自我，離見聞覺知，裡面無一法存在。這時候能把祂叫作什麼？把祂叫作如來藏已經是格外了。你把祂叫作如來藏，可是如來藏無名；你把祂叫作涅槃，涅槃還是那個如來藏獨住，所以涅槃也無名；而涅槃只是一個方便的說明，說把五蘊十八界滅盡，不再有後世的五蘊十八界，那叫作「涅槃」。可是這樣的涅槃你能稱爲什麼呢？不能稱爲什麼，所以沒有名字可言。但如果不能施設名字來爲眾生言說，眾生又如何懂得涅槃的道理？又如何可能一步一步修行實證呢？所以就得要假名爲「涅槃」。

所以有一部經中不是有講嗎？「**設更有法過於涅槃，我亦說爲如幻如化如夢所見。**」對吧？對呀！是《大般若經》喔！我讀過就忘了。現在來問諸位，既然舉出這一句經文來，假設有一個法超過涅槃，諸位來想想看：「有沒有一個法能超過涅槃？」沒有？沒有？眞的沒有嗎？是什麼法超過涅槃？對啊！三句不離本行就對了。剛剛都跟諸位解釋了，涅槃是依「**如來藏**」獨住的境界來施設的。對吧？也就是說，涅槃是個施設的名稱，祂所顯示的是「如來藏獨存」的解脫境界。現在 如來說：「假設有一個法超過涅槃，那我說這個『法』也是像幻化的、像夢境一樣。」爲什麼呢？因爲如來藏自身的境界中無一法可得故。

當你說如來藏的時候，祂也不聽；你讚歎祂，祂也不聽；你罵祂，祂也不聽；你在爲大眾宣傳解說如來藏妙義時，如來藏也不會說：「喔！你在爲我打名聲喔？」祂也不會跟你說：「欸！你講得不錯！」「欸！我隨喜你。」因爲祂離一切言說、祂離一切覺觀，也離七轉識的心行，所以祂對六塵不加以了知，是無言說的，永遠都沒有語言道相應；無始劫來就這樣，盡未來際亦復如是，這個才是常啊。

可是這個「常」沒有辦法用言說來代替祂，祂無形無色，無有六塵中的任何覺知；只是爲了讓眾生可以親證，所以把祂施設名稱叫作「如來藏」，有時叫作「無名相法」，有時叫作「無分別法」，那有時乾脆把祂叫作「上帝」，有時乾脆把祂叫作「神」，你把祂叫作「耶和華」都行，叫「大梵天」也行。其實所謂創造世界、創造人類的那個上帝就是如來藏，理論上是對的；因爲世界以及有情不可能無因而有，一定有「因」；雖然推理正確，可是親證的部分錯誤，所以就用想像的來講，說是天父啦、上帝啦、祖父啦、大梵天王、造物主……等，講出一堆的名詞，其實都在指涉「如來藏」。不過他們外道指涉如來藏的時候，就變成一個大我；而哲學界不也在討論大我、小我嗎？但他們全都錯了！因爲每一個有情的如來藏，各自都是「唯我獨尊」，那才叫作「常」；如果不是唯我獨尊就不是「常」。

譬如密宗（眞言密的密宗，不說搞雙身法的西密），眞言派的密宗，他們要觀想，觀想：「阿彌陀佛是母光，我是子光；然後我觀想我的子光融入阿彌陀佛的母光裡面，跟祂合併爲一，那我就成佛了。」喔！原來成佛是被人家合併，那就不是「唯我獨尊」了！所以十幾年前，有人跟我說：「我修密宗都修不好，叫我觀想，我都觀不起來。」我說：「恭喜你！（大眾笑…）你觀不起來倒是好的，觀想起來你就被妄想綁住了。」因爲他會覺得：「我好不容易才觀想起來，你要叫我捨棄喔？」等於要他把成就放棄，總是不捨吧。其實那是邪見，因爲那個觀想的境界非「常」，由非「常」的意識所觀想出來的一個比意識更非「常」的境界，那要叫作「邪思謬想」。

那麼「眞實的常」其實就是第八識如來藏，解脫也是依如來藏而施設。那麼這個第八識在《阿含經》裡面就只有一個字，叫作「識」，意根叫作「意」。《阿含經》裡面，「意」有時指涉了意根與意識，那就要看讀懂、讀不懂了。那麼因此「常」才是眞正的佛法，緣起性空只是在講蘊處界等等現象界中的法。可是《阿含經》也有提過「名色緣識生」，名色既然緣於另一個「識」而生，於名色裡面已經具足十八界了，那個「識」是什麼？當然是第八識。既然名色緣於那個「識」而生，而名色緣起性空，又何妨那個「識」之爲常，所以常與無常，兩不妨礙。自是他們讀錯了，不解經義；自己被錯誤的教導耽誤在先，接著邪思惟在後，然後就寫了一堆書出來誤導眾生。所以說「常」才是佛法。

接著說「解脫」。常就是第八識如來藏，解脫也依如來藏而施設解脫。但如來藏沒有名字可說，所以不論經中說祂什麼樣的名稱，全都是施設，只是爲了幫助眾生親證而不得不加以形容；所以《般若經》也告訴諸位，祂又名無住心、非心心、無心相心、眞如……，這些全都是施設，爲了讓大家容易親證，所以才要這麼說。其實那個名字不論你怎麼講，那些名字都不會是祂；所有的名言到不了祂的境界，所以「**常**」是如來藏、「**解脫**」也是如來藏；因此「**常**」與「**解脫**」非名。

當你證得如來藏以後，每天吃喝都叫如來藏啊、如來藏啊，來吃飯了，祂不回應你；從來都不回應你，你氣起來就罵：「**好你個如來藏，竟然都不回應我，你這個忘八蛋！**」或是罵祂沒有禮義廉恥，祂也不回應你，其實祂也眞的沒有禮義廉恥；因爲禮義廉恥是世間法，祂是出世間法，所以不相應，當然「**非名**」。因此經中說的第八識的種種名，都是爲了利樂有情得以瞭解「**非名**」的如來藏這個根本大法的境界，要讓大家去親證祂，所以才施設有那麼多名。

又譬如《大乘起信論》，說這個如來藏叫作阿梨耶識。那爲什麼要講這麼多呢？爲什麼要講本覺、不覺、始覺，又是什麼隨分覺、究竟覺啊！爲什麼要講那一些？接著還跟大家講如來藏的體呀、相呀、用呀，爲什麼要講這些？是希望大家瞭解，然後建立了正知見以後，參禪時才容易證得。所以那些名都跟如來藏無關，只是爲了讓眾生容易親證，所以才施設那麼多的名。其實，如來藏常，但如來藏解脫，根本非名。

可是 如來卻說了一句：「妙色湛然住。」這有什麼道理呀？不懂的人讀了這一句話就罵起來：明明《阿含經》就告訴你：「一切法緣起性空！爲什麼你在這裡又講『妙色湛然住』？」妙色之所以爲妙，不是沒有原因的。譬如說「色究竟天」那個色身眞是勝妙，可是如果把那個色身縮小來，在人間讓你用，你一定不想要；因爲那個色身沒辦法聞香，也沒辦法嚐到好味道，我要它幹嘛？一般人一定會這樣啊。那你如果告訴他：「色究竟天的天身很莊嚴、很廣大哩。」他回心一想說：「是這樣喔，那看來也不錯。」但是你馬上跟他附帶一句話：「可是就不能聞香，沒有辦法嚐味道哦。」他想想：「那我還是不要！」這就是眾生。

那既然他不要，我們就談人間好了：人間這個色身不清淨，裡外都不淨。每天早上起來得要刷牙、洗臉，不然就不敢出門，老是覺得臉上髒啊！然後說話都要先遮著嘴，怕人家聞到口臭。其實人家不一定聞得到口臭，也不一定能看見你眼睛有眼屎什麼東西，但總是覺得不淨，所以人身眞的是不清淨；至於大小便溺就不用談，眞是不淨。要不然說：「那我現在去沐浴吧！香湯灌沐之後就清淨了。」但如果都清淨了，爲什麼待會兒還要去廁所幹嘛？

要不然割開個口子，看看身子裡面清淨不清淨？也眞的不淨。可是，這個不清淨的色身卻有諸般妙用，可以來作爲人間行善、修道之用，所以是個妙色。

然而這個色身得來不易，一定要叫作妙色；即使現代科學這麼發達，也沒有辦法去製造一隻小狗的色身；得要勝妙絕頂的如來藏，帶著狗的業，去入狗的母胎，才能夠製造出那一條狗來，上帝也辦不到的。上帝的層次太低了，不然就說大梵天王好了，連大梵天王也辦不到，還是得各個有情的如來藏來造，那又怎能說那狗身不是妙色？即使地獄身也是妙色，但是地獄身因爲一直在受苦，就不說他妙了。假使在人間努力修學菩提道，實證了；這時候現觀自己時時刻刻生活在如來藏的本來涅槃中，那你會發覺：這個色法不是誰所能造，唯有仰賴於自己的如來藏；然後依於這個智慧，來現觀這個色身的時候，就覺得這個色身還眞是妙。那如果修到了八地的時候，於相於土自在，你可以隨意變化，那當然更要說是「妙色」了。

妙色爲什麼又是「湛然住」？「湛」就是純清而不搖動。譬如說修定的人如果未到地定很好，進入未到地定中，一點點妄想雜念都沒有，連念頭都沒有，那就說他那個境界澄澄湛湛，好像水都已經澄清了；然後就好像果凍一樣凝住不動了，叫作澄澄湛湛。「湛然」就是這個意思，你這個色身就這樣存在人間，很好用啊！你有沒有需要說像汽車開上一萬公里，就這個部位換個零件、那個部位換個零件？需不需要換？有沒有人今天換手指，明天換一條胳膊的，有沒有？沒有啊！都沒問題！你只要供給足夠的燃料就好了，就是食物；然後在人間，這色香味俱全，眞好吃呢；好吃就吃吧，也不妨礙啊。而菩薩道跟聲聞人不同：修聲聞法，看到好吃的，不要吃啦！免得起了貪心怎麼辦？入不了無餘涅槃了。但菩薩無妨，照樣吃，那麼這個色身就這樣用。

所以你不必擔心色身，只要每天吃飽、睡飽就夠了，這就是「妙色湛然」。那現在眾生業力的緣故，所以人壽百歲，少出多減。可是到彌勒佛來人間的時候是八萬四千歲，那當然更有資格叫作「妙色」了。想一想，如果這個色身用八萬四千年不壞，還不夠妙喔？當然也是妙色了。但這個色身爲什麼這樣勝妙地存在著，不用擔心呢？（喔！就有人幫我查好了，須菩提也說：「設復有法過於涅槃，我亦說如幻如夢。諸天子！幻夢、涅槃無二無別。」這句《小品般若經》也有喔！順便唸給諸位聽。）這個妙色就這樣子，一世又一世都不怕斷滅，用到不能用了；其實不是不能用，是因爲壽算已到，這是眾生業力的因緣哪。可是即使人壽百歲，少出多滅，壽算到了，那就換一個色身再來；也還是可以用啊，不是問題！所以作法會時，有時也要唸一唸、誦一誦：「南無妙色身如來！」你要是不歸命這尊妙色身如來，還能修道嗎？因爲你的妙色身如來、跟你的色身是同時同處欸，這也是「妙色湛然住」啊。

但如果到了佛地，當然更勝妙了。所以 釋迦太子有種種異象，包括祂娶親的過程也就不需要懷疑了。但是這個境界不是聲聞、緣覺所能知道，因爲這是菩薩才能實證的境界。爲何聲聞、緣覺證不到？因爲聲聞、緣覺所修的法都只在現象法界之中，都在三界法之中，他們修的是要滅除現象界中的蘊處界入等法，都不涉及三界法背後的實相法界第八識。實相法界就是第八識如來藏，在《大法鼓經》裡面稱之爲「法」；有時《般若經》裡面說祂叫作「理」，禪宗也說祂叫作「理」。這個「法」是實相法界，一切現象法界的法都從實相法界中生出來的；換句話說，一切有情眾生的蘊處界，以及因爲蘊處界而有的六入或者十二入，都是從實相法界中的如來藏中來。

而聲聞、緣覺所修的，就是在觀察、修學，然後設法把對於蘊處界等等法的貪愛滅除；所以他們修行的內涵，就只在蘊處界等現象界的法裡面，沒有超脫於這個範圍；但菩薩同時還要實證實相法界，也就是額外親證第八識如來藏。所以如來所說的這種常、解脫，以及「**妙色湛然住**」的境界，正是菩薩的境界。那菩薩對這個境界是不是悟了就全都知道了？不是！還得要悟後次第進修，到達佛地時才能具足了知。所以菩薩的智慧不是聲聞、緣覺之所能知，我二十幾年前出來弘法時就這麼說，那些六識論的印順派的法師們、居士們很不服氣。

而且，我弘法幾年之後，有時候講經時還講：「**假使哪天眞有阿羅漢來到正覺講堂，管叫他開不了口。**」他們聽了更氣，說我很狂，可是我說的不狂。狂，一定是因爲所說與事實不符，那我說的跟事實相符啊！而且我沒有誇大，所以我不狂。那他們雖然很不服氣，可也不敢來、或者不能來反駁。實際上，不但菩薩這樣說，如來也是這樣說，所以這個「法」才叫作大法，因爲非聲聞、緣覺等聖人所知，這是菩薩所證的境界。像這樣，我們眞的可以在講堂外掛個布幡、布縵：「正覺大法好」。那個法輪大法沒有法呀！有什麼法輪？連法都沒有，還有什麼輪？大概就是氣功等世間輪滾來滾去罷了！

沾滿了泥土。好，接著迦葉又向佛稟白，我們來聽聽開示：

經文：【迦葉白佛言：「世尊！云何言色而復常住？」佛告迦葉：「今當說譬。譬如士夫從南方摩頭邏來，有人問彼：『汝從何來？』士夫答言：『從摩頭邏來。』即復問言：『摩頭邏為在何方？』時彼士夫即指南方。迦葉！非為彼人於此得信耶？所以者何？以是士夫自見彼來故。如是，迦葉！以我見故，汝當信我。」爾時世尊即說偈言：

譬如彼士夫，以手指虛空，我今亦如是，名字說解脫。

譬如彼士夫，遠自南方來，今我亦如是，從彼涅槃出。】

語譯：【迦葉這時候稟白如來說：「世尊！您為什麼說這個色法，而又說它是常住的？」如來告訴摩訶迦葉說：「我如今應當說個譬喻。譬如有一個人從南方摩頭邏來到這裡，有人問他：『你從什麼地方來？』那個人答覆說：『我從摩頭邏來。』然後又問那個人說：『摩頭邏究竟是在哪個方向呢？』那個人這時就指著南方。迦葉！難道不是那提問的人可以因此而在這件事情上得到了信任嗎？原因是什麼呢？是因為那個人親自看見了對方就是從那個地方來的緣故。就像是這個道理，迦葉啊！由於我已經看見的緣故，你應當要相信我。」這時候世尊就以偈頌說明：

譬如那一個從南方來的人，以手指著南方的虛空，
我如今也像是他這樣子，我用名字來解說什麼叫作解脫。
譬如那個從南方來的人，他是來自遙遠的南方，
如今我也是像他一樣，從那個遙遠的涅槃中而出到這個地方來。】

講義：這些對答和偈頌，如果以語言文字來理解，會覺得好像很玄。確實也是玄，因為連三明六通的大阿羅漢都不懂，當然玄哪！可是拿到我的印證，進入增上班來，你就開始不覺得玄了。譬如說，有時候去朋友家，看見他客廳裡面，請了個有名的書法家寫了好大一個「禪」，然後裱背了起來、掛在廳堂。以前看著，覺得他們家很有禪味。然而等到你悟了以後，連看都不看一眼，完全沒有禪味了；即使是禪宗的公案，你也覺得沒有禪味，因為那是你心中的事，分明了知。

會有禪味是因為不懂，蘇軾不是有一首偈嗎？「廬山煙雨浙江潮，未到千般恨不消；到得還來別無事，廬山煙雨浙江潮。」對吧？遠處看去，廬山

煙雨眞是美唷！那錢塘潮來的時候，你在遠處看著，哇！很壯觀呢。可是等你走入廬山煙雨裡面去，你會說：「這麼泥濘！一點都不美。」等你走近了錢塘江，在岸邊欄杆那邊看，等到錢塘潮湧過來的時候，還被它捲走呢，沒死算你命大！可是如果沒去看過，只有遠遠看到，沒有親歷其境，都會覺得好美喔！禪也是如此，等你證了以後，就沒有禪味了！人家也許知道說：「欸！你在正覺上課，聽說你悟了。禪很有味道吧？我們都體會不到！」那時你會告訴他：「禪沒有味道，你體會的禪味比我多。」對吧？眞的是這樣！因對你來講，禪，一點神祕都沒有！

所以佛法這個道理也是一樣，那 世尊說的「妙色湛然住」大家不懂啊！摩訶迦葉就得替大家去請問。他當然知道大家一定會疑惑：好像跟《阿含經》不符。所以得要問，但是究竟是爲什麼原因，得等下週再講了。

《大法鼓經》上週講到第十一頁第二段，我們剛好語譯完畢，今天繼續講解。首先摩訶迦葉稟白 如來說：「世尊！爲什麼您會說色法，而且又說色是常住的？」在解脫道中，四阿含中的兩千多部經典，說的都是色法虛妄，因爲色法生、住、異、滅。有生之法必定有滅的時候，那麼從來都說色法是虛妄的，可是爲什麼在大乘法中卻說「一切法無作、無爲、不生不滅」？從文字的表意上看來，好像是顛倒。諸位聽好了，我說的是好像顛倒，不是眞的顛倒。那麼在前一段的最後，世尊說的偈也是這麼講，說：「常解脫非名，妙色湛然住；」湛然，就是很純清絕點地都不搖動，很穩定地在那邊，而且是沒有任何的雜染，這樣叫作「湛然」。這好像跟二乘解脫道的經典說的不太一樣，因爲在解脫道裡面說的，不但受、想、行、識虛妄，連色法也是虛妄的。

但這裡爲什麼會說這個妙色是常、是解脫、而且非名？色可以有許多的名，所以聲、香、味、觸、法等同樣都屬於色法；廣義的色法是包括六塵，既然六塵都稱爲塵，那就是色法。但爲什麼這裡又說「妙色湛然住」？色法本來就該是虛妄的啊！那麼這就牽涉到色法的層面還有不同的差別。色法有物質上所說的色法，也有六塵上所說的色法，並且還有它的功能差別存在，而且還有暫時不現行的色法。比如說生到「無色界」去，色法不現前，但不代表祂本來應該有的色法功能不能現前；所以它的色法功能還是存在的，那個也叫作色。可是把它作更精確的歸類，那就屬於「如來藏色」。從這個如來藏色再把祂作廣義地解釋或歸類，色界天人的色身何嘗不是「如來藏色」？那麼往下欲界天、乃至人間或者三惡道，所有有情的色法同樣也是「如來藏色」啊。

所以，色法雖然從表面看來是生滅無常的，但是如果攝歸如來藏，那一切就都是「妙色」了；所以在這裡，世尊說到「妙色湛然住」，而且是常、是解脫、無可名狀。那摩訶迦葉聽了，當然知道大眾會有疑惑，於是他故意提出來問。他何嘗不懂，可是他必須要讓大家心中的疑惑可以解開，所以他提出來問，請 世尊作個說明。所以 佛陀就告訴摩訶迦葉：「我如今應當要說譬喻。譬如有人從南方的摩頭邏來，另外有個人問他：『你從什麼地方來的？』那個人答覆說：『從摩頭邏來。』然後隨即又問那個人：『摩頭邏是在哪個方向啊？』那個人就指著南方虛空。」南方的虛空代表著摩頭邏的方向，但不是指南方的虛空就是摩頭邏；於是 如來就問摩訶迦葉了：「是不是那個請問的人，就從南方來的那個人所說的言語中而生起了信任嗎？爲什麼？因爲這個人是親眼看見那個人從南方來的啊。」

世尊接著作一個結論，這才是重點：「因爲我親自看見法的緣故，所以你應當要相信我。」換句話說，還沒有實證的人要相信實證的人；如果所有人都不理會實證的人，那麼說出來的法義就成爲各說各話，就會有許多種的不同，想要實證的人就會無所適從，了義法就被相似法給淹沒了。但如果是親證的人，說出來的內容都會一樣。那麼是妙色而湛然常住，本來就是解脫的，無可名狀；這個道理 如來已經親證了，如來已經親見了，所以大眾應當要信任 如來，這就是重點。所以聰明的人去尋找實證的善知識，去聽聞他怎麼說法，然後就依教奉行；但愚癡的人不如此作，愚癡的人往往自己覺得很聰明；在世間法中他也確實聰明，因爲他聰明伶俐、口才辨給。但其實正因爲他口才好，世間法上聰明伶俐，所以遇到了善知識，也許善知識講不贏他，他還要公開反對善知識。

古時候眞有這樣的善知識啊！比如說洞山良价的師父雲巖曇晟，口才很差，但他眞正是個善知識。如果那些文人雅士把公案讀得滾瓜爛熟，佛經讀得可以倒背如流，來雲巖曇晟這裡一談論起來，雲巖曇晟不見得是敵手，可能會成爲手下敗將。但是洞山良价那麼聰明，他不這樣認爲；他認爲實證才是最重要的，所以他拜雲巖曇晟爲師。拜他爲師很辛苦欸，因爲雲巖曇晟就住在那個有雲的巖洞裡面，不然怎麼叫作「雲巖」？所以洞山得自己找住處。那麼悟了以後，有一天下山，雲巖曇晟問他說：「你什麼時候還要再回來呀？」洞山良价說：「師父有住的地方我就回來。」因爲他只有一個山洞。所以後來才有個洞山這一派的命名，因爲洞山良价的師父只有洞山一個山洞；然後洞山良价再傳給曹山本寂，因此就叫作曹洞宗，曹洞宗是這麼來的。所以有智慧的人會聽從走過來的人所說的道理；沒智慧的人就說：「我是自己去摸索，我比你知道的更多。」但他可能是讀來的，可能是聽來的；而人家是親自走過來的，雖然不太會講，可是遇到關鍵點，他總能幫忙。因爲他親自走過過來，知道那些岔路，他認得，雖然一時也講不明白。

所以世尊這個譬喻，最後結論才是重點，就是「以我見故，汝當信我」，這就是重點。可是去尋找善知識的時候，自己腦袋瓜也得伶俐一點，不能盲信盲從，一定得要不斷地去觀察：他所說的法是否矛盾，如果覺得有矛盾，一定要請問，弄清楚是自己誤會了覺得有矛盾？是否本來沒有矛盾，而我自己誤會了，把善知識講的當作是有矛盾的？一定要自己這樣想方設法去瞭解，不能夠輕易反對善知識，但也不能善知識講什麼就信了，因爲那樣會變成盲從盲信。盲從盲信的結果就是跟著惡知識走上岔路，現在臺灣就有現成的例子，大陸當然更多了。

臺灣有的法師都說：「哼！我們師父交代，不能讀居士寫的書。」可是他們沒有智慧去想，師父爲什麼這樣講？換了我，我也許會聽個一、兩年，遵守師父的話，我要作個乖孩子、乖弟子；但是如果我聽到風聲說：「欸！人家那位居士講得有道理。」那我就會想：「我應該去把他的書拿來看看，找找看他有什麼漏洞，我來破破他。」人家說有道理，我師父說他沒道理，我就有個好理由：「我要讀他的書、要破他。」這樣師父不好阻止我了吧？這才是有智慧的人。可是有的人，師父說什麼，他聽什麼，他不管有理無理的，於是他變得盲信盲從；結果跟到了惡知識，他還以爲是大善知識。所以世尊就點出這一點來。

譬如說無色界的眾生，他的色法不現前，但不代表他沒有色法。他如果哪天起心動念出了四空定，想要來色界天也行哪！就變個色界天身來聽佛說法。所以無色界的天人不代表他就沒有色法，只是那個色法平常不現前。又譬如說，假使在人間修好了五通，有時候變個欲界天身到哪兒去；也許找人家嘮嘮叨叨，也許找人家說點兒法，那他那個天身算不算色法？也算啊！可是他平常不現前的。那麼從人間的粗糙色身來講，也可以說它叫作妙色；譬如說三地滿心的時候(有的人遲到四地、五地)會發起意生身，可是它平常並不現前；需要用的時候就變現出來，十方世界去了，那也是「**妙色**」。而這一類的妙色你都無法把它消滅掉，它只是暫時不現前，功能一直都存在；就像無色界的天人，色法暫時不現前，所以沒有五色根，也沒有六塵，就這樣安住；他頂多只有四空定中的極少分定境法塵。

所以「**妙色**」到底什麼原因稱之爲「妙」？一定有其道理；不能夠沒有因緣，隨隨便便就指稱說它妙。換句話說，它之所以「妙」是因爲它屬於「**如來藏色**」，所以要用的時候拿出來，不要用的時候就收起來，眞的叫作收放自如。如果廣義來說，我們人間一期生死幾十年，或者百來年的這個色身，也可以叫作妙色。所以這一世需要當菩薩，就生個菩薩身吧；用上八、九十年壞掉了或是一百年壞掉了，那就把它捨了，下一世再弄一個新的來呀！可以無窮無盡，你說妙不妙？當然妙啊！雖然三惡道的眾生可能說不妙，因爲他們是來受苦實現因果的，所以想：「**要是沒這個色身，我就不用受苦了！**」

可是追根究柢，仍然是如來藏色，依然是妙色，因爲可以無窮無盡哪！但是這個道理少人知，所以 如來說了往往有人不信，如來就吩咐說：「以我見故，汝當信我。」

又譬如說，古時候醫學不如今天這麼發達，那麼 如來說：「色有內色、外色，五根也有外根、內根。那內五根就叫作勝義根。」如來說勝義根是「不可見，有對」。可是古時候很多學佛人不信，只有 如來的眞實弟子才信。但如果還在信徒階段的人呢，心中往往懷疑：「是眞的嗎？」所以 如來座下那些阿羅漢弟子們，只好爲諸弟子想方設法讓他們去體驗。如果今天我們講了，大家都聽懂說：「喔！原來眞的有勝義根，就是我們的頭腦，包括大腦、小腦、延腦、腦髓等等。」又因爲現代的人很多交通事故，也很容易說明爲什麼眞的有勝義根。可是古時候你要遇到一件車禍，讓他腦震盪，使勝義根不能運作，還眞難呢！所以有的人就不太信。但是到了今天，證實 如來所說完全是如實語，而且現前可以體驗，所以才叫作「不可見，有對」；那麼這個道理很難爲人家說明。

「妙色」而說是「湛然住」，難以說明，其實只是末法時代那些六識論的法師們聽不懂、讀不懂，所以懷疑大乘經典，跟著日本學術界人士在那邊胡謅，說什麼「大乘非佛說」。對我們來講，二乘菩提與大乘菩提完全沒有矛盾與衝突，可是他們都說這兩者是前後矛盾、互相衝突的，原來因爲他們是依文解義，才會落入這個境界。所以「妙色湛然住」，這個本來就是法界中的現實，而且你無可改變；想要變也無法變，因爲它本來就是這樣，所以眾生才能夠一世又一世輪迴生死，永遠不會斷滅。所以如果哪一天，耶和華來恐嚇你：「你再敢說我講的法義不對，我就把你打入地獄，讓你永不超生。」你說：「你打不了我啦！就算我死了，你想讓我下地獄也難下；因爲我說你不對的時候，有很大功德；我不但不下地獄，我還要生天咧。」他也無可奈何啊。

這就是說，眾生這個妙色是一世又一世永遠都不會中斷的；即使上生到無色界天，未來世也依舊會有，所以色法歸攝於第八識時眞的叫作「妙色」。所以一切諸法，包括色、受、想、行、識，包括十八界在內，全都是無相、無爲、無生、無滅；因爲本來就屬於無生無滅的如來藏，而如來藏這個功能差別，永遠都不可能被毀壞掉，所以 如來說：「妙色湛然住」，那麼這個妙色指涉的就是第八識如來藏。所以「妙色常、解脫、非名」，不是指這個會毀壞的色身，因爲你把它收歸如來藏來看時，本來就屬於如來藏的一部分，所以湛然常住。世尊開示完了，就說一首偈：

譬如有一個士夫，可能是經商的人，用手指指向一個虛空，說那叫作南方；

我釋迦牟尼佛如今也像是這樣，用名字來解說，什麼叫作解脫。

解脫的道理甚深難解，在正覺同修會弘法之前，大家說的解脫入涅槃是怎麼回事呢？諸位都聽多了。有的人比較粗獷一點，也許你跟他問到解脫涅槃，他胸脯一拍告訴你：「**老子死後就是一念不生，那就是無餘涅槃，來世不再受生了。**」對吧？諸位都聽多了吧？可能現在都還有那一類的書在流通的。沒想到正覺出來弘法，講的是第八識如來藏；然後說無餘涅槃裡面就是如來藏獨存，無有六根、六塵、六識，滅盡了一切法，所以大家很不服氣。

但是不服氣倒也罷了，咱們也可以和平共存。我這個人向來好商量，我不當惡人，但沒想到我們竟然會被人家說成是邪魔外道。說成外道也還好，還加上個邪魔；嘿！這對正法可不好了，於正法的弘傳有妨礙；咱們不得不將雙方的法義拿出來辨正一番，證明這一念不生（或者叫作離念靈知）不過是識陰的境界。即使修得二禪等至，也只是意識境界罷了，依舊是生滅法。然後我們書流通的漸漸多了，也從心所等各方面加以解析之後，他們漸漸才相信：「**涅槃原來是如來藏獨存，我們這個離念靈知只是識陰，只是意識，入不了涅槃。**」終於接受了，但這可是正覺經過二十來年的努力啊。

所以，要爲大眾說明涅槃解脫是很困難的，因爲要讓眾生如實理解解脫的境界時，你必須要先告訴他們五蘊十八界的內涵，並且讓他們瞭解五蘊十八界的每一個法全部都是生滅有爲。但這個很不容易！在 如來出現於人間之前，當時的印度，那些外道各個都自說是阿羅漢；也有人在傳說：「**可能如來會來人間，可能某某人是已經成佛了。**」又從天界流傳下來，說有人成佛這回事，所以當年那些外道都自認是阿羅漢，也有少數人自稱成佛。直到如來出現在人間，告訴大家說：「**那些人都不是阿羅漢，全都是凡夫。**」於是有人聞風而來。那些聞風而來的外道阿羅漢遇見了 如來，聽了一場法之後，還眞的變成眞正的阿羅漢。就是這樣啊！大家才終於知道，世間眞的有如來，而現時傳說中的那些如來都是假的。

所以阿羅漢的傳說、如來的傳說，是 世尊還沒有降生人間以前就在流傳的，但不能夠說：「因爲如來是外道流傳的說法，所以成就佛道而自稱『成佛』的，就是外道法。」印順法師是這麼講的啊！他的書中大意是說：「如來是外道的傳說，所以如來是外道法，佛法的修證就只是證阿羅漢果，沒有如來可說。」那我說：「他是個睜眼瞎子。」據說他把《阿含經》翻到都起毛邊了，那《阿含經》明明寫著：「世尊弘法之前的古天竺，被世尊所度的那一些阿羅漢，在被世尊所度以前也有很多人自稱阿羅漢；還有很多沒有被世尊所度的外道，也都自稱是阿羅漢。」那這樣，世尊後來度了那些弟子成爲眞正的阿羅漢，那些實證的阿羅漢是不是也只是一種傳說？就應該說佛世的阿羅漢也是外道法，是不是也應該這樣？邏輯一樣啊！但他偏不這樣講，單說如來是外道法，所以釋印順那個人對《阿含經》是有取捨的，他只信受《阿含經》裡的少部分法義。

時至末法時代，連解脫道二乘菩提都很難讓人理解了，所以諸大法師們都落入識陰之中而自以爲已證阿羅漢果，何況是對大乘佛法的理解；所以說，解脫是很難爲眾生說明的。但是有智慧的人讀了《邪見與佛法》，讀完之後拍案叫絕說：「啊！原來佛法是這樣，原來涅槃是這樣。」讀後就懂了。所以當年《邪見與佛法》剛出版的時候，爲什麼佛教界各個道場都要收集去燒掉？因爲他們覺得被威脅了：「我這一些弟子們、信徒們如果讀了，就知道師父我是沒證悟的，我也沒證涅槃；那我以前宣稱是阿羅漢，這可下不了臺啊。」所以馬上跳出來講：「那是邪書，寫書的人是個邪魔外道！趕快收集起來。」然後就當眾燒了。不但臺灣燒，大陸也燒啊！而且是很有名的寺院哪。可是聰明人讀了以後說：「喔！原來如此！」當然，他所跟隨的師父到底證涅槃沒有？就懂了，因爲有擇法覺分了。

所以解脫與涅槃都很難說明的，必須要佛弟子先有一些基本的知見，然後我們再加以解說，他們才能夠瞭解；如果學法的人都沒有基本的知見，那你要從頭爲他說起，眞的很難！可是說個解脫，已經不是解脫了；歸結到最後，解脫其實就是在見地上對五陰的自殺；眞正的解脫是自殺啊！把五陰十八界殺死了，後世永遠不再受生，那就眞正解脫了；那時只剩下如來藏獨存，那就是涅槃。

可是阿羅漢這個解脫，遇到了菩薩，他們可眞是有怨訴不得；因爲遇到了菩薩時，他們難開口欸。菩薩問他們說：「那你們現在還有生死沒有？」阿羅漢只能說：「我現在還有啊！但我捨壽以後就不受後有，沒有未來世的生死。」菩薩就說：「你這樣解脫還不是眞實解脫，應該生死的當下就已經永無生死，這才是眞實解脫。」阿羅漢一聽，覺得怪怪的，可也說不上來哪裡怪，只好請教了。菩薩就告訴他：「你所謂的解脫，是把你自己滅了以後，不再受生於三界中；但是當你滅了五陰十八界以後，誰得解脫？誰知解脫？誰住於解脫？」阿羅漢被菩薩這麼一問，嘴似扁擔，或者說口掛壁上，開不得口了，只好合掌請問菩薩。

於是菩薩就說：「其實你，生也在涅槃中生，死也在涅槃中死；涅槃本來就是涅槃，但無妨你這個五蘊繼續生死，於解脫無妨。」阿羅漢聽了，一時還弄不清楚。菩薩得跟他指點一下：「豈不聞如來說『名色緣識生』？你的名色是緣於你那個『根本識』而出生的。當你滅掉了名色以後，說是入無餘涅槃，其實所入的無餘涅槃，本來就是你那個『根本識獨存』的境界。」阿羅漢這一聽，「啊！懂了，終於懂了！原來如此！」這時候也許他們願意拜菩薩爲師了。這樣才是眞的佛法。

所以解脫是很難說明的，但是如果要這樣講，就說：「那菩薩這樣就是究竟解脫了？」也不盡然，因爲比起八地心來，又差了那麼一大段兒。可是八地菩薩就算究竟解脫了嗎？不！比起 如來又差了一大阿僧祇劫。所以解脫的境界、層次有許多的差別，眞的難以一言解釋啊！你必須要藉名字來爲大眾宣說，如果你不藉名字來宣說，那你要怎麼說明解脫呢？豈不要變成了啞巴吃黃蓮？歇後語叫作什麼？「有苦說不出」。就是要告訴學佛的大眾啊！可是沒有語言文字時你要怎麼爲大眾說明？無法說明啊！所以必須藉名字來言說。

所以 世尊說了：「**譬如彼士夫，遠自南方來，今我亦如是，從彼涅槃出。**」我剛才作了那些鋪陳，這最後一句就好講了：

譬如那個經商的人從南方來，雖然那麼遙遠，但他已從南方來到這裡了；如今我釋迦牟尼也像是這個樣子，從那個遙遠的涅槃裡面，出來到這裡。

其實你們每一個人也可以說：「**我是從遙遠的涅槃裡面出來到這裡。**」問題只是有沒有看見涅槃哪？是否有現觀？這才是重要的。一定要自己有親自現前看見涅槃，這才算數；沒有親自現前看見，然後就籠罩別人而這麼講，當心哪！護法神可能會跟你彈個耳朵。如果護法神肯幫你彈耳朵，那是疼惜你、提醒你，那不是惡意。如果都不理會，等著下輩子，欸！可以跑得更快吧？因爲那時會有四條腿（大眾笑…）。也許下輩子也可以很威風，比如口一張開就吐火，因爲當餓鬼去了。所以要有現觀，沒有現觀都不作數。

世尊又說：「今我亦如是，從彼涅槃出。」世尊這麼講，是因爲祂親自走過來了；其中的一切風光、一切岔路，全都是瞭如指掌了。那麼依文解義的人要怎麼來解釋這一句話：「從彼涅槃出」？只好去猜想說：「啊！也許他在無餘涅槃裡面住到厭煩了，所以從那裡出來教導我們。」其實涅槃是什麼呢？諸位都知道，就是如來藏獨住的境界。這是依如來藏來施設涅槃這個境界，雖然這個境界是「無境界」的，其實就是依如來藏的獨存而施設。那麼阿羅漢滅掉五蘊十八界，入了無餘涅槃以後，他們已經不存在了，這時剩下的是他們的第八識離見聞覺知而獨存，沒有任何一法存在；這個時候絕對寂靜，所以三法印裡面那最後一句叫作「涅槃寂靜」。

但是必須要知道的是：在阿羅漢滅掉他們的五蘊、十八界等法之前，他們的如來藏依舊是寂靜的，依舊是離一切法，那個不生不滅的境界就是無餘涅槃。可是阿羅漢把五蘊十八界都捨了以後的如來藏無餘涅槃境界，其實在阿羅漢還活著的時候就已經在了。那麼阿羅漢現前這個五蘊十八界的我，也是由他們的如來藏出生的；那他們的如來藏存在的當下就是無餘涅槃，而又出生了他們的五陰，這就是「從彼涅槃出」；這道理不難理解，諸位聽了都懂。但我有時候得要想一想說：「這到底是諸位夠聰明？還是我講得夠好？」（大眾笑…）講哪一種都不對，應該說：「兩者都好，諸位夠聰明，我講得也夠好！」

如果我到外面去講，有誰聽懂？他們不懂啊！而我說的這個法，其實已經拆解到很詳細了，可是外面也有人罵：「嘿！一個簡單的法，給蕭平實講了以後，就變得很複雜了。」原來他身爲出家的法師，卻是聽不懂我所說的！所以我講到很詳細，你們都聽懂了，整理成書流通出去以後，把語病或贅詞也刪除掉了，應當更能讀懂啊！結果他說是更複雜了，因爲他讀不懂。所以顯然不是單單我講得好就行了，還得要諸位有智慧，就這樣配合才能夠復興佛教；而這一部《大法鼓經》也才能夠講得下去，要不然我只能講給石頭聽。所以如果你是親證、是現觀的，你一定可以瞭解，爲什麼 如來說祂也是「從彼涅槃出」。

從二乘菩提來看，阿羅漢入了無餘涅槃，大約都沒有機會可以再出離涅槃的境界了，就永遠消失於三界。雖然佛說阿羅漢的如來藏也有自心流注，也許他捨壽前聽聞到如來說了勝妙法，對大乘法有欣樂之心；只是他怕輪迴生死，所以死時還是入了無餘涅槃；但他有一天仍會因爲自心種子流注，然後出現在三界中，又開始學佛了。問題是要等多久？因爲在無餘涅槃中，觸發的外緣等於不存在，完全要靠如來藏裡的自心種子流注；那可不是三大阿僧祇劫之後，可能是三百萬億無量無邊阿僧祇劫之後了。欸！諸位嘴裡嘖嘖有聲說「哇！」意思是說：「那要等多久？」可是對已入涅槃的阿羅漢而言，也只是一剎那；對你來說呢，你已經成佛，又度了好多人都成佛了！而他才剛剛開始要學佛。

但是在無餘涅槃中，無苦也無樂，那倒也無所謂，反正不管多久的時間，對他而言感覺都只是一剎那；因爲就好像你睡著了，睡上一百年再醒來，你的記憶是一百年前的記憶，你會認爲那只是昨天的事，道理是一樣的。可是從長遠的時間來看，佛菩提道，早也得走，晚也得走，那不如早一點走。那麼像這個道理，諸位聽過就懂了。其實，每一個人都從涅槃來；阿貓、阿狗也從涅槃來；諸天天人也從涅槃來，只是他們不知道。而你跟他們說明了，他們也不信。至於阿貓、阿狗呢，牠們聽不懂。那眾生就這樣，一世又一世，「妙色湛然住」，在「妙色湛然住」之中，繼續不斷地領受生、老、病、死、求不得等苦，就這樣子過日子。那麼接著 世尊又如何開示呢？

經文：【「然彼，迦葉！若見義者，則不須因緣；若不見義，則須因緣。如是，迦葉！諸佛世尊常以無量因緣顯示解脫。」迦葉白佛言：「云何為因？」佛告迦葉：「因者是事。」迦葉白佛言：「云何為緣？」佛告迦葉：「緣者是依。」迦葉白佛言：「願更顯示，其譬云何？」佛告迦葉：「如由父母而生其子，母則是因，父則是緣。是故，父母因緣生子。如是說因緣生法，是名為成。」】

語譯：【世尊說完了偈以後又開示說：「但是那個涅槃，迦葉啊！如果看見眞實義的話，就不需要另外有因緣了；如果沒有看見眞實義，就必須要另外有因緣。就像這個道理，迦葉！諸佛世尊永遠都是以無量的因緣在顯示解脫。」迦葉聽完了稟白如來說：「是什麼說之爲因？」佛陀告訴迦葉說：「所謂的因，指的是事相上的事。」迦葉又稟白佛陀說：「那什麼叫作緣呢？」佛陀告訴迦葉：「緣則是所依。」迦葉稟白佛陀說：「希望如來您更加深入地顯示這個道理，它的譬喻究竟是怎麼說的？」佛陀告訴迦葉：「例如由父母而出生了他們的子女，母就是因，父就是緣。由於這樣的緣故，父母的因緣出生了子女。就像是這樣來說，因緣出生了諸法，這樣就叫作成就了。」】

講義：涅槃眞實地難以理解啊！如來說，祂是從那個涅槃裡面出來的。淺學的人或許只聽聞過二乘菩提，或許他一直在學大乘法，但是都學錯了；聽到如來說，如來是從那個涅槃裡面出來的，心裡面想不通，一定有疑惑。譬如說，修學二乘法的人，他一定想：「既然入了涅槃裡面，就會永遠在涅槃裡面，不可能再出來了，但如來爲什麼說又從涅槃裡面出來？」所以就有人問說：「成佛以後，什麼時候還會變成凡夫？」欸！諸位不要覺得奇怪，經典上也有這樣記載的，有人問 佛：「那麼諸佛什麼時候還會變成凡夫啊？」對諸位來講，這個說法眞的是莫名其妙。就好像說，從礦砂裡面去燒煉，然後收穫了那些黃金，一定每一個人都好好把那些黃金保存起來；現代人說要放到甚麼保險箱、保險櫃，把它鎖起來、保存好；古代的人說要挖地窖，把它埋起來，不讓人知道，怎麼可能黃金再把它熔化了，灑到那個泥沙裡面去呢？

但是有的人自作聰明，經讀多了想不通，就亂打妄想：「既然如來還會從涅槃裡面出來，那就是離開涅槃了，那麼如來不就又退墮成爲凡夫了嗎？」所以 如來才會講那個提煉黃金的譬喻給大家聽；但是，他們其實是誤會了「從涅槃出」的道理。所以我剛才爲諸位講了以後，諸位就懂：「哦！原來是如來藏本來就涅槃，而五陰的生滅，其實只是在本來涅槃的如來藏裡面生滅。諸佛菩薩爲了利樂有情，無妨從涅槃的如來藏中生出這個五蘊來，可以利樂眾生。」這就是從涅槃出來的道理，諸位一聽就懂。但是有很多人讀經讀多了，自以爲是，他想：「我這麼聰明怎麼可能讀不懂？我不可能誤會的，因爲如來眞的這樣講，會再從涅槃出來，就是退失於涅槃呀！所以阿羅漢也會再變成凡夫，所以阿羅漢入了涅槃，不要再出來了。」就這樣想。

至於有人問我說：「您說有人問『佛陀什麼時候會再變成凡夫？』那是哪一部經講的？」我告訴諸位：「不告訴你！」（大眾笑…）因爲那一部經，

一般人不該讀，這是題外話，且就不談。所以，從那個涅槃再出來，這個道理不容易懂。可是如果是大乘菩薩，證悟如來藏以後，有再繼續跟隨善知識修學，而不是得少爲足，那麼他就是如實見到了眞實義的人。確實見到眞實義的人不需別的因緣，時間久了自然就會知道這個道理，所以我們在座大部分的同修們，聽我這麼一講都懂；特別是增上班的同修們，一聽就懂。所以當我說涅槃，你馬上知道涅槃是指什麼；涅槃就是如來藏獨存，以外沒有任何一法可以稱之爲涅槃；因爲涅槃是個施設，沒有涅槃的存在，涅槃講的就是如來藏獨存。可是如來藏獨存的境界，在我們生前就存在了，不需要入了無餘涅槃才有，因爲如來藏現前就跟我們同時同處，那你如果已經親證第八識如來藏而親見佛法眞實義，你不需要再有別的因緣，你就可以現觀無餘涅槃。

如果有人今晚第一次來聽我講經，心裡面可能想：「哼！這蕭平實說法還眞狂。」但是我有狂嗎？沒有！所以你們有人還先替我講了：沒有狂！因爲我說的是如實語。而如來說的，我把祂解釋給諸位聽；假使我是欺矇諸位，不必等誰第一次聽了，不信受，來翻我這個講桌；我們當眾在座的諸親教師首先就得見義勇爲，先來把這個講桌給掀了，因爲他們是親教師啊！且不談親教師，至少還有增上班幾百位同修在場，但爲什麼大家都信了呢？因爲大家都現觀了！確實是如此，不需要再有別的因緣才能現觀。實證了以後聽我一講就能現觀，你不用再加功用行，全都不用！我這麼一解說，你現觀就好了：「啊！果然如此！」不需要另外有因緣，就看見了無餘涅槃裡面是怎麼回事了。

可是如果聽我這樣解說以後仍不見「義」，則需因緣。換言之，如果沒有看見眞實義的人，想要知道那個涅槃，要有另外的因緣。這裡的「因緣」，不是講增上慧學「四緣」裡面那個因緣，而是講有個什麼助因以及有個什麼助緣，來成就某一件事。所以如果見「義」之人，只要我稍微解說一下，當下可以現觀，不需要再加功用行——不需要善知識再教你怎麼用功、怎麼打坐、怎麼努力、怎麼降伏妄念，然後怎麼觀行才能看見；都用不著！所以說不需因緣。可是如果沒有見到眞實道理的人，一定要有因緣哪！那到底以什麼爲因？以什麼爲緣？是以善知識說法爲因，而自己有那個能力、有那個條件、有那個環境，可以實際上去修學作爲助緣；才能夠看見無餘涅槃的境界，然後才能現觀：自己是如何從那個涅槃裡面出來的。

假使有人來提出抗議：「你說我是從涅槃裡面出來的。不對呀！你這是要叫我否定我媽媽的功德嗎？我媽媽對我很有恩德呢，我怎麼努力都報答不完媽媽的恩德。我是媽媽肚子裡生出來的！」表面聽來好像也對，旁邊的人可能還要鼓掌說：「你講的對，蕭老師講的不對！」每個人都是媽媽肚子裡生出來的啊！然而問題是：「媽媽有每天幫你捏個手指、幫你造個耳朵、造個眼睛、鼻子嗎？」沒有啊！其實還是從你的如來藏中生出來的。父親只是個緣，媽媽是因，因緣和合所以出生了子女。同樣的道理，眞正能出生的是以如來藏爲因，父母是個助緣，這是從色身來講，其實你依舊是自己的如來藏所生的。如果你要親見那個涅槃（如來說「彼涅槃」，我們就直譯爲「那個涅槃」），那個涅槃你想要現觀，就得要有善知識爲你說法的「因」，然後你自己有各種的條件實修作爲「助緣」，可以容許你好好修行、實證，才能夠見到那個涅槃；可是你想要見到那個涅槃，你得要有大乘法的實證。

不要來跟我抗議說：「那阿羅漢不是有證涅槃了嗎？」我眞的還跟你說：「阿羅漢沒有證涅槃。」這我在《邪見與佛法》都講過了，我也常常會提起：

阿羅漢還沒有入無餘涅槃之前，他們沒看見無餘涅槃裡面是什麼，因爲他們沒有證得根本識，而涅槃是依根本識施設的啊！所以他們無法看見涅槃，不能說是實證。那麼等他們死後入無餘涅槃，阿羅漢的五蘊、十八界都滅盡了，還有誰能夠看見無餘涅槃裡的境界是什麼？所以我說：「阿羅漢沒有證涅槃，阿羅漢只能『入涅槃』，不能證涅槃。」諸位增上班的同修聽到我這麼講，一定都很歡喜：「嘿！我證涅槃了！超過阿羅漢了。」對啊，確實是這樣。即使是個凡夫菩薩都勝過阿羅漢，何況是已經見「義」的菩薩！

那麼如果想要見到那個涅槃，想要現觀自己眞的從涅槃中出，來爲釋迦老子證明說：「釋迦老子說得對！」那得要先見義才行。什麼叫作「見義」？「見義」就是親見眞實義。那到底什麼是「眞實義」？「就是眞實意義啊！」那不是白講了？所以依文解義的人，人家問起來，他就答覆說：「剛剛解釋就是見眞實義啊，你還不懂喔？」反而還罵人哩，而其實他自己也不懂。但是眾生賤骨頭，挨罵了，他反而信；就只要看人家名氣大，一句話罵下來就閉嘴了，然後就信了，就是這樣。

如果善知識名氣不夠大，講話又是和顏悅色，加上苦口婆心，他就不信。

所以有時候想一想，我應該裝著兒一點，假裝也要裝出來呀！這樣眾生往往會信。可是如來說的是眞實義，因爲我們一步一步走過來，一步一步都在證實；如來說的絕對不二語，永遠都是這樣。「見義」當然是見到眞實義，可是三界諸法，有哪個法稱得上是眞實義呢？就只是第八識如來藏啊！又名阿賴耶識、異熟識、無垢識、所知依、心、無心相心、不念心……等，有許多的名稱，禪宗通常叫作本來面目，或者本地風光。

那麼如果沒有見到這個眞實義，就不可能看見如來是從那個涅槃裡面出來；也不可能看見自己是從那個涅槃裡面出來的，那麼這時候如果想要親見，就得要有因緣了。這個因，以現在世來講，就是親值善知識說法；如果要推之於往世，那就要自己在往世曾經修學，以及護持如來藏勝妙法，以此爲因。然後還要有外在的環境助緣，外在環境得是適合修學這個法的；假使現在外在的環境兵荒馬亂，或者說你遇到某個邪見統治者，比如獨裁的統治者是信一神教，或信其他的邪教比如西藏密宗，反過來說把佛教正法叫作邪說異端，不讓你弘揚，也不許修學；查到了，就把你放火燒死，那你就沒有外緣了。

所以如果沒有看見眞實義的人，而想要看見自己從涅槃出來，一定要有因，也要有緣；然後終於實證了那個涅槃如來藏，才有辦法看見那個涅槃，以及看見自己爲何是從涅槃中出來的。這幾句話講的就是這個道理，說起來絡絡長，其實呢，道理就這麼簡單。

可是爲什麼古來善知識很少人講？因爲難得其人哪！末法時代那些大法師們爲什麼不講？因爲自己也不懂！很怕自己不懂裝懂，公開宣講時，座下聽眾萬一藏了個道吾禪師可怎麼辦？夾山善會悟前就是這樣，講經的時候，座下坐了個道吾禪師，聽到他在講法的時候，講般若時，突然一聲笑了起來；因爲忍俊不住，他講的太好笑了——就是用語言文字去堆砌出一堆的佛法來，可是他自己也不知所云。所以道吾禪師覺得好笑，就這樣笑起來。所以大法師們都不敢講這種經典，都怕！假使哪一天眞的有大法師講這一部經典，我等他講到這一段，我也去聽聽看；等他亂講了，我就跟他哈哈大笑起來；看他懂不懂得講經以後，趕快請了侍者來留我下來喝茶；到時候看是他請我喝，還是我請他喝。

所以這個道理，你只有親證了才有辦法講，否則你要怎麼說呢？因爲這幾句經文想要依文解義也解不起來。不但見「義」，又說「因緣」，那這個「義」到底要講什麼？一定要有個內涵，不然上座講經時說什麼呢？而那個「因緣」，到底要甚麼因、甚麼緣？也一定要有個內涵讓人家瞭解，不然他就白講了，人家來聽也是白聽了。所以這個「法」還眞難講，可是你如果有現觀，這個法很容易講的，難就難在講給誰聽？所以今天我覺得好幸福，你們都能聽懂，而我有知音。但是我還希望知音滿天下呢，現在有諸位還不夠，看來我還是蠻貪心的。

接下來，世尊又說：「如是，迦葉！諸佛世尊常以無量因緣顯示解脫。」這要是一般大法師，就會從經典裡面一個又一個引述出來講：「你看，世尊這個也是以什麼因緣來顯示解脫，然後這一部經講的又是什麼因緣來顯示解脫。」講上一大堆，可是這句話很簡單，沒什麼可以解釋的。就好像我坐在這裡，也是以因緣來顯示解脫；即使我嘴巴都不要動，就已經顯示解脫了（大眾笑…），這就是因緣，你們懂呢！這不是開玩笑的話，是如實語。

譬如說《無門關》裡面不是有一則公案嗎？有個外道來見　佛，開口就問：「不問有言，不問無言。」他是說：「我不問那個有言說的，我也不問那個沒有言說的。」顯然他就是要知道生命的根源。沒想到 世尊踞座默然；就坐在座位上，一動也不動，連一句話都沒。過了好一會兒，那個外道站起身來讚歎 如來：「世尊大慈大悲，開我迷雲，令我得入。」講完了，頂禮三拜，歡喜而去。世尊爲他說法完了，而他證得了；說他滿天的疑雲都被 世尊幫他打開了，所以頂禮三拜，歡喜而去。那諸位看看：「如來這樣也是以因緣在顯示那個解脫！」而解脫就是如來藏獨存的境界，如來已經顯示給他了！

如果等到拈花才悟呢，等而下之了。你看那個外道是不是很利根？這樣就悟了，還不用拈花呢。我沒花可拈，那我拈個什麼？拈個筆好了（大眾笑…），人家這樣就悟了。所以 如來是以無量的因緣在顯示解脫，而這不是說講經才顯示解脫、說法才顯示解脫……等，不是這樣的；而是 如來在世時一言一行、一語一默，都是在顯示解脫。懂的人這樣簡簡單單就解釋完了，不必再用一堆美麗的辭藻去堆砌出一大堆的佛法。若是堆砌出來的，自己也不知道那個內涵是什麼，但聽聞的人跟著法喜充滿，就這樣混過一天，這就是末法時代佛教界普遍的現象。

可是諸位來到正覺，聽得滿心歡喜！有一句俗話叫作：「你都講到我心坎兒去了。」對不對？對啊！講到心坎裡了！因爲你一面聽聞，一面有反觀，果然如此！所以「諸佛世尊常以無量因緣顯示解脫」，可別像某些善知識亂講說：「因爲釋迦老爸謙虛爲懷啦，不稱讚自己，所以稱讚諸佛世尊。」我當場要是也在，放他三棒！因他說的都是胡說八道。

其實諸佛世尊，包括 釋迦老爸都是這樣的：只要出現在世間，都是「以無量因緣顯示解脫」；那 釋迦老子這樣傳下來，兒子們就得這樣傳承，不可以說：「釋迦老子！那是您這樣傳承啊，我另外有我的作法。」不可以的，還是得要一樣地傳承。可是如果有人第一次聽我說法，他說：「那都要像釋迦老爸那樣傳承，不很辛苦嗎？」我說：「不會啊！你度眾生的時候可以很輕鬆，以無量因緣顯示解脫。」也許有人就問：「那我要怎麼樣很輕鬆，又以無量因緣顯示解脫？」我說：「很簡單哪！你徒弟早上不是起板了嗎？端了洗臉水上來，你就爲他洗臉得了；他端了釅茶上來，你就爲他漱口，你都是爲他作的。等到過堂時，他幫你盛了飯來，你就爲他吃飯；他幫你夾菜過來，你就爲他吃菜。都不是爲你自己，都是爲他。」這樣禪師很好當，這便是「常以無量因緣顯示解脫。」

所以這個不難，難在如何知其所以然，這才是難！所以徒弟得要知其所以然，才能叫作報師恩。不然師父每天爲他說了很多法，他都聽不到，眞的聾了，因爲他沒有慧耳。一般都說慧眼吧？可是這個慧耳在眼睛裡面哪！所以「諸佛世尊常以無量因緣顯示解脫」，這是如實語！而不是在那一些語言文字上的解說。語言文字上解說的目的，就是爲瞭解說那個涅槃。所以那個涅槃，眾生難證，就只好再加上許多的名相、言語的施設來爲眾生解說，一步一步引導他到這個地步來，然後才有辦法於教外別傳中證悟。

可是證悟了之後就很厲害嗎？往往有人以爲自己拿到我的金剛寶印以後，就很厲害、很行；結果後來被老山羊一頭撞死了，因爲他是剛出生的獅子，走路都還不太會走。那老山羊見過多少世面了，閱人無數！並且老山羊如果讀了蕭平實所有的書，那就更厲害了。剛出生的獅子抵不上他那一頭撞上來，就一命嗚呼了！可是諸位不要以爲這種事情是末法時代才有，古時候沒有，其實古時候就有。

接著我們就讓這一句 如來的開示，內容解說得更豐富一點。比如說，古時候有個仰山慧寂，諸位聽過、讀過他吧。讀過禪宗公案的人都會讀到他的事，看來他很厲害，當代的禪師沒有幾個人敢惹上他。我舉個公案讓諸位知道他多麼狂，但是他的智慧，其實離他的師父溈山靈祐，還差上一大截！他一天到晚說：「和尚只得其體，不得其用。」可是溈山說他：「汝只得其用，不得其體。」他聽不懂，可是溈山靈祐不輕易打人。這要是今天仰山慧寂來到同修會門下，讓我知道他就是仰山慧寂，而這一世仍然一樣狂，我眞的要打他，因爲不打不行了；如果一千多年後還是一樣，眞的不打不行！

當時他根本不知道溈山靈祐「從體起用」來爲他，還說溈山有體無用。你看，這小子該打不該打呢？因爲人家從體起用了，他還看不見！還說他的和尚只有體、沒有用。所以仰山慧寂算眞的悟了嗎？有用無體。不論是有用無體或是有體無用，今天在咱們禪三裡面是考不過去的！如果像仰山慧寂那樣有用無體，在我們禪三的過程當然也考不過去！所以，有時候也許我放水放過多了，當時沒嗆死，久後肺積水也會死的！所以現在只得忍著、忍著。

這意思就是說，其實一切禪師都是「從體起用」，單單以體而能叫弟子證悟的，絕無僅有，因爲難悟。你們讀過那麼多公案，看見哪一個徒弟是上來見和尚，和尚是踞座默然，然後徒弟悟了的？難得其人哪！如果那樣可以悟，我說那樣的一個證悟的徒弟，將來必然可以當人天之師。大部分人都是「從用入體」的呀！可是仰山慧寂看不見這個部分。試想：如果溈山不是從體起用，他仰山能悟嗎？如果溈山不是從體起用來敦促他，要往上追溯到如來藏體，他還能聽得見溈山靈祐講話嗎？可他就是弄不清楚這一點。

所以佛法不是那麼簡單的事。因此，禪門三關的施設也就理所當然了。所以兩千五百多年前，菩薩們在 如來座下教外別傳中證悟如來藏之後，還得跟隨 如來聽聞《大般若經》六百卷，這才能顯示 釋迦老子有多麼慈悲。這也就是說 釋迦老爸是這樣，你們可別說：「只是我釋迦老爸這樣，諸佛如來可能沒有這樣吧？還教外別傳，還講那麼多的經典。」其實不然，諸佛如來都一樣；如果該講的經典沒有講完，就先示現入無餘涅槃，還得要再下生成佛一次，把它補說完畢。必須得要補課，因為該講完的還沒有講完，那就是欠弟子的，還得再來成佛一次；那就連著兩世來示現成佛。可是永遠不會有這樣的佛，都是一世把該講的法全部講完。

可是單講《般若經》大家就能悟嗎？不行！一定要有教外別傳的禪宗。

在教外別傳悟了以後，然後經由《大般若經》、《小品般若》的演說，讓大家快速地完成相見道位的功德；接著再演述一切種智的經典，才能夠快速入地。諸佛如來都一樣，所以這裡 世尊刻意說：「『諸佛世尊』常以無量因緣顯示解脫。」其實這個涵義很深廣。那我們作了這樣的解釋以後，諸位就瞭解更多了。那就不會像有些愚癡的法師居士講的：「教門是教門，宗門是宗門。」

我剛開始弘法時，那時還沒有寫《公案拈提》，就有個羅東的居士放話：「宗門是宗門，教門是教門。」他們認為我說法時都是依據經典來講，所以會有人說：「蕭平實經典讀太多了。」可是我當年出來弘法的時候，老實說，除了《阿含經》全部讀完以外，其餘的大乘經典讀過的沒有超過十部。但是因為我講出來跟經典講的都一樣，所以他們認為我讀過很多經典。後來我就開始寫《公案拈提》了，我要讓他們知道：「我所說的不是從經典讀來的，而是證得如來藏之後，我開始講這一些法。」所以把《公案拈提》寫了出來。

當年也有人沒有聽過我以前說的法，沒有讀過我以前寫的書，就說：「他只是悟得如來藏，其實他什麼都不懂。那一些經典他懂嗎？」又有話了！所以眾生千奇百怪，什麼人都有。那沒關係，反正又不是兩年就要走人了，有的是時間，就慢慢把諸經講出來吧！所以同理，諸佛一定要把法全部都說完了，才能說祂化緣已畢。「把法全部說完」的意思就是說：「祂所該度的弟子全部都度了。如果還有一個弟子還沒有來，就得等。」所以你看，釋迦老爸已經要入涅槃了，都已經在雙林樹下吉祥臥了，沒想到那個一百二十歲的須跋陀羅拖到那個時候才趕來。阿難尊者不讓他見 佛，就說：「如來要入涅槃了，你現在才來，不要打擾如來了！」沒想到 如來遠遠地聽見了，就說：「這是我最後一個弟子，你讓他進來。」所以你看，諸佛就是要這樣啊！已經要入涅槃了，還得等他。那須跋陀羅如果過到明天再來呢？別笑！佛還是得等的。所以你說 佛好當嗎？不好當。這其實也是「以無量因緣顯示解脫」的一種，可是難會！因此，這個「以無量因緣顯示」的意涵，也就是說 如來時時在爲眾生演說眞實義，眞實義就是如來藏。

接下來，摩訶迦葉就請問 如來：「什麼爲因？」他要請問因和緣，因爲如來說：「諸佛世尊常以無量因緣顯示解脫。」既說是無量的因緣，那就要問什麼是因、什麼是緣，因爲他作爲這一部經的緣起者，他就得要問。那麼如來也告訴他說：「你應該要稍微提出問題來問。」所以他就問：「云何為因？」佛陀告訴迦葉說：「因，是在事相上說的因。」就是說，如果沒有遇到某一件事情啓發他證悟眞實義，那就是他的因還沒有具足，或是還沒有發起。也許有的人來正覺同修會學法時學得很順利，都沒有什麼遮障；然後他就覺得說學這個法、證這個法也很容易：「我才不過來個五、六年我就證悟了。」可是他沒想的是：他往世已經修學很久了，還加上親教師們辛勞執教的助緣，所以他把這個法的實證作容易想，就覺得很容易。其實不然，都得有往世的因；如果沒有往世那個因，這一世要得這個法就很難。

我們會裡面，不說同修們，單說親教師好了。張老師是現成的例子：她剛接觸佛法就進入正覺了。可是你看，她是這一世才學佛的嗎？不是啦！我所見的是：九百年前，她是我的侍者。其他的老師們就不用談了，全都有因緣的！增上班有很多同修，都是往世跟著我一路走過來的，很多呀！還有一位師姊更有趣，她還幫我端詳、楷定了　克勤大師那個雕像，因為她有夢見過　克勤大師。那她當時是個小女孩，六、七歲；那我說好，因為我看那雕出來的模樣不滿意，還有些微地方分明不像，但我形容不出來呀。我就帶她去看，但我不要讓她一直盯著看，我讓她看一眼，馬上拉她出來問：「你告訴我什麼地方不像？」她當時不知道，誤以爲我都不太讓她看，一下子就把她拉出來。但我爲什麼要這樣作，因爲當你端詳雕像久了以後，就會被雕像同化；你被同化了以後，就無法去端詳到底什麼地方有差異。所以我讓她看個幾秒鐘，就把她拉出去。講完了，請雕刻師傅修飾了，我再讓她進來看一會兒，然後又把她拉出去；就這樣重複調整，才終於有今天這個模樣。這樣雕出來時也只是大概百分之九十六、七吧，也不完全像；師姊也覺得還不很像，我也覺得還不很像，但無從形容何處不像，沒辦法再作修飾了。這就是說，會裡證悟的人，大部分有往世的因緣。

那麼大家往世的因緣就難一一講清楚了。你也許想：「看來我好像沒有跟您有往世的因緣吧？」（大眾笑…）別這麼想啦！當年，替我送行的有幾萬人，信徒有一百多萬。當年迎接我回國的人，也有上百萬人吧？怎麼會沒有因緣？難道你當年在路上擺了香案，供養了我，全都忘了嗎？所以，一定是有因緣的，這就是往世的因。那我們今天只能講到這裡。

講經前先跟大家聊一下。好多位同修見了我都說：「老師辛苦了！」「禪三辛苦了！」但我都說辛苦有代價。看來我準備捨壽見佛時，想要供養的那一百零八顆無形的念珠漸漸在成就之中，有那麼一點希望了。就算是沒有一百零八顆，有六十顆、八十顆也行；因爲自古以來，能夠見性的菩薩是非常少的，也得要有師資遞傳，才有辦法傳；因爲眼見佛性這個法，那其中的過程與內涵唯有過來人才能夠知道，所以希望有越來越多的人可以繼續延續下去。

自古以來的禪宗，很難得看見明心後又眼見佛性的人。應該很多人都沒想到，末法之際，竟然還可以出現這樣的法。因爲我們正覺同修會說的「見性」，不是六祖講的那個見性。六祖跟那一些祖師們講的那個見性，是看見如來藏具有能使人成佛的自性；但我們說的是《大般涅槃經》講的眼見佛性——在山河大地上可以看見自己的佛性，也可以在別人身上看見自己的佛性，也可以在別人身上看見他們的佛性（看見對方的佛性），佛性跟景物之間沒有任何隔閡。

你可以在一切景物上都看見自己的佛性，當你不想看時景物上就沒有自己的佛性，很奇特！所以見性後，對於開悟明心的人來講，解釋出來時，一切開悟明心的人聽起來時都會說：「對、對、對，就是這樣、就是這樣。」但其實他們所知的不是看見佛性這樣，但因爲佛性是第八識心體的另一層面，所以聽起來都跟明心的所知全然相同，而眼見佛性是唯證乃知的事。所以用開悟明心的智慧與境界來套上見性的人所說，全部都對，但就不是眼見佛性的境界。那爲什麼不會有一點矛盾呢？因爲佛性其實是「如來藏」的另一個面向，在大家身上其實都在，在諸位面前一直都顯現著；可是你沒有努力修到那個地步，卻又看不見，所以很難言詮。

我們這個證悟明心後又眼見佛性的法總算可以繼續傳承下去了，但我還是要宣示：「我仍然期待在我九十五歲離開的時候，希望那一年可以看到最後那一顆要供佛的念珠——第一百零八個明心又見性的人。」這是我的期待。如果能達成目標，我眞的要謝謝你們了，因爲在佛教史上，能交出那樣的成績來，那是極爲難能可貴的；雖然可能不是絕後，但一定是空前的。爲什麼不是絕後？因爲咱們將來九千年中還要相遇，所以仍然有機會再突破一百零八顆，這是有可能的。因此大家跟我說：「老師！第三梯次完畢了，很累喔？」我說：「累啊！累啊！但是値得啦！」當然會累，怎麼不累？尤其現在上年紀了！所以下午在電腦上工作時，作到大概下午三點多，眼睛累了瞇一會兒，結果沒想到就在電腦前睡著了；但是這沒關係，上臺說法時依舊是一條龍，下臺再變回一條蟲，沒關係！

回到《大法鼓經》。上週我們講到第十一頁，倒數第二行講完了。最後是摩訶迦葉稟白 佛陀說：「**什麼是因？**」凡事必有其因，就好像器世間的成、住、壞、空也有其因。那麼有情的每一期生死中的窮、通、壽、夭都一樣有其因，包括每一類有情的出現與存在也都有其因，都不可能無因而有；所以想要證悟實相法界，要能夠通達般若，當然必須要知道都有其因。那麼因永遠都存在，可是有的人在這一些「因」的庇蔭之下，始終不見其因；不見其因就要藉各種的助緣來幫助，他才可能發現自己原來也有證悟實相法界的「因」。那麼這裡講的「因」，就不是四緣中的因緣那個「因」。在增上慧學裡面說有四緣，叫作因緣、等無間緣、所緣緣、增上緣。這裡講的因緣，不是講那四種緣中的因緣；而是說在事相上要有其「因」。

換句話說，證悟是一個事相。證悟的人，他一定往世曾經造過足以使這一世證悟的因，所以這「因」就是「事」。因此 如來說：「**因者是事。**」那麼這裡講的因緣，就是某一些事情成就的因與緣；過去所造的，現在藉著某一種緣，使得因緣成就了，這事情便可成就。那麼過去所造的那個事情，導致今天的結果，過去世那個事情就是現在的「因」；那導致這件事情可以把過去的「因」於現下的時空實現，這一些助成的「緣」就是因緣中說的「緣」。

如果過去世歸依三寶了，也護持正法、修學正知正見、伏除性障，該修的五停心觀也修了，那就是「因」，就是這一世可以證悟的因。可是單憑往世那些因仍然不足以證悟，得要有此世的助緣。「緣」首先就是佛法繼續住持在人間，末法時期都還沒有過去，最好是還在正法時期；如果正法時期過了，像法也過了，至少末法時期得要繼續存在；縱使不能像如來在世時那樣廣傳，但至少還可以使往世造了這個「因」的人，此世可以實證；這就表示說「緣」還在，因爲正法還住世著。

那麼除了這樣的緣以外，也得要有某些助緣。譬如說：如果正法還在世，可是自己一直都很孤僻；很孤僻就不太跟其餘的人來往，老是當獨行俠，那麼他能夠接觸到正法的「緣」就很少；所以正法雖然依舊住世，但他沒有那個助緣可以接觸正法，他這一世的「因緣」便不能成就，所以這就是「事」

相上的事。那麼意思就是說：「因」其實一直都存在。你可別想說：「**我雖然進了正覺同修會，但我大概沒有證悟的因緣吧？**」不！「因」一直都存在。如來說：「**諸佛世尊常以無量因緣顯示解脫。**」所以只要往世能夠承事如來就有那個「因」。

其實在第一次，於無始劫前第一世遇見第一尊如來，供養了某一尊如來時就有這個「因」；因爲當時承事如來、禮拜如來、供養如來、讚歎如來的時候，如來已經爲你顯示解脫了，就看你能不能聽懂。只是當時如來開示的這個解脫，你不能用耳朵聽，要用眼聽，所以說「**諸佛世尊常以無量因緣顯示解脫**」；你上前禮拜如來時，也許如來跟你點個頭，已經把解脫告訴你了；你上來供養如來時，也許如來伸手接過去，受你供養了，同時就把解脫告訴你了。

還記不記得《金剛經》第一品〈法會因由分〉，又叫作什麼品？嗄？可說是〈放光品〉哪！就已經把解脫之道告訴你了，可是一般人不懂。《金剛經》開頭怎麼講的？「**如是我聞，一時佛在舍衛國，祇樹給孤獨園……**」然後怎麼樣呢？對啊，你們自己唸應該就知道了，別問我。但爲什麼說那叫作放光？現在會笑了喔！所以 佛說的開示，很多大師們都亂解釋。

其實 世尊說的意思是說，不管什麼樣的狀況下，世尊都已經爲你「顯示解脫」；可是你如果沒有往世的「因」，又沒有這一世的「緣」，講了也沒用，聽我說了也是白聽。換句話說，你這一世得要有助緣，才能夠接觸到正覺同修會，能夠好好修學，然後你得還要有足夠的助緣能夠上山打禪三。而且上山後還不一定能懂得 世尊究竟是如何「以無量因緣顯示解脫」，還得要有背後的某一些助緣，所以因與緣都必須具足，所以摩訶迦葉就代大家請示如來說：「云何爲緣？」既然講因與緣，當然就要兩者都問。「因」一定是他往世或者此世很早期種下的某一個因，然後再藉緣才能成熟。

那麼迦葉就問：「云何爲緣？」佛陀告訴摩訶迦葉：「緣者是依。」所以不要想說：「我往世護持正法、學習正法，我參禪過，我這一世可以自己悟了。」沒這回事！一定要有個所依，比如依於正覺同修會，依於善知識，依於親教師，得要有這些所依。我知道現在一定有人想：「那你蕭平實就沒有所依啊。」不能這樣講的，如果要這樣講的話，到時候要說：「釋迦如來您也沒有所依啊。」這就是說，各有不同的情況，但這是通例；就是三賢位中一般的情況得要這個樣子，要有個所依。這個所依當然也是事相上的，就是你得要依止於一個教團，是正法的、了義的、實證的教團，這個就是你的「緣」，即是「依」；如果你沒有這個緣，你想要實證大乘菩提，眞的很難！你可別說：「我看正覺同修會這共修也沒什麼難的啊！我每週都來聽經，雖然聽得很歡喜，法喜充滿，可也沒什麼困難。」但你要知道：不是每個人都能像你們這樣聽得或修得順遂。這個我要特別說給你們臺灣的同修們聽。

你們以爲打禪三那麼容易啊？不容易欸！這回禪三，最遠的從哪裡來？美國，諸位都知道，我就不再詳提了。也有從歐洲來的，我就不要指名道姓了，她是從歐洲去香港講堂上課。你們如果從苗栗縣來，從臺中來，都會覺得太遠太遠；人家是定期搭飛機去香港上課，然後現在終於可以來臺灣「打三」，但不可能一次就過關的。可是人家能夠這樣連續幾年持之以恆，你們臺灣的同修們，自己捫心自問：「我辦不辦得到？」要這樣想：「人家是這樣精進！今天才可以上山打三。」那你在臺灣，往往不怎麼珍惜。我說就像中南部有一句俗話講的：「近廟欺神。」住在廟旁邊的人老是覺得說：「啊，我鄰近這個廟，那神沒些小路用！」就這樣想。可是人家都是大老遠前來朝拜，正是這個緣故，所以說「緣」很重要，有緣千里來……（眾答：相會。）對！就是「相會」，無緣呢？對面不相識。所以要有因以外，還得要有緣。

如來說：「諸佛世尊常以無量因緣顯示解脫。」但我告訴你：「這還說得客氣。」應該說：「諸菩薩、諸有情同樣常以無量因緣顯示解脫。」但是沒有 釋迦如來示現於人間之前，大家都不知道；得要 如來降生人間，不辭辛勞爲我們點了出來。所以當你現觀諸佛世尊常以無量因緣顯示解脫時，你就知道：「唉！原來我堂上就有兩尊活佛呢。」你就知道了：這就是你的菩薩道開始要步入坦途的階段了。沒有踏過這一步，沒有跨過這個門檻，那你永遠就在外門廣修六度萬行，永遠都是資糧位，頂多就是加行位。有的人還要在這加行位混多久呢？你無法想像的。所以「因」很重要，但是「緣」一樣重要，缺一不可。摩訶迦葉爲大家問了緣，什麼是緣？如來說：「緣者是依。」那這樣講太簡單了，有的眾生一定聽不懂，所以迦葉就爲眾生請求：「願更顯示，其譬云何？」

因爲講得太簡單了，大家只能用猜測的；你猜一種、我猜一種，結果十萬八千種答案，可能沒有一種猜著；所以摩訶迦葉是爲末法眾生請示。他何嘗不懂，還要請問？他當然知道，但是因爲末法時代一定有很多人不知道；且不說末法，如來在世的時候就有很多人不知道了。那麼他就爲大家請示，請求　如來以譬喻來說明「緣者是依」的道理。這時　佛陀告訴摩訶迦葉：「譬如由父與母而生了其子。母是因，父就只是緣。」所以從世間法來說，能生的是母親，不是父親。父親哪能生？你看過哪個父親、哪個男人懷孕生子的？所以母才是因。因此對母親不孝，那是世間法中的最大惡業。不孝父親呢，罪業就沒那麼大，好一些，因爲不是父親生你的，父親只是個助緣而已。

欸！這樣你們女眾聽了很歡喜喔（大眾笑…），可是我的認知也是這樣，一向是這樣。所以咱們中國有一種看法，就是說：對父親不孝還可以容忍，如果對母親不孝呢？罪大惡極！對吧？是啊！因爲事實上也是這樣。所以，你看兒子人高馬大，但母親個子小小的、瘦瘦的，而且那母親又年老了，可是這兒子爲什麼對母親的話百依百順？因爲他懂得母恩的偉大。當然啦！如果像現代母親在網咖裡玩遊戲，把孩子給餓死，那是另一回事；那是特例，不是一般的情況。

所以母親總是掛念著孩子，爲孩子設想，只是孩子不一定能體會。那你們當父母的人也不用急，你幫他完婚，讓他養孩子以後，他就懂了，就知道你們當父母的恩了，這是事實啊。所以往往女兒雖然也很孝順，可是跟嚴父總是有點距離吧？可是女兒生了孩子，從此可就跟父親沒有隔閡了，所以有時候會拉著父親的手，扶著父親的臂膀。欸！結婚之前從來沒有過這樣！生孩子前也從來沒有過！爲什麼？因爲生了孩子、養育孩子，全知道父母的恩，那對母親就更親了。所以說母親才是因，父親只是緣。因此孝順母親在中國人的風俗或者認知之中，一向是大家的共識；這是天經地義的事，不管臺灣、大陸都一樣。那如果有人對母親不孝順，在村裡可就千夫所指，大家一定背後竊竊私議，都要評論他，所以「母則是因，父則是緣」。那麼 如來說了這個譬喻，就說：「由於這個緣故，父母因緣生子。」所以母是因，父是緣；因緣和合時得要有因也有緣，沒有緣還生不了。

有沒有無緣而生了孩子的？禪宗史上倒有一個女人，就是禪宗五祖的媽媽；背後事怎麼樣？咱們不知道，但是歷史的紀錄是：一個栽松道人七十幾歲了，遇見了四祖，四祖當時正年輕。那這個栽松道人向四祖求道，四祖道信說：「你年紀都比我大，我把佛法傳給你；當我走的時候，你已經先走了；

那你不如投胎再來吧。」好，他答應了，接著走著去到一個地方，看見河邊有個女孩在那邊洗衣服，就開口說：「我老人晚上到妳家借宿一宿可否？」這女孩想：「一個老人家借宿家裡不會有危害，而且只有一個晚上。」就同意了，帶他回家。沒想這個栽松道人當天晚上就死了，然後就投胎在那個女孩肚皮裡了；原來他借宿一宿（大眾笑…），這一宿是十個月啊！你看，所以這五祖弘忍是爲求道來的。

你們看他遇見四祖時這才幾歲？才六、七歲吧！在路上遇見了四祖道信，四祖道信感受到了，問他：「欸！你姓什麼？」「沒有姓。」「沒有姓？不可能沒姓吧？到底姓什麼？」「佛姓！」然後四祖道信就認定大概就是那個栽松道人，就跟他回去稟報家人，然後乞求出家。所以這是從文獻上看來，是個沒有「緣」、而只有「因」可以出生的人，背後怎麼樣不知道，因爲背後一定也會有很多事情，不可能沒有父親而能入胎受生的，其實文獻紀錄也不一定準確。

譬如說，古天竺提婆被外道刺殺死了，這在佛教文獻的紀錄是講外道刺殺的；但事實上不是外道，是那些「六識論」的論師們派人來殺的。可是誰知道呢？沒辦法知道！從文獻上證明不出來的；因爲大家都那樣記載，你知道了也無可奈何吧。所以表面上看來是這樣，但背後怎麼樣我們不談，因爲牽涉到證悟賢聖的母親，少談爲妙！所以說：「**母則是因，父則是緣。是故，父母因緣生子。**」換句話說，父母生子一定是有因有緣，缺一不可。那 如來這樣作了譬喻，就說：「**如是說因緣生法，是名爲成。**」

所以佛法在人間的出現，得有因，也得有緣；因是 如來，緣是這一些應該得度的弟子一世一世累劫修行，現在應該實證了，所以 如來觀察因緣成熟時就來示現成佛；所以 如來是因，那麼眾生得度的時候到了，緣成熟了，因此眾生本身是個緣。

那麼談到個人，每一個人會投入佛門中，都各有往世的因；但是單憑「因」不足以實證，還得要有藉「緣」，那藉緣就有很多種，所以「**諸佛世尊常以無量因緣顯示解脫**」，這個才是因。廣義地來講，每一個眾生身上也都各有一尊如來，這也是因；然後要藉著 世尊降生在人間，有一些菩薩配合著 世尊事先來人間受生、來布局。一定要先布局，不是 如來單獨一個人來，然後什麼樣的或然率、什麼樣的機會，遇到誰就度誰，不是這回事！而是菩薩事先來布置好，大家來等候 如來成佛，那這個就是緣。然後 如來度了這一些弟子證悟了，或者得阿羅漢了，再由這一些弟子們各自的種種緣，去度化更多的人；同時也接引許多的人投入正法，種下了因，那未來可能一大阿僧祇劫，他證悟了；也許未來五百萬劫他證悟了，不一定。所以有因、有緣才能夠成就，單因、獨緣都不能成就。

那麼如果唯有緣，要成就諸法是不可能成就的，可是末法時代大法師們比如釋印順，他們卻是這樣教，說無因唯緣而能成就諸法，當然是錯誤的邪見。這個例子很容易說明，現成就有例子。釋印順法師說：「**不必有第八識如來藏！也不用有第七識意根！而意根不是識，只是腦神經；那麼只要有六根，就是腦神經加上五色根，加上有六塵就可以出生六識。**」他是這麼主張的。但六根裡面的意根他說是腦神經，加上五色根，那麼六根全都是色法了；這些色法加上六塵也都是色法，而他說的六塵又不是我們講的內相分六塵，他的六塵是指外六塵，也都是色法；這樣的六根與六塵都是色法，都是藉緣所成之法；單憑這樣的色法諸緣就可以出生精神的六識？問題大了！這叫作物能生心哪！釋印順這個說法眞是大邪見！

只有心才能生心，物不能生心哪！但他就這樣主張。可怪的是：竟然還有一大票人相信他。我們弘法二十幾年了，那一些人到現在還不相信正法，還繼續堅持說他講得對，那就是物能生心！那就是無因唯緣而生六識！這就違背了因緣生法的眞實義了，所以他是不懂「無生」的。虧他還弘揚三論呢！那《中論》告訴大家：「**諸法不自生，亦不從他生，不共不無因，是故知無生。**」對吧？說這樣才是眞正懂「無生」的人。結果他落入什麼？落入共生之中！龍樹明明講「**不共、不他生**」，說共生是不對的，他生也不對；他生就是由上帝生或是由大梵天王生，他生也是不對！龍樹說「**不共、不他生**」，又說也不可以「**無因生**」欸！單憑根與塵相觸就可以生，那就是唯緣生，兩者都是緣而沒有因——沒有第八識如來藏持種這個「因」！結果他的主張是三個都犯，對不對？就是共生，也是他生，爲什麼呢？因爲根與塵與他無關，而印順主張根觸塵便出生六識，這也屬於他生，不只是共生。然後釋印順又落入無因生，你看，他全部都犯！所以這個人是大邪見。但是五濁惡世末法時代，不愁沒有信受邪見的人，所以才叫作五濁惡世。

因此，諸位看見最近電視新聞又報導，說那個附佛外道某某人，不是接受了信徒供養兩輛勞斯萊斯嗎？然後他還有五輛名車，跟他同一棟的住戶都會告訴親朋好友：「你們要賞車，到我這裡來，我帶你們去看。」聽說他對此很不滿。又聽說管委會有說：「這是住戶的自由，我們沒辦法管。」所以住戶的親朋好友要觀賞名車時，就去那裡看。聽說好像他哪一輛名車被地下停車場漏水弄濕了還是怎麼樣？然後就在電梯裡面抓了女信徒的頭髮教訓。這樣的人也可以公開說他成佛了，但還是有人信，不愁沒有人信，這就是末法時代！

所以凡是一件事情的成就，必須有因也有緣。那麼你想要證悟《大法鼓經》說的這個「大法」，你得要有因，也得要有緣；獨因無緣，或者獨緣無因，都不可能成就。那麼這個事情就是說：「你想要見到眞實義，必須具足因與緣；如果因與緣不具足，或者因、或者緣其中的某一個部分不具足，那你就不可能親見眞實義。」這就是 如來要告訴我們的道理。接下來摩訶迦葉又爲我們請示了：

經文：【迦葉白佛言：「成者有何義？」佛告迦葉：「成者，世間成。」

迦葉白佛言：「云何世間？」佛告迦葉：「眾生和合施設。」迦葉白佛言：「云何眾生？」佛告迦葉：「法集施設。」迦葉白佛言：「云何為法？」佛告迦葉：「非法亦法，法亦非法。法者復有二種。何等為二？有為及無為、色及非色，更無第三法。」】

語譯：【摩訶迦葉又為大家請示如來：「『成就』這個意思究竟是甚麼道理？」佛陀告訴摩訶迦葉：「所謂『成就』這個事，講的是世間成就。」迦葉又稟白佛陀說：「那麼什麼叫作世間？」佛陀告訴迦葉：「世間是眾生和合而施設的。」迦葉又稟白如來說：「那什麼叫作眾生？」佛陀告訴迦葉：「諸法合集施設名為眾生。」迦葉稟白佛陀說：「什麼叫作法？」佛陀告訴迦葉：「非法也是法，法也是非法。法又分為兩種。是哪兩種呢？有為及無為、色以及非色，再也沒有第三個法了。」】

講義：老實說，《大法鼓經》若是還沒有證悟，還真無法演說。所以你看，近代佛教有誰講解《大法鼓經》？沒人講！我倒發覺：我們好像都是挑人家沒講的經典在講。其實我不是故意挑人家沒講的經，譬如《金剛經》我講了，以前也有很多人講過。《法華經》以往是沒有人講，都只是作科判而已，但我們講了。可是像《佛藏經》、《楞伽經》、《楞嚴經》，這一些就沒有人講，但我們得講；因爲《楞伽經》雖然釋印順曾經講過，但他是錯解的；其餘的大乘經，我認爲這些經是重要的，當然得講。這一部《大法鼓經》講完了，我準備再講《不退轉法輪經》，那也沒人講過；一方面他們不會講，二方面是不敢講，三方面則是不想講，就是這樣。那我們沒關係，我們什麼經都可以講，不管哪一部。

就像我十幾年前講《楞嚴經》，那時我們證悟的人還很少，所以我在前五卷都側重在怎麼樣實證上面去解釋《楞嚴經》。可是後來出版的時候說：「我們證悟的人現在多了，那得要講比較切合經典背後意思的內容，這樣證悟的人來讀之時比較有意義。」所以我改寫了大概差不多三分之一。可是你要眞請哪位大師來講《楞嚴經》，沒有人敢。爲什麼？連讀都讀不懂了，還能講喔？特別是現在他們心裡面會想：「如今有個正覺同修會，我還是甭講的好。」一定會這樣想，因爲講錯了會被我拈提的。拈了一定不痛快！但現在大家都可以講了，因爲有我的講記可以買來參考，講了對大家就有利益。

就像我們有一位親教師，有一天跟我講，我還覺得很意外。他說：「老師啊！您都説我們在幫您校對，其實我們哪能校對？您看像《楞嚴經》，我們自己讀都沒辦法讀懂。」後來我想，也對啦！但是我倒佩服他很誠實。當菩薩第一個條件就是要誠實，不誠、不實的人，當菩薩幹不了多久。事實上，後來我想想：也眞的如此。

你看以前我們還沒有弘法之前，海峽兩岸有一個很知名的大師，叫作南懷瑾。你們一聽全都點頭了。他以前解釋《楞嚴經》的耳根圓通時怎麼解釋的？他說：「你就像住在海邊，聽那海潮的聲音，右耳進就左耳出；不管什麼聲音你就儘管聽，耳根圓通就是這樣修。然後呢，聽了進來就立刻讓它流掉，不要管什麼聲音的來源，這就是入流亡所。」那麼勝妙的「耳根圓通」，原來只是聽聲音然後「入流亡所」？可是大家都信了。輪到我講《楞嚴經》，我也把它採納進來作爲修定用，然後我再講了眞實的「入流亡所」，我就這樣講解。而且《楞嚴經》前五卷講的是眞如與佛性兼具，兩者都講了，混著講的。你如果有開悟，但沒有眼見佛性，還眞的理解不來；非得要兩關都有，並且你得有無生法忍，否則你還講不來。

所以「法」太廣袤了！只有得少爲足的人才會想：「哈！我這一下開悟

了，大事已畢。」回家墊三個枕頭，覺得高枕無憂；可不知道麻煩事兒在後頭呢，他就這樣虛擲一生，多可惜！悟後正好修行，結果他認為悟後就沒事了，這表示所見粗淺，那個見地就很差了。所以一切法的成就都必須有因、有緣，可是一切法的因緣其實圍繞著眾生轉；如果不是眾生，有什麼法可說啊？這道理應該要先知道。所以摩訶迦葉請問　如來說：「成者有何義？」佛陀就告訴迦葉：「『成就』這個意思講的就是『世間成就』。」這樣聽起來，好像也不怎麼明白。摩訶迦葉當然知道眾生弄不懂，於是又進一步請示　如來：「什麼叫作世間？」

佛陀告訴迦葉說：「眾生和合而施設的才叫作世間。」所以世間到底是什麼？世間就是眾生，眾生就是世間；如果沒有眾生，就沒有世間可說，單有器世間也沒有用。那麼眾生、眾生，名為「眾生」，這兩個字就已經告訴你：是很多的法和合起來才能叫作「眾」，這些法和合在一起而形成了一個生命，才叫作「眾生」。那麼請問：眾生是如此定義，這樣定義下的「眾生」會是常住的嗎？為什麼答得虛虛的？（眾答：不是。）不是啦！因為是眾法和合而施設，說他叫作「眾生」；既然「眾生」是眾法和合的，當然是生滅法了。

那我在這裡話頭一轉，拉回來說，近代那一些大法師們所謂的開悟都是打坐，坐到離念靈知時，說那就是涅槃的境界，可是這離念靈知是由什麼法和合而成呢？要有五色根加上意根共六個，再加上如來藏出生了六塵，總共有十二個所依；於是六根觸六塵所以有六識現行，這樣十八界和合起來，才算「**世間成就**」。所以如果背後的如來藏不流注種子了，六塵消滅了，六識也滅了，就不成其為眾生。所以所謂的「**眾生**」，就是一個眞實法第八識，加上了根、塵、識等十八個法，和合起來叫作「**眾生**」。十八個法當然是「眾」，三個以上就叫「眾」了；所以所謂的「**眾生**」就是很多法和合起來，由這樣的「**眾生**」在器世間生活——或者欲界天的器世間、或者色界天的器世間生活，有這樣的有情存在，就叫作「**世間**」。

譬如說人間，人間為什麼說為世間？因為有人、有旁生啊！假使有一天，人間春天來到了，卻被叫作「寂靜的春天」。有沒有讀過這本書？沒有啊？那是以前大家為了維護環境，主張廢除ＤＤＴ的使用，所以有作家寫了這本書；形容說如果那個ＤＤＴ殺蟲劑因為不會分解、很難分解，所以它會一直存在；那麼DDT一直噴，噴到最後，世界上的昆蟲啊、鳥啊、什麼生物都死光光了，當明年春天來到的時候聽不到蟲鳴鳥叫，結果是作物都沒有收成，人類也會跟著餓死。所以春天到了，百花齊放，可是沒有有情，叫作《寂靜的春天》；聽書名好像很寫意、好像很優雅、很有意境，其實不是；它講的就是很恐怖的春天到了，所以後來DDT就全球禁用了。那表示什麼？表示說：到那個時候，人間這個「世間」就不存在了，因爲有情都死光光了，死了就沒有世間可說；因爲單有無情時還不能稱之爲世間，得是有情存在時才能稱爲「世間」。

所以如來答覆說：「**眾生和合施設。**」也就是說，所謂的「**世間**」是很多的有情聚合在一起而稱爲世間；所謂的「**世間**」其實就是很多的法，就是一個常住法，加上十八界的法和合起來，才叫作世間。所以一個五陰就是一個世間，都是眾生和合施設。既然說眾生和合施設名爲世間，那什麼叫作眾生？佛陀告訴迦葉說：「**有許多的法匯集在一起，就施設爲眾生。**」所以要有十八界的法和合起來才叫作「**眾生**」。那既然是「**法集施設**」，那就又牽涉到「法」了；那麼由「成」談到世間，由世間談到眾生，由眾生就連結到「法」

來了。沒有各種的「法」就不會有眾生，所以 佛陀告訴迦葉說：「**法集施設。**」但「法」究竟是什麼？所以迦葉又為大家請示了：「**云何為法？**」

佛陀告訴迦葉說：「**非法亦法，法亦非法。**」第一次聽到這樣講：非法也是法，法也可以是非法。就有點像司法界的一句話說：「惡法亦法。」你們大概沒聽說，法官大人們就知道了。司法界有這麼一句話「惡法亦法」，既然已經立法完成了，那麼這個「法」在那裡還沒有經過修改以前，大家都得遵守；雖然它是惡法，還是得遵守。同樣的道理，佛法所說的「法」定義很廣，所以惡法也是法的一部分。那麼「法」為什麼也會是「非法」呢？因為惡法也是法，所以從「法」所生的那個惡法的部分也是法，當然可以叫作「非法」，兩者是互相涉入的。因為法函蓋了善法，也函蓋了惡法，惡法不外於法，所以說「**非法亦法**」。既然「法」已經函蓋了非法在內，所以「**法亦非法**」就這麼簡單。

可是詳細再瞭解，「法」又分為兩類。從不同的面向作不同的分類，從有為、無為來分類，法可以分類成：有為法與無為法。如果再從色與非色法來講，又分成「**色**」與「**非色**」。那麼這裡就牽涉到有為與無為了，當然得要弄清楚什麼是無爲法？什麼是有爲法？但是一般人大概都會一刀切，認爲有爲跟無爲無關：有爲是有爲，無爲是無爲；可是從實相法界來看待現象法界的時候，不能這樣一刀切，因爲兩者互相涉入。有爲是什麼？就是有所造作，也是有生之法；無爲呢？無所造作，本來無生。這樣表面看來，這兩個法好像截然不同，因爲一個是有造作的、有生滅的，另一個是無造作的、無生滅的。

那麼末法時代，大法師們就落在這個地方：不是落到有爲，就是落到無爲。他們沒有辦法兼顧兩面。本來天下太平，沒事，後來就因爲有個蕭平實出現了，弄皺了一池春水！可是他們沒想說：「這蕭平實來這裡是激濁揚清。」他們沒這麼想，總是說：「啊！這蕭平實把佛教界弄得烏煙瘴氣！」可是二十幾年後的今天看來，佛教界有烏煙瘴氣嗎？沒有了！現在臺灣佛教界弊絕風清，沒有人敢再否定第八識如來藏了。那諸位也許想：「您怎麼沒提到大陸？」因爲大陸現在正在激濁揚清，希望不久以後也會弊絕風清，咱們總是要努力吧！還有那麼多的往世同修留在那裡，不可能大家都往生過來呀！如果大家都往生過來了，那邊誰來幹事？總得要有人留在那邊，然後我們再去支援他們，大家合力再把往世的師兄弟們回復到以前的證量，然後再繼續往前推進，這就是師兄弟之間應該作的事吧！因為菩薩都不是自了漢哪！

所以大家應該要瞭解的是：所謂的有為與無為，不能刀切豆腐兩面光，然後兩片之間就完全沒關係。在法界中，這是不可能的！有為與無為也不像藕斷絲連，藕斷絲連時只剩下絲連在一起，那關係好像不大呀！但是在眾生法界中，十方三世都一樣，有為法與無為法其實非常緊密；不要說「絲連」，根本就沒有「藕斷」這回事，有為與無為就是一體的兩面。一張紙，不論你拿到哪一張紙，你都不可以要求說：「我只要正面，不要有背面。」你永遠辦不到的，那正面看到的是有為，可是這個有為的背面還有無為在。「有為」就是這個五陰十八界，以及所關聯的一切法；背面那個「無為」就是第八識如來藏，不可分離。如來藏從來沒有說：「我要好好照顧這個五陰，或者我要捨棄這個五陰。」從來沒有！如來藏永遠不會說：「我這一世生了這個五陰，就是一條狗；那我要幫牠轉生為人，所以明天早上我把牠變成人。」祂不會這樣想，因為祂是無為性。可是有為性的這個五陰，如果離開了無為性的第八識如來藏，就不能存在了。

講個譬喻好了，譬如說船與水。船能夠載著貨物、有情在大海中航行，是因爲有水；如果沒有水，那艘船什麼都不是。可是水不會說：「欸！你這艘船，我讓你早一點到。」或者說：「你這一艘船我不喜歡，我讓你晚一點到。」永遠不會啊！無爲性的法就是這樣，隨緣應物。因此「有爲性」的五陰不管怎麼樣好壞，「無爲性」的如來藏永遠都在背後支持著，祂就像是一張紙的背面。如果有的人看不慣那些六識論者，說：「你們這些人一天到晚都在毀辱如來藏，哪天如來藏不讓你活，你們就死定了！」可是第八識如來藏不會這樣想。你再怎麼跟祂賭咒也沒用的，因爲如來藏從來都是無爲性，所以他儘管罵如來藏，沒事，只有死後才會有事。

他想罵如來藏，如來藏也支持他去罵如來藏，如來藏不會因爲他罵了如來藏就生氣。也許哪一天想通了說：「唉！果然六識論錯了，我去正覺學如來藏。」於是開始讚歎第八識如來藏，但他的如來藏也不會因爲這樣就歡喜起來說：「喔！你開始讚歎我，我就幫你證悟。」永遠不會！祂永遠都是無爲性。所以他們儘管罵或儘管讚歎，如來藏依舊在背後支持，然而如來藏不負擔因果。

一切有情所造作的「有爲法」必定有其因果，那個有爲法可能是善性的，可能是惡性的，也可能是無記性的，但這三種體性的「業」造了以後，仍然由有情來世去受，如來藏是不受那個「異熟果」的，但是如來藏卻會去執行那個因果。如果還沒有實證，聽起來會覺得好玄；等到你實證了，這沒什麼玄的，本來就是如此啊！所以我們早期也講了一部《優婆塞戒經》，裡面也有了義法，講到「**異作異受、自作自受**」，就是這個道理。所以如來藏永遠是無爲性，正因爲「無爲性」，因果律才得以實現；如果祂是有爲性，十方三世的世間都要改觀哪：不會有三惡道，也不會有窮人了。

正因爲祂是無爲性，所以祂才能夠實現因果。因此地獄有情的五陰儘管受苦，如來藏依舊把它執行到底，因爲如來藏不領受一切境界中的苦樂受；天上的有情享受欲界天的福德、快樂，如來藏也繼續實行因果，就讓他繼續享福；當天壽盡了，一樣讓他下來人間或三惡道，正因爲是無爲性才能作得到。也正因爲祂是無爲性，所以咱們修行才可以開悟，才可以成佛。如果祂是有爲性，你說：我要把心清靜下來，我要修集福德，我要作布施，我要持戒、忍辱；祂可能會說：「**布施有點兒可惜吧？這錢財可以留著自己用啊！**

修行喔？太苦了吧？世間好多事情可以享樂，幹嘛修行？」等等。你想要受戒，祂說：「不要，綁手綁腳！」但因爲祂是無爲性，所以永遠在背後支撐著你；你要怎麼樣都可以，祂沒意見，這才是無爲。

那麼眾生都是有爲性的，而有爲性最多的就是欲界；越往上，有爲性越少。譬如到非想非非想天，有爲性就剩下那麼一點點，但不代表有爲性滅了，只是不現行。那有爲是法，無爲也是法呀，所以你不能夠說：只有如來藏是法，五陰不是法；不能夠說十八界不是法，如果十八界不是法，那你就不成其爲人、你就不能存在。但十八界明明存在啊，所以這個「法」是存在的，因此十八界是法。那如果說：無爲法那應該就是空，就是無；如果是空、是無，憑什麼稱之爲「法」？一定是有一個自性、有一個功德存在，才能說祂是「法」，所以無爲也有自性、也有功德，所以祂也是法；因此說：「**非法亦法，法亦非法。**」這是從有爲與無爲來區分。

那麼這樣從表面看來，無爲應該是無漏的，對吧？怎麼不敢點頭？無爲是無漏的呀！難道無爲還會是有漏？對呀！可是無漏的法一定是無爲法嗎？欸！漸漸懂得搖頭了，這回知道了，無漏的法不一定是無爲的喔！假使無漏的法一定是無爲，你就死定了！如來藏是不是無漏性的？是無漏啊！祂純粹是無漏的法，可是祂可以擁有有爲性的功德，否則你這個五陰十八界打哪兒來？可別私底下嘟噥著說：「這五陰十八界是媽媽給我的，媽媽生我的，所以我孝順媽媽天經地義。」那你回去問問媽媽：「這十月懷胎是不是每一天幫我造一根頭髮。」是不是媽媽幫你造的？媽媽有沒有說：「現在過了三、四個月，我每天幫他造一根手指；過了十天之後，每天幫他造指甲，一天裝一個。」有沒有？沒有啊！都是如來藏幫你出生的，媽媽只是提供那些四大物資與環境。

所以這個如來藏「無漏法」，祂還有祂的「有爲性」的功德，但不是有爲與無爲所定義的那個有爲。有爲與無爲所定義的那個有爲，是說他想要造作、有所造作；而祂沒有這種心性，祂就是直接就運作了，可是祂完全沒有有漏性。正因爲祂有這種「無漏的有爲」功德，你今天才能學佛、修道、開悟、悟後進修；否則你連吃、喝、拉、撒都辦不到了，還談什麼修道？可是聽到這裡，你們同是一種笑，卻有兩樣心情：有的人知道我在講什麼所以笑，但有人也許想：「你講得明明白白，我聽懂啊。」等到悟了以後，你才知道這時沒有眞的聽懂。欸！佛法就是這麼厲害呀！同樣的語言、文字，不同的人聽來理解不同，所以悟前聽了說：「我知道，就是這個意思。」也沒錯啦！可是悟了，重新再讀到整理出來的書本時，「當初我聽過，我記得是什麼意思。啊，原來當時誤會了！有另一層意思在。」終於理解了。

所以有爲法上面，在增上慧學中又分成兩個部分，叫作無漏有爲法、有漏有爲法。無漏有爲法是屬於如來藏的，這樣證悟的人聽了就更明白了。所以有爲及無爲不能單從字義表面上去理解它，因爲它有不同的層面，因此悟後才是修行的開始，不是悟了就天下太平。悟後更不太平！因爲悟後才會發覺：成佛之道還有那麼多的法要學，成佛之道是那麼的坎坷！一不小心就跌落深淵。所以，悟後跌落深淵，是比悟前跌落更可怕的，因爲所造的業更重，因此這不是小事！

有爲、無爲大略說完了，接著來講：色與非色。色法，一般所知道的大概都是說物質。譬如說石頭啊、土地啊，樹木、水果、穀子等等，包括水也是色法；但這是一般人的認知，其實外六塵也是色法。外六塵如果不屬於色法，那麼你扶塵根的眼根憑什麼能接觸？你耳根憑什麼能接觸？鼻、舌、身根憑什麼能接觸？正因爲是色法。可是講到這裡，也許有人就想啊：那法塵總不會是色法吧？好有一問哪！法塵到底是不是色法？這下有爭議了，有得討論了。你看看我，我看看你，到底是不是色法？法塵如果不是色法，爲什麼歸類爲塵？可是「法」明明非色，爲什麼又說之爲塵？這就值得斟酌了。

「法塵」把它粗分爲兩大類：單純的「法」以及法處所攝的「塵」。先來說法處所攝的塵，比如說你能夠見色塵，如果它不是色塵，它不是色法物質的話，你扶塵根的眼根就不能攝受。又比如說光好了，光到底是不是色法？如果不是色法，怎麼可以看得見？好，藉著光影顯示出來，那就有青、黃、赤、白，有顏色了，這顏色的本身純粹是色塵，這屬於色法；可是顏色在佛法中說它叫作「顯色」，顯色就是青、黃、赤、白等等顏色；但是經由「顯色」就會顯現出「形色」。比如說，舉日本國旗來講最容易講，一片白布，拿那個大紅的顏料把它塗出一個圓形來，然後說這是日本國旗。可是畫日本國旗的人，他直接把紅色塗上去，他並沒有在白色跟紅色之間去畫一條線，而是直接塗上去，就說是太陽；可是你看起來時，紅色與白色之間有一條線（界線），你看到那個界線以後說：「**那叫作圓形的。**」而那旗子本身呢？是四方形，但有點兒長長的所以叫作長方形；可是製作旗子的人在那個旗子邊邊有畫四條線嗎？也沒有啊。那純粹是從顏色上面讓你看見它是什麼樣的形，包括中間那個太陽是什麼樣的形。

全世界最簡單的國旗大概就是日本的，這最好講解；可是其實製作旗子的人，他並沒有事先去畫出那個長方形與圓形，但機器就直接印出來了，而你看出來有這個長方形與圓形。這個形狀上的色塵，其實是依附於那個顏色來顯示出來，所以這個「形色」是附屬於色塵中的「顯色」；而這形色不離於眼識境界，卻是由意識所了別，不歸眼識了別，這部分就屬於法塵；可是這個法塵叫作「**法處所攝色**」，它跟色塵連結在一起，不能分開、無法分割，但它歸屬於法塵，所以歸屬於法處而非色處。那麼請問：這個法塵是不是塵？是啊！塵就是物質，歸屬於色法上面來顯示出的法，所以叫作「**法處所攝色**」。

那麼「色」當然還有表色、無表色，咱們不是在說那個，就不講它。簡單地說：行來去止就叫作「表色」。但行來去止能夠離開你這個身體色法來表現出來嗎？不能！你這個身體有畫線條嗎？你有在眼睛依什麼模樣去畫嗎？也沒有啊，你也沒有畫鼻子，也沒有畫嘴巴，可是人家看了就知道你嘴巴是什麼形狀，眼睛什麼形狀，這整個人長什麼形狀，高矮胖瘦各個不同；所以有這個身體，也有形色了，然後你來來去去，人家看見了說：「啊，現在他來了！現在他去了！」那麼來與去，或者說坐著不動了，都是行來去止！這些都是從色法上顯示出來的，可是這些表色乃至無表色，都歸屬於色法嗎？不！歸屬於法塵，但依附於色而存在。

那麼「無表色」呢？一個人由於高矮胖瘦以及他的行來去止，顯示出這個人很有氣質，包括戒威儀色或善惡色在內。有時候說：「啊！那個人好粗魯喔！」有時候你遇到一個男人，如果他不動，你會有一般的認知，就是對男人的認知；可是等他動作起來或是說話起來，他扭扭捏捏的好像個女人，講話又嗲嗲的（我有個高中同學就是這樣，姓林，名字就不講），他長得還蠻壯呢，可是活脫是個女人，也許投錯胎了吧？你說：「欸！他怎麼那麼嗲？」你感覺他的氣質跟男人不一樣，這就是他的無表色。有時候你去銀行，一個女人坐在櫃檯辦事，那櫃員看著很漂亮，她正在寫字。也許哪個年輕人說：「我來追求她，討來當老婆多好！」沒想到她一開口，聲音沙啞！而且才一跟你接觸，就對你說：「你想幹嘛？你要做什麼？」眞像個男人，很粗魯，很兇啊！你說：「這也是投錯胎嗎？」（大眾笑…）對啊！可是你不能說，她那個氣質是離開她那個行爲、色身而能夠看得出來？還是要依於她那個色法中的顯色、形色和表色，來顯示出她那無表色。

那麼這樣看來，形色、表色、無表色都屬於你的覺受；你與他接觸過程中所得到的一個感覺，屬於法，不屬於他的色法本身，但卻要依於色法才能顯示出來。那有時候人都不動，你看著就說：「這個人很健康，氣色很好！」可是「氣色很好」是從他的行爲舉止以及他的臉色上面而看出來的，仍然不離於他的顯色與形色；但是你說他身體很好，那其實是法塵，可是這個法塵仍然依附於色塵而有，所以這個法塵到底算不算塵？算！既然是塵，那就不是心，當然是色法呀，但卻不屬於色，而是屬於法。

接著說純粹的法塵，比如說一般人講的形而上學，或是探究哲學等等。問題來了，它純然是法，不涉及任何色法。可是當他探討形而上學，比如說外國文學的但丁《神曲》，探討哲學或者叫作神學，或者哲學探討生命的眞相等，這些思想純粹是法塵；可是他們在探討的時候能離開眾生的色法而探討嗎？都不能！那眾生也是色啊！所以那雖然歸屬於法塵，仍然依色而有，所以也是塵。

那麼色塵上如此，都有色塵的本身，也有法處所攝的色；那聲塵何嘗不是一樣？所以耳識單純聽聲音的本身，可是那聲音代表什麼意思呢？那已經是「法處所攝聲」了。也許你正在聽經，突然來了一個聲響，你根本不加思考地說：「哪裡跑來一隻貓在叫？」突然一個聲響，你說：「什麼東西弄翻了？」你才一聽馬上知道了。可是那只是聲啊！為什麼聲會有那麼多的差別？你一聽就知道？才聽到聲音就知道風聲、水聲、鳥聲、狗聲，都不用分別思惟，當下就知道，當下就了別完成了；顯然那聲上帶著法塵，所以你一聽就知道。可是聲音的本身跟它所代表的意義畢竟不同，所以它所代表的意思是歸屬於法塵，那就叫作依附於聲塵而有的法塵，我們可以施設它叫作「法處所攝聲」。那麼這樣六塵算不算物質的色法？也算啦！

接著「非色」。一般人都說六塵是身外的六塵，可是十八界的六塵，指的是每個人自己的六塵。那麼自己十八界中的六塵，是色或是非色？嗄？非色？（我不問親教師，你們別答喔。）是色還是非色？是色？有沒有人認為是非色？也有喔！那有沒有人認爲色亦非色？有沒有？也有，終於也有了。十八界中的六塵如果是色，那你六識是心，心怎麼能觸物？這一下心想：「糟糕！我答錯了。」心不能觸物啊！憑什麼六識覺知心能了知色法六塵？所以六塵如果是色法所以說爲塵，你六識覺知心一定無法接觸到，就無法了知六塵。好，這一回頭，改說：「**那六塵應該非色！既然不是色，那就是非色了。**」但佛法裡面處處陷阱欸！你如果說六塵非色，又錯了！如果非色，爲什麼會有六塵的不同而且可見？對吧？如果說它非色，那你六識心爲什麼能了知它？你應該像是在看虛空一樣，沒有東西可看哪！爲什麼你又了知六塵？所以你看，答色也有問題，答非色也有問題呢。

那麼到底十八界中的六塵，是色還是非色？喔！現在又出了一個新答案：非色非非色（大眾笑…）。對喔！非色非非色。爲什麼它不是色？因爲它是如來藏心所變現的，它不是身外的色法，因此你的六識心可以接觸到；因爲是自心如來藏變現的，其實是心所變的法，是如來藏心本身附帶的法，所以你六識心能接觸它。但是呢，如果六塵純粹是心，你覺知心就接觸不到了；所以祂又變現出來好像色法一樣，但不是身外那種色法，所以唯識學上說它叫作帶質境。因爲如來藏是「色識」，翻成現代話叫作物質識，色就是物質。那麼因爲第八識是「色識」，所以祂能變生出內六塵；這內六塵是自己的第八識所變生的，帶有好像物質一樣的境界，因此你六識可以接觸它。所以十八界中這個六塵，你要說它是色，有問題；你說它非色，也有問題，所以「似色非色」。因此不能一刀切說：「**色法歸色法，心法歸心法。**」因爲心與色互相涉入。

我今天講這個比較深，不曉得未來整理成書發行以後，會外的人會不會讀到頭痛？也就是說，其實如來藏帶有「色法」，祂能變生一切色，所以才能夠變生「四大」，才能夠由共業有情第八識含藏的業種運作，導致宇宙中的四大合集成爲世間，叫作山河大地或器世間，或者三惡道的器世間，或者欲界天，或者色界天的器世間，也才能夠和合諸法成一個有情；所以「**法集施設**」成爲眾生，稱爲世間。那麼因爲分爲「**有爲及無爲**」，也分爲「**色及非色**」，這就是「**法**」，大略區分爲兩種。如來接著說：「**再也沒有第三法了。**」所以「**法**」就是有爲與無爲，色與非色，沒有第三法。今天講到這裡。

問諸位：樓梯有沒有爬得很辛苦？不會呀？我本來也打算跟諸位一起爬

（大眾笑…），我多帶了一套衣服來換。可是後來想：「雖然換了衣服，身體還是臭臭的，會有汗酸味，坐在這上面說法好像不太恭敬。」臨時決定還是搭電梯上來。而且今天很悶，濕度計可能，我在預測：應該超過百分之七十二或者七十四，因為我這個身體就是個濕度計。不曉得講堂有沒有濕度計？查看一下，看我的預料有沒有準確？一定在七十以上。好，那我們繼續講經……嗄？八十三，這麼高！怪不得！我說一定是七十二以上，不會是以下。

我們《大法鼓經》上週講到十二頁，第二段講完了。但是「法」雖然分為法與非法，然而「非法」也屬於「法」，「法」也屬於「非法」，因為都歸屬於法的一類。可是「法」又分成兩種：有為及無為，不超越這兩種；「法」也分為色以及非色，也是不超越這兩者。但是接著就要來探討說：法到底是怎麼回事，所以迦葉尊者又為我們大家來請示了，我們來聽聽看：

經文：【迦葉白佛言：「法何像類？」佛告迦葉：「法者，非色。」迦葉白佛言：「非法何類？」佛告迦葉：「非法者，亦非色。」迦葉白佛言：「若法、非法非色無相，云何是法？云何非法？」佛告迦葉：「法者是涅槃，非法

者是有。」】

語譯：【迦葉尊者稟白如來說：「法到底是什麼模樣？像什麼？」佛陀告訴摩訶迦葉：「法不是色。」摩訶迦葉又稟白佛陀說：「那麼非法究竟是怎麼個類別？」佛陀告訴迦葉說：「非法也不是色法。」迦葉又稟白佛陀說：「如果法、非法不是色法，也無相，那到底怎麼樣可以說是法？又怎麼樣而說什麼叫作非法？」佛陀告訴摩訶迦葉：「法就是涅槃，非法就是有。」】

講義：說到這裡，我倒是要說了，爲什麼這部經我們不在以前講，而現在才來講？因爲如果我在比較早的時間，譬如說五、六年前或七、八年前，就來講這一部經的話，大家一定聽得迷迷糊糊，那我坐在這上面講起來，一定興致索然。總得要諸位能夠體會，這樣我講了才有意義；如果我講了，諸位體會不來，那麼講了是白講，就不必讓諸位這麼辛苦來這裡聽經；尤其現在一部電梯正在更新之時，你們大部分人是爬樓梯上來的。所以一定要聽得懂那個意涵，這樣來講才有意義；否則的話，不必勞動諸位，我乾脆家裡對著牆壁講就好了。所以現在這個時候來講，是最恰當的時候；因爲深的法、妙的法已經講過了，諸位如今對「法」的整體都有輪廓，都有整體的概念了，這時候來講，諸位比較容易聽懂；如果聽不懂的話，講了就沒意義。

回到這一段經文來。既然《大法鼓》的經典所說稱爲「**大法**」，顯然這個法非同小可；一定是函蓋所有的法才能夠叫作「**大法**」，不然這個法不能稱之爲「**大**」。那麼前一段經文說：「**法本身就是法，法也是非法，而非法也是法。**」意思是說：其實一切法都是法，這是個大前提：「一切法都是法」。那麼「**法**」可以分爲：有爲、無爲；「**法**」也可以分爲：色以及非色，而這一些其實也都屬於「**法**」。這樣看來，「**法**」不一定可以定義成「**非色**」，所以「**色法**」也得包含在「**法**」裡面。

比如說，諸位身上現前有五色根，這五色根是色法；既然稱之爲色法，就表示它也是法。那麼除了這五色根，還有六塵；你的如來藏變生了六塵給你，這六塵也是色法；雖然是如來藏變生的，但是你要純粹說它是色法時，它也不完全是色法，因爲它是如來藏心所變現的，也可以屬於「**法**」。這六塵不是指外六塵，所以它到底是色法呢？或者非色法？如果是色法，不該是如來藏心變現給你的，也不該成爲你這個有情所有的十八界中的六塵界；那如果說六塵不是色法，爲什麼你又能夠接觸到這六塵而加以了知確定是六塵呢？所以說它色法、非色法都是有問題的，因此這個「法」當然就函蓋了色與非色。

現在話說回來。既然「法」是函蓋了色以及非色，那麼有情眾生的色法——他自身所有的五根、六塵以及器世間山河大地，莫不是色；那麼這一些色，也都函蓋在「法」裡面。所以「法」之一字無所不包，三世十方一切器世間以及有情世間，全部函蓋在內，這樣才是具足完整的「法」。那麼這個「法」既然可以區分成有爲與無爲，可以區分成色與非色，再也沒有第三法了，就表示這個「法」是函蓋一切法的。

但問題馬上就來了，那麼這樣，「法」到底是什麼樣的「像類」？「像類」應該怎麼解釋？說祂到底該歸類爲什麼？或者祂應該是什麼模樣？這就是「法何像類」，迦葉就問這個。佛陀告訴迦葉說：「法這個東西不是色，不是物質。」有的人聽到這裡，也許覺得有一點迷糊、有一點矛盾了，其實沒有矛盾！也就是說，「法」到底是什麼呢？要先把祂界定出來。那麼到底「法」是什麼？先賣個關子，稍後就講了。賣這個關子，你別皺眉頭啦！賣個關子，你才會有興趣！現在說「法」不是色；「物質」不是我們《大法鼓經》裡面說的法，因為這個「大法」不是物質。

迦葉又稟白如來說：「那麼『非法』到底又像個什麼？」如來告訴迦葉說：「非法，也不是色。」這時候聽起來好像更矛盾了。法，不是色法。前面又說：法可以分成色與非色，竟然法不是色法，這好像是矛盾的啊！既然「法」問出來的結論是有些矛盾的狀況，那不然就問「非法」吧。迦葉其實知道，他故意裝迷糊為大眾問的；就像諸位，如果你是增上班的同修，你當然知道這些經文裡在講什麼；但沒關係，我們對還沒有破參的人就暫時賣個關子。

現在「非法」也說不是色、不是物質，既然「法」不是物質，「非法」也不是物質，可是剛才前一段經文明明說「法分為色及非色」，不是很矛盾嗎？這時候佛陀告訴迦葉的答案是說：「非法也不是色法。」既然「法」可以分成色與非色，那非色可以說為「法」，這樣比較不矛盾、比較契合了；可是為什麼說：「法」不是色法？這時候迦葉就為大眾請示如來說：「如果法與非法都不是色，也都沒有形象；那到底什麼是法？什麼叫作非法？」又為大眾提出了這個問題來。

這時終於要解開答案了，關子就賣到這裡。如來告訴摩訶迦葉說：「法就是涅槃，非法就是有。」原來「非法」講的是三界有。可是前一句「法者是涅槃」，這到底怎麼說呢？如果是那些佛學所謂的專家，到此也是依稀彷彿、講不清楚的。其實這個「法」指的就是「此經」如來藏，「法」就是涅槃，這意味說：如來藏就是涅槃。其實這個道理，我們十幾年前就講過了。《邪見與佛法》公開流通多久了？十三、四年有了吧！早就講過了，我說：「無餘涅槃其實就是如來藏，是第八識如來藏獨存。如來藏自住的境界就是無餘涅槃。」所以涅槃就是法，法就是涅槃。

但這裡 如來講得很含蓄：「法就是涅槃。」那到底法就是什麼？當然得要下個定義，否則大家都在文字上繞來繞去，始終弄不明白；而其實這裡講的「法」就是「此經」如來藏，又名《金剛經》、《佛藏經》，又名《妙法蓮華經》、《心經》，就是第八識如來藏；所以如來藏就是「涅槃」，如來藏就是「法」，如來藏這個法函蓋一切「法與非法」。依如來藏的功能差別來說，有無量無邊法；依如來藏所生的五陰來說，依如來藏所生的十八界以及種種心所法來說，也有無量無邊法；但這些都歸屬於如來藏，如來藏就是「法」。

所以五陰、十八界函蓋了精神以及物質，就是函蓋了你這個七轉識和你的色陰十一個法，所以這裡面有色法，也有非色。而你的覺知心七轉識非色，七轉識所附帶的各種心所法，加上阿賴耶識自己的心所法，合併起來也都是「法」，但這些都「不是色」；可是如來藏所出生的你這個五色根加上六塵全都是「色」，這些「色」以及你覺知心和所有的心所法「非色」，全都歸屬於「法」如來藏，所以「法」可分成兩類：色與非色；法也可以分成兩類：有爲及無爲。如來藏出生了你這個五陰，出生了你的十八界及一切心所法等，這些都是「有爲」；但如來藏祂跟你和合運作的時候祂是「無爲」性的，所以如來藏函蓋了有爲與無爲。因此說「法」可以分成兩類：有爲及無爲。這樣回溯到前一段最後 如來的開示，也就清楚明白了。

假使有人想要依文解義的話，他自己繞來繞去一定弄不清楚；聽眾就只能跟著他繞，沒得辦法，因爲鼻孔在人家手裡。那個善知識的鼻孔在佛菩薩的手裡，但他自己也弄不懂，所以只好依文解義帶著大家繞；聽起來就好像拿一堆語言來堆砌起來，說這叫作佛法，其實什麼都不是，只能叫作想像。可是現在我把這個關子打開了，剛才賣關子，現在不賣了，直接打開了就說：

「法即是『此經』如來藏。」那麼這樣一講，諸位就懂：「喔，原來如此！所以法可以分成有爲及無爲，所以法可以分成色及非色。」原來有爲、無爲都是法，色及非色也都是法。然而那非法爲什麼說爲非色？如來告訴迦葉：「非法者，亦非色。」

「法者，非色。」現在諸位懂了，法是如來藏，如來藏當然非色。但非法爲什麼也是非色？譬如說，外道種種的邪知、邪見。佛門中也有許多外道，漫山遍野都是外道見，那一些法都叫作「非法」。那他們特別是有的人剃了頭、著染衣、受了三壇大戒，然後住在如來家、吃如來食、穿如來衣、說如來法，結果都在破如來法，說：「沒有第八識這個東西，那是外道神我。」所以包括他們說的法以及五陰，全都叫作「非法」；這一些「非法」中，包括他們的色陰在內，當然也都是色。

而這些「非法」一定都是三界有，如果不是三界有，不會有非法的。但是他們所講出來的「法」都錯誤了，因爲他們所講的「法」不是如來藏，所以一切的「非法」全都是錯誤，表示那些「法」都是錯誤的；既然都是錯誤的，那當然不會是「色法」。爲什麼呢？因爲色法不會被你拿出來講說：「這個是什麼法，什麼究竟法、了義法、或者解脫的法。」你不會這麼指說。色法就是色法，色法既然是色法，不屬於佛法上所說的修行之道的「法」，但這些法都不會是色法，全都只是虛妄想而非色，所以「**非法者，亦非色。**」

這就有一個問題來了，請問：「**菩薩們一世一世常住人間，自度度他，也有色法呀！那麼這個色法，到底是法還是非法？**」嗄？法亦非法？欸！答得好！妙答。是法，但也是非法。因爲菩薩是可以出離三界的，可是無妨繼續在三界中，示現跟眾生一樣同有生、老、病、死。那他們身上有法也有非法，既有色法也有非色法，因爲祂如來藏法就函蓋了種種的法：有爲、無爲函蓋在其中，色與非色亦復函蓋在其中，所以菩薩們到底是有生死或無生死？哎呀！這麼厲害！非有生死、非無生死。你們看，這就是中道。能夠這樣子觀行的人才能說他有中觀，否則不能說他有中觀。

所以說，中觀講的是什麼？就是中道的觀行。可是自從有三論宗以來，沒幾代就落入意識境界裡面去了，哪有中觀？特別是末法時代，釋印順弘揚三論；其實他哪有弘揚三論？他只是弘揚一個《中論》，而且是把《中論》誣衊了，因爲他說的全都落在意識中。意識的境界是生滅法，本來就是生死法，不能說爲「非有生死、非無生死」啊！所以他那個所謂的中觀，不是眞正的中觀，也不是菩薩的境界，根本就沒有中道觀！沒證得中道的人來講中觀，也就是沒證得中道的人來講中道的觀行，那個中觀當然不能成立。

也就是說，「**法**」其實就是第八識如來藏。《大法鼓經》講的「**法**」就是講唯一實相的妙法如來藏，只有祂才能稱之爲「大法」；除了第八識如來藏以外，無有大法可言。那這個「**法**」本身從無生滅，無始劫以來如是，盡未來際亦復如是；追溯無始劫以前，無有生時，未來無數劫以後，亦永無滅時，所以這個「**法**」不生不死，不生不死就是涅槃。可是遍尋一切法，無有一法不生不死，唯除第八識如來藏，所以如來藏就是涅槃，故說「**法者是涅槃**」。

那麼相對於這個不生不死的「**法**」，就說其餘的法都叫作「**非法**」。那麼其餘的法都叫作非法，爲什麼又說「**非法者，亦非色**」？因爲這其餘的法，根本就沒有一個常住不壞的色法可言，十方三世一切色法無有不壞時。反過來，也可以說：「**十方三世一切色法無有不生者，有生必壞！**」既然都是會壞的，那就不能稱之爲眞實的色；所以這時候要說什麼叫作「眞色」？有沒有想到這一點？眞色是什麼？（有人答話…）欸！講得好！又是如來藏，因爲祂是萬法的根源，一切色法都來自第八識心。所以阿含部《央掘魔羅經》以及《華嚴經》就有講過，大意是說：「一切色莫非是如來藏色。」如來藏有「色與非色」兩種內涵，所以如來藏能夠變生「一切色」。

因此如來在《楞伽經》裡面說：「如來藏有七種性自性，其中有一種性自性叫作『大種性自性』。」「大種性自性」是什麼意思呢？是說如來藏有變生四大的功能。當如來藏變生四大的功能時，證明祂雖然是心，卻有色法上的功能。既然祂能變生宇宙中的四大，表示祂就能接觸四大，也表示祂能抓得住四大；所以共業有情的如來藏共同運作的結果，這一些共業有情如來藏所變現的四大，就聚集形成了器世間；不管它是三惡道的器世間、人間的器世間，乃至天界的器世間，都是共業有情的如來藏所變生的。

既然能變生四大而聚集形成了器世間，如來藏當然有能力抓得住物質，所以如來藏入了母胎就能抓住受精卵，便能著床而住胎了。假使是第七識入胎，或是一般人想像的七轉識入胎呢？七轉識覺知心是心，心不觸物；假使你只有七轉識去入胎，結果怎麼樣呢？欸！正是左邊進、右邊出，前面進、後邊出，就好像光遇到玻璃，就透過去了；可是如果泥巴呢，這麼一甩，就黏在玻璃上了，就像這個譬喻。所以必須要有色識如來藏入胎，才能夠抓得住受精卵；也才能夠從母體血液中攝取地、水、火、風來製造這個身體。所以一切色無非是「**如來藏色**」，這樣的色才是「常住法」。

表面看來祂所生的蘊處界不斷地生滅，但是可以永無窮盡地生了又滅，滅了又生。如果有機會讀一讀《央掘魔羅經》（這部經很棒的，我還在想：「如果有機會，我也來講《央掘魔羅經》，因為阿含部我最欣賞這部經了。其實這本來是大乘法，但被結集出來之後，看起來就像二乘經，可是裡面講的就是不折不扣的大乘經法義」），說一切諸佛及菩薩們，全都是因為證得如來藏，所以才能當菩薩及成佛，這裡謎底揭曉了：「**法就是涅槃**。」

這如來藏函蓋色與非色，所以「法」可以分成兩類：色以及非色。這麼說來，如來藏能抓得住物質，所以才能入胎、住胎呀。入胎之後，藉母體的血液，攝取了地、水、火、風，出生了這個身體；十月滿足，呱呱墮地了，就是一個人。當然，也有可能呱呱墮地以後是一條狗，因為牠前世造惡業。可是有個問題呀，你們有沒有想到器官移植？器官移植會怎麼樣？會排斥！諸位都知道。為什麼會排斥？當然是如來藏不能相容合併。如來藏為什麼排斥呢？基因不同？那是醫學名詞。因爲如來藏也叫作「識」，是第八識；祂叫作阿賴耶識，對不對？不管祂叫作什麼識，總歸就是識。「識」的意思就是了別，表示祂能了別自己所持有的色。如果業力的關係，或者他的五陰沒有好好生活，把某一個器官弄壞了，進了醫院，移植進來一個別人的器官，比如說腎臟、肝臟等；如來藏就會抗拒，抗拒的現象就叫作排斥！所以最早期器官移植時，十人有九個死亡，因爲如來藏不肯爲那個移植進來的器官新陳代謝。這表示什麼？表示祂能了別：這個新移植進來的器官不是祂自己所生的，所以祂不加以新陳代謝，任由它毀壞；唯有祂自己生的，祂照顧到死，一定不捨棄你。

可是，爲什麼近代器官移植都不會死呢？對了，因爲吃了抗排斥的藥。可問題又來了，一定緊扣著這個問題。甚麼問題呢？如來藏是心，藥是色法、是物質，爲什麼那個藥能夠影響如來藏呢？因爲如來藏有色法，祂有「大種性自性」，祂能接觸物質。宇宙中所有的物質都是共業有情的如來藏共同變現的，所以祂能接觸四大物質；所以投了抗排斥藥進去身體以後，祂接觸了那個藥，那個藥就把祂給騙了，祂就不再對新移植的器官加以了別，於是讓新的細胞每天跟它新陳代謝。新陳代謝了七、八年，那個新移植進來的腎臟或肝臟，裡面的細胞有七、八成是祂生的；這時候醫師說了：「**你吃藥七、八年了，可以停了。**」就停了。停了以後，病人又開始覺得不舒服，但是可以撐過去沒問題，就只是覺得不舒服。爲什麼不舒服？嗄？因爲沒有藥騙祂了，於是如來藏又開始了別新移植進來的器官了：「**這不是我的！不是我的。嗯？可是又好像我的。**」（大眾笑…）於是呢，欲拒還迎，每天就一面抗拒著，一面幫它新陳代謝了。於是一天一天，那個不舒服的狀況逐漸減輕了。就這樣繼續新陳代謝十年，細胞百分之百換新，移植來的器官裡外都是祂自己的了。

假使後來哪一天，某甲遇見了某乙就說：「**欸！你身上的那個腎臟是我捐給你的。**」某乙如果是個有法上現觀的人，他可以說：「**對不起！現在是我的，不是你的。**」但人情上不能這麼講，不然人家指著鼻子罵你忘恩負義。可是實質上，那個腎臟已經全然是某乙的了，不再是捐贈者某甲的了；不論從所有權或者從細胞本質來講，全都是某乙的。這表示什麼？如來藏能了別色法，但那個色法，不是講六塵中的色法。這樣聽了有沒有覺得迷迷糊糊？

不了別六塵那個色法，但能了別身根這個色法！那你說，「色」到底是不是函蓋在「法」裡面？是不是函蓋在如來藏裡面？是了！所以回到前一段：「法者復有二種：色及非色。」

所以你看，佛法是這麼深奧廣袤。一般人總是想：「啊！我知道了，就是四聖諦、八正道、十二因緣啦。佛法我都懂了。」懂啥呢？其實什麼也不懂！所以眞正的「法」就是如來藏，就是第八識眞如心。外於第八識眞如心，器世間、有情世間尚不可得，何況有佛法？所以最後 如來等於畫龍點睛，點了出來：「法者是涅槃，非法者是有。」「法」就是涅槃，可是在我們弘法之前，沒有人知道「法」就是涅槃。假使我在七、八年前就講這部經來解釋這個道理，一定有很多人一面聽，心裡面一面抗拒。就好像當年《邪見與佛法》剛出版的時候，佛教界一片譁然，只是大家不敢開口來罵，都在背後裡講！雖然沒有一個人敢寫文章、寫書出來批駁，但他們私下都罵；不寫的原因是怕我把他拈提了，但心裡其實很想寫個東西出來罵。

換句話說：「法」就是第八識如來藏，「法」就是涅槃，而涅槃其實就是如來藏，所以根本沒有涅槃可得。涅槃就是依「如來藏」自住的境界來建立涅槃的名稱，以及建立涅槃無境界的境界；所以涅槃就是「不生不死」。可是不生不死指的就是「第八識如來藏」，以外別無涅槃。

所以現在來講《大法鼓經》，解說這一段，不曉得諸位有沒有聽得很歡喜？（衆答：有。）因爲聞所未聞。如果不歡喜，我就要跟諸位翻臉了（大衆笑…）。是啊！這個法我從來沒講過。其實有時候禪三時我會講，也只在禪三講。今天談到這裡，一時興起，把這些道理跟諸位講了；這樣諸位可以貫通起來：有爲與無爲是法，色及非色也是法。那既然「**法**」函蓋了一切，當然非法也就是法了；法也可以說是非法，因爲所有一切「**非法**」都從「**法**」來，都函蓋在「**法**」第八識裡面。你不能夠說非法不是「**法**」呀！所以非法亦法；那麼「**法**」存在時，一定會出生非法，除非定性聲聞阿羅漢入無餘涅槃，否則「**法**」一旦在三界中現行，一定會有「**非法**」跟隨著示現出來，所以「**非法亦法，法亦非法**」。

這樣就沒有疑惑了，可是如果你沒有證得如來藏，無法這麼現觀；也就是說，無法從我的所說裡面同時去現觀的話，回去也想一想：「**我當場聽時，認爲對啊！可是我回來想一想，又好像不對哩。**」沒問題，你就努力吧！上山破參了你就會了，永遠再無疑惑。所以佛法不是那麼容易懂的，不是那些初機學人學個一兩年說：「佛法我都懂了。」等到他眞懂的時候，那已經是證悟的時候。證悟了，眞懂了才懂得說：「啊！原來還有那麼多是我不懂的。」因爲證悟時等於才剛剛註冊完成而已，還沒有開學呢！

所以在佛法中說證悟了，拿到我的金剛寶印，我給了他金剛寶印時不過是第七住位；想要完成見道位的功德，還遠著哩！第七住位是「眞見道」位，第十住眼見佛性也是眞見道位，這時才完成非安立諦三品心中的第一品心；眞見道位之後，緊跟著「相見道」位，還有二品心要證，總共有三品心要學。這三品心學完了，才能夠說到了三賢位的第三十心，也就是第十迴向位。想想看：十住、十行、十迴向，把習種性、性種性、道種性都建立起來了，這樣才走完第一大阿僧祇劫，才叫作見道位的通達；可是這樣通達了，還不算眞的通達，還要再修加行，要加修大乘四聖諦十六品心、九品心；完成之後還要再加上一個「十大願」的意樂，要能眞的發願說「虛空有盡，我願無窮」，這樣發願到清淨如實能盡未來際行十大願了，才算入地。

所以要「入地」有那麼簡單嗎？沒有！但我弘法以來，一直有人主張一悟就入地，現在大家都要改回來，別聽他們亂說。如今我好像跟諸位潑冷水了，可是潑冷水之後，我就加把柴火幫你們熱一熱：只要不當逃兵，留在娑婆世界，九千年過後，假使我們能再把正法多延續一千年、兩千年、三千年，就繼續延續；假使延續不了，就上彌勒內院去。咱們約好了：「**到時候，彌勒內院相聚！**」（眾答：好！）你們答應我的喔，既然說好了，到時候別當逃兵，說：「**我還是去極樂世界了。**」

如今我們這裡有人要當逃兵了，想要逃到極樂世界去；可是別的世界一直有人要來這裡，因爲聽說：娑婆世界有個正覺同修會，修行很快。這是各取所需！那麼等到下一尊佛，也就是彌勒尊佛要降生了，我們提前下來人間布局，等候祂老人家來。只要你這一世證悟了，在同修會裡繼續好好修學無生法忍，上了兜率天；將來下來人間，等到 彌勒尊佛二轉法輪時，就是該你「入地」的時候了；這叫作「化長劫入短劫」。所以這樣看來，「**法、非法**」就很清楚了，沒有什麼難！可是你如果依文解義呢，給個好名詞兒，叫作哲學——佛學中的哲學；如果給個不好聽的名詞，就說是依文解義，禪宗祖師都要罵，說這種人叫作「知解宗徒」，說他們都在意識情解上面，沒有眞的實證，無有勝解！

所以「法」可以說爲「非色」，但是「非色」也是「法」所函蓋；「非法」也可以說「非色」，因爲「非法」都是三界有，不是眞正的色；眞正的色是如來藏色，所以眞實的色也是「法」，叫作「如來藏色」。因此無妨這一世死了，把這個色陰滅了，來世又去投胎，然後重新又製造出一副色身出來，又具足了如來藏的妙色；這一種如來藏色才叫作「眞實的色」，這個色不叫「非法」，叫作「法」。所以「法」可以是色，「法」也可以是非色；因爲「非色」也是從「法」而生，攝歸於「法」的時候，非色也是「法」，只是看你從哪一個角度來講。只要你實證了，今天晚上都沒有白聽，我說的你都懂；如果沒有實證，可得要聚精會神去想一想，到底有沒有道理。這時候理解了，可不一定記得住，回去有時候又想：「欸！這到底對不對？當場聽時覺得對呀，可是回來想一想，又好像不對了！」

但是不要管對與不對，你只管信就好，因爲將來你如果實證了，現觀的結果就沒有疑惑了！那麼如果還沒有能夠現觀，就努力拼上山再講。所以實證與意識思惟之間的差距，也就是說，依經論文獻而作學術研究，相較於參禪而實證之間的不同，對於還沒有實證的學術界來講，這是千里、萬里之遙；但對於實證的人來講，只是一步之距；跨過這一步，是還沒有實證的學術界感覺到非常遙遠的距離。所以實證很重要，我們還是會繼續往這個方向前進，希望幫助更多的有緣人可以實證；唯有如此，正法才得以流傳久遠；至於學術研究的結果，全都只是相似佛法，並非眞正的佛法，研究的結果論著越多，就越會把正法的成果掩蓋或遮住，令學人不能值遇正法而且會走向相似法，正法就會漸漸沒落。好！「法者是涅槃」這一句大家都懂了，而「非法」就是指「三界有」。

接下來，摩訶迦葉又爲我們大家請問，也就是爲大眾向 如來挖更多的寶出來。我們來聽聽看後文如何：

經文：【迦葉白佛言：「若法、非法非色無相者，彼慧者云何知？何所知？何故知彼相耶？」佛告迦葉：「眾生生生死中，習種種福德，清淨善根，是其正行。若彼行如是法，一切淨相生；若行此法者，是『法眾生』。眾生生生死中，行種種非福惡不善業；若彼行如是非法，一切惡不淨相生；若行此非法

者，是『非法眾生』。」】

語譯：【摩訶迦葉又請示如來說：「如果『法、非法』非色無相的話，那個智慧又如何能得知呢？究竟是知道了什麼呢？是什麼緣故而能夠知道『法』與『非法』的法相呢？」佛陀告訴摩訶迦葉：「眾生生於生死之中，修習種種的福德，清淨他們的善根，這就是他們的正行。如果他們行於這樣的『法』，一切清淨相就出生了；如果是行於這種『法』的人，就叫作『法眾生』。眾生生於生死之中，行於種種的損害福德的各種惡不善業；如果他們行於像這樣的『非法』，就有一切邪惡的不清淨相出生了；如果行於這類『非法』的人，就是『非法的眾生』。」】

講義：諸位有沒有發覺到，《大法鼓經》摩訶迦葉與 如來的對答之中，如來都不斷地引生其他的法。迦葉問了一個法，如來幫他解答了這個法，又引生另一個法；然後摩訶迦葉又問另一個法，如來爲他解答了另一個法，解答了又再引生另一個法；這對答持續進行，就這樣成就《大法鼓經》。現在呢，因爲 如來說：「法」是涅槃，「非法」就是三界有。那迦葉前面聽到說：「非法亦法，法亦非法。」現在又說「法與非法，不是色，也是無相。」所以這時候就要分清楚了。但這一句所說的「法」，是指如來藏自身呢？或是說，這一句所說的「法」是函蓋法與非法呢？這得要分辨清楚了。可是，這個分辨最困難，你得要證悟了以後，才有這個法眼或慧眼，這時才能加以正確的區別。

那麼，迦葉向　佛陀請示：「如果法與非法，不是色、也沒有相的話，那麼，那個般若實相的智慧，到底是應該要怎麼樣知道？而這個實相般若的智慧所知道的內容究竟是什麼？又是依於什麼樣的緣故，才能夠知道法與非法的法相呢？」欸！問得眞好啊！這就好像說，我出來弘法早期，被密宗外道質問：「你蕭平實都說你證得無分別法了，可是你又一天到晚寫書在罵人說人家不對，你不是都在分別嗎？那你哪裡有證得無分別法？」乍看之下，他這個質問也問得很有道理。因爲你證得無分別法了，所以你就應該無分別，平常就應該是無分別的心才對，爲什麼又一天到晚在分別別人的錯誤呢？正是，好有一問哪！可是我說他問得沒道理，難道證得無分別法的所有賢聖，都要變得像愚癡人那樣，什麼都不懂得分別嗎？說到這裡又引生一個名詞來——無分別智。

請問大眾，「無分別智」到底是有智還是無智？（眾答：有智。）對了！有智！所以是無分別而有智慧啊！那麼落在意識境界的人，怎麼想也想不通：既然無分別，就不能分別了，又哪來的智慧？智慧一定是能分別啊！所以他們誤會了，於是就每天打坐，求一念不生、不分別任何事物；說只要坐到一念不生，就是證得無分別智，就是無餘涅槃。可是為什麼坐到離念而不分別時，對涅槃還是不懂？為什麼經典請出來，翻來翻去，總是讀不懂？因為一念不生的境界中不會出生智慧呀！但一念不生時也還是分別，並非無分別，所以打坐坐到一念不生的時候，突然間，一隻蚊子在耳邊嗡嗡作響，忽而停在耳朵上，忽而停在鼻子上，忽而停在睫毛上。忍了許久，後來忍不住了，一巴掌打下去，因為很生氣；古德也說：「寧攪千江水，不動道人心。」嘿！你這蚊子偏偏來攪亂我！所以這一巴掌打下去，整個禪堂裡面所有人都從「一念不生」的境界中出來了（大眾笑…）。對囉！這樣離念時到底是有分別還是無分別？（眾答：有分別。）是有分別啦！這個分別很厲害呀！都用不到語言、文字就分別完成了。

可是「無分別智」到底是有分別，還是無分別？（眾答：有分別。）是有分別，才能叫作智慧。但是這個智慧是屬於證得「無分別」那個「法」以後才生起的智慧，不是所證標的第八識有智慧。換句話說，你證得那一個無分別的如來藏心，祂什麼都不分別，但祂雖然什麼都不分別，而你證得祂以後，現觀祂什麼都不分別時，你便開始有實相的智慧生起，所以叫作「無分別智」，因此「無分別智」是你意識悟後的智慧。因爲證得「無分別法」而生起了智慧，所以這時候，你自己也可以通《俱舍論》二乘菩提，你也可以通大乘法的般若乃至唯識方廣，這就是「無分別智」。可是當你有了無分別智的時候，你又會發覺那個如來藏其實不是不分別，而是只在六塵上不分別，祂卻會分別六塵外的諸法，所以我說：無分別中能廣分別。

除了六塵由七轉識分別以外，其餘全都是第八識勝法之所了別，在這部分你意識什麼也無法了別。你知道自己今天老了一天嗎？不知道！但如來藏都知道；該你走的時候，你不知道，但如來藏知道。祂了別的可多了，我們「禪三」就是在體驗這個部分。還沒有破參的人總是坐在旁邊，心裡面想：「這麼張揚！在我眼前喝水。」然後就一直看，看他怎麼喝水；看了老半天，看不出個所以然，因爲那是唯證乃知的事。禪三時我就是把「無生法忍」的一小部分塞給你們，一點、一點的塞，持續塞給你們。你們有聽說過：「古德在弟子破參以後，教他怎麼喝水的嗎？」有聽說過嗎？亙古末有！就只有正覺有，並且大剌剌在你眼前喝給你看。但為什麼要這樣？因為要讓你了知如來藏的分別性。今天怎麼奇怪，都講一些以前你們沒聽過的東西。好喔？（大眾笑…）好像不太好哩！這不能講太多。這就是說，「法」雖然叫作無分別，可是無分別中能廣分別，祂只是在六塵上不分別。從六塵上的不分別性來說，把祂叫作「無分別心」，如果有人說第八識能分別五塵，那他就是落入識陰中了，沒有證得第八識，他是把離開語言文字時叫作不分別，其實仍然是分別。所以「無分別」是有一個範圍來講的，不會完全都無分別，否則便不能稱之為「識」了。

就像世間禪定的「三三昧」一樣，世間禪定「三三昧」不是講有覺有觀三昧、無覺有觀三昧、無覺無觀三昧嗎？那麼這個有覺有觀乃至無覺無觀，都是依於對五塵境界的有覺或無覺、有觀或無觀來界定的，不是依對六塵來界定的。但是時至末法，有幾人能知啊？總是解釋為對六塵的有無覺觀。我當年破參之後，要把這些東西撿回來，還是自己去摸索的。於是我走過來了，來告訴諸位之後，諸位就弄懂了。所以初禪名之為「有覺有觀三昧」，是因為他對粗糙的五塵能夠覺知；為什麼叫作「有觀」呢？因為他對微細的五塵（嚴格來說只有三塵，等持位中則對五塵）也能夠了知，所以叫作「有覺有觀三昧」。所以入了初禪的等至位以後，五塵只剩下三塵，香塵與味塵不見了，但是依舊能對色塵、聲塵以及觸塵有所覺觀，所以他叫作「有覺有觀三昧」。到了初禪過後的未到地定，離開了主動性的覺，只剩下被動性的觀；換句話說，他只對那三塵的細相，而且是作被動性的了知，再也沒有主動性了，所以才叫作「無覺有觀三昧」。當他進入二禪等至位的時候，全無五塵了，這時只剩下定境中的法塵，不再有色塵，不再有聲塵與觸塵，只有二禪定境中的法塵；因為完全沒有五塵，所以稱為「無覺無觀三昧」，但不代表他的意識滅了，也不代表他此時不了知二禪定境中的法塵，所以「無覺無觀」三昧並不是什麼都不知道。

但這個禪定境界的三三昧，跟二乘解脫法中的三三昧不同，也跟大乘法證得般若後的空、無相、無願三昧不同。般若的三三昧講的離六塵的見聞覺知，不單單對五塵不加了知，乃至對法塵也完全不加了知；不單定中如是，定外也如是，而且是無始劫來始終如是不了知六塵的境界。但這個道理我沒有出來弘法之前，我沒有宣講出來之前，有誰知道呢？所以你看，佛法那麼容易懂嗎？不容易啊！那你們進了增上班，學上三、五年以後，也許你心裡面想：「欸！我進正覺學了這三、五年，好像也沒什麼。」可是你如果萬一遇到會外一個眞正證悟的人，他會覺得：「你悟得爲何這麼勝妙？」如果他眞的有悟，他會覺得你這個證悟太深了，遠非他所能及。可是如果他來面對一般的人，一般的老參由於還沒有破參，遇見他們時，他們又覺得他與他們之間的距離太遙遠了，因爲他們會覺得他實在是證悟得太深妙了。可是這之間的差別又有誰知道呢？

所以當你智慧很勝妙的時候，你往往不覺得自己很行，可是別人都無法想像你的智慧。此時即使是三明六通的大阿羅漢來到你面前，依舊開不了口；因爲你講的是實相，而他們二乘菩提修的是現象界的法，從來不及於實相，怎能臆測你的智慧呢。所以你看，道理是一樣的，一定有人還沒有證悟，所以他們聽不懂，摩訶迦葉就爲大家出來請問了：「如果『法』與『非法』都是非色，都無相的話，那證得無分別慧的人，又如何能夠知道『法』與『非法』？」因為無色無相，要如何能知？眾生所知道的，就是要有色、有相，他們才能知道。然而這個「法」與「非法」都是無色，都無相，那要怎麼能知道？對一般人而言，這真是個大問題。就好像我弘法早期，有人提出質問：「如來藏既然無形無色，您怎麼可能證得？」好有一問！可是我一聽了，隨即就說：「他問的沒道理！」因為這不是意識思惟之所能到，但是自然就有辦法開悟。如果無形、無色就不能證，那請問了：「禪宗古來祖師，為什麼一棒之下悟了？為什麼一罵之下悟了？又為什麼輕描淡寫一句話，他也悟了？」一定是有方法悟的，不能夠說祂無色、無相就不能悟，問題只是蹊蹺在哪裡。

就好像沒有學過佛的人，你跟他說：「每一個人都有六個心：一個心能看色塵，一個心能聽聲塵，乃至一個心能知法塵。」他們聽了弄不懂。如果是個大老粗，就會問你：「您說啥？」對吧？問你說：「您到底是說什麼啦？」那時你要怎麼為他解釋？你就跟他解釋：「能看、能聽的心有什麼功能差別，乃至於能觸、能知的心有什麼功能差別。」聰明人一聽就懂：「喔！我果然有六個心。」可是如果他心裡面有慢，因為一向認為你是個傻瓜，有錢不會自己花，拿去布施，不如他聰明；所以你說的他不信，故意提出來：「我覺得這是同一個心哪。這個心可以看，也可以聽，乃至能觸，也能知。」那你該怎麼跟他解釋這六個識是不同的心？如果你有智慧，你跟他說：「譬如說，如果有個人被傷害了，兩眼都看不見，那顯然他能看的心就不見了。如果醫師幫他移植了好的眼球，神經都幫他接好，他又能看見了；可是他耳朵又受傷害，又聽不見了，那這兩個能看、能聽的心是不是不同？是不是都同時存在？」他就聽懂了。同樣的道理，禪師也是用這樣的方法，讓弟子們證得這個無形無相的如來藏；只是這個方法，得有人指點。

聰明人一定想：「啊！那簡單啦！多捱幾棒就悟了。」是啊！可是如果禪師不夠慈悲，痛棒打死了也悟不了。一定要有它的前提，前提就是「一行三昧」裡面講的：「當先學般若波羅蜜多。」所以一定要先聞法，先把理路弄清楚。並不是說祂無形、無色、非相，就不可能證；一樣是可以證的，但是菩薩們自然有辦法施設一些教導，給一些引導，然後一個機鋒之下，學人就悟了。我弘法早期，都會接見外人。那些外人來見我，包括陳履安都一樣，來見我時都是希望一見之下就開悟了。爲什麼他們這樣想呢？因爲這禪宗公案翻出來，禪師們都是這樣悟的啊！一見面之下，禪師給他一棒，不然給他一喝，要不然就給他無聊的一句話就悟了（大眾笑…），對吧？對呀！可是有個背景，他們都沒有去觀察；那些禪師們就這麼一時、半會兒就悟了，可是在證悟這個一時、半會兒之前呢？他是走江湖來來去去十幾年了！對啊！江西、湖南就這樣趕來趕去、日來夜去，趕了十幾年之後才能在這麼一棒或一句話之下悟入的。

可是那一些人來見我，都不想要前面十幾年江西、湖南的行腳，只要最後那一時、半會兒。這就像世尊有個開示，說吃餅；有一則六塊半餅的譬喻，有沒有？有個愚癡人吃了六塊餅還沒飽，後來吃了第七塊餅的半塊就飽了，於是說：「早知道，我吃最後這半塊餅就好了，何必吃前面那六塊。」他太愚癡了！不知道那最後的半塊餅吃了會飽，是因爲前面有六塊先墊底。所以遇到那種人來見我，就想一見就悟入，我到底該不該給他悟？不該！叫他再去走江湖（大眾笑…）走上二十年再來吧。可是現在要走江湖也沒得走了，因爲江西、湖南那馬大師和石頭希遷都不在了，他能走什麼江湖？所以走上一百年來，也悟不了！他得乖乖在正覺同修會裡學：禪淨班畢業了，上進階班，然後有緣上禪三，一次、兩次、三次……，要這樣一次又一次去把那六塊餅吃完，最後吃半塊餅就悟了。所以，實相般若雖然是「法」而「非色」，並不是沒有辦法可以證得的。

所以那個智慧要怎麼知道呢？一定要有那個過程，就是應該先修學「般若波羅蜜」；可是修學般若波羅蜜多之前，得要先懂二乘菩提，否則哪天說他悟了，法身慧命出生了，過不久，那隻孫猴子又活過來活蹦亂跳：「不！我這個能知能覺的意識才是眞實心。」於是乎又死掉了法身慧命，還自以爲是更上一層樓。所以一定有辦法可以知道：無分別慧是怎麼樣知道的。但是一般人不知道，所以摩訶迦葉爲大眾提出來請問：「彼慧者云何知？」「那實相般若智慧是怎麼知道的？」就是問方法。接著是，知道以後到底是知道個什麼？現在大家聽我講經聽久了，都知道證悟就是知道如來藏的所在與自性。「何所知？」就是知道如來藏的所在與運行。如來藏就是「法」，如來藏就是涅槃，這就是「何所知」的內涵。

但是還要再追問：「何故知彼相耶？」是什麼緣故能夠知道這個「法」是生得什麼模樣、長個什麼模樣？祂既然非色而且無相，哪來的模樣？可是如果非色、無相，沒有模樣的話，那你憑什麼說你證得了「法」呢？這眞的是問題。如來就告訴摩訶迦葉：「眾生生在生死之中，熏習修學種種的福德，把他的善根修練清淨了，這就是他的正行。如果他修行這樣的『法』，一切清淨相就漸漸地出生了；如果修行這種『法』的人，他就叫作『法眾生』。」這就點出來了，必須要修行這樣的「法」，才能叫作「法眾生」。一切眾生永遠都出生在三界生死之中，如果沒有出生在生死中，那叫作什麼？叫作涅槃，而且要叫作無餘涅槃。所以眾生都是出生在生死之中，也唯有在生死之中，才能修學及熏習種種的福德；如果離開了生死，沒有福德可修的。

以前也有人主張說：「出三界的法，當然要到三界外才能學啊！」從文字的表面上聽起來對呀！有道理。比如說，你要瞭解美國的那個世界，你得到美國去看。你想要瞭解內地跟臺灣現在有何不同，你得要到內地去走一走。一樣的道理，你們內地來到臺灣，想要瞭解臺灣，特別是正覺同修會的狀況，得要到正覺同修會來走一走。一樣的道理！但問題是，這叫作世間法；出三界的法既然是在三界外，可是這個五陰是三界中法，不能去到三界外存在，那麼想要瞭解法，又如何能瞭解三界外的涅槃？這就是個題目了，而這個命題眞難解開。

由於這個命題很難解得開，因此以前常常有人說：「你想證得三界外的涅槃，得要上三界外去看看哪。」問題是三界外有什麼可以看？你們方才聽了覺得可笑，就噗嗤一聲笑了出來，可是以前諸方善知識就是那樣講的啊。其實出三界的「法」正在三界中，不在三界外；可是雖然是在三界中示現出來，祂卻不住於三界境界。所以我們增上班的所有同修都可以現觀：「這三界外的如來藏心正在三界中，可是祂不住欲界境界，不住色界境界，也不住無色界境界；所以這個三界外的『法』正好在三界中，卻不住三界。」因此就不用大老遠奔波到三界外去找那個三界外的法，而實際上，這個五陰怎麼樣奔波都無法到三界外，因爲三界外就沒有五陰了。

那麼也許有人就想：「那就讓如來藏出三界外去證。」可是如來藏自己本來就在三界外。而且如來藏也不會聽你的命令說：「好！我去三界外親證我自己。」因爲祂不反觀祂自己。然而巧妙的是，這個三界外的如來藏祂就處在三界中，每天不離你，和你的境界不一不異，不即不離。所以用不著像那些佛門外道講的：到三界外去證。如果一定要到三界外去證，可辛苦了！

怎麼說呢？你得要好好修四禪八定。因爲你得把四禪八定都修具足了，然後去斷我見，再證得滅盡定成阿羅漢以後，才能開悟般若。那如果這樣的話，爲什麼別教的菩薩證道，都是先證悟，然後到入地前才修安立諦的十六品心、九品心，都是先證悟以後想要入地時，才要成爲阿羅漢然後起惑潤生？顯然又不符合他們所想的那個道理了。

所以這個出三界的法就在三界中，不用出三界去找。那眾生的五陰一向都是出生在生死中，也只有在生死中才能夠修集、熏習種種的福德；如果出到三界外，三界外無眾生，要從誰身上去修集福德？修集福德時得要有對象，對象就是眾生。所以你作各種的布施，不管是布施給一般的眾生，或者說旁生有情，或者說你布施給一個阿羅漢或者給菩薩，或者說你布施給正法道場，全都屬於眾生；離開了眾生，沒有辦法熏習種種福德。正因爲修學、熏習了種種的福德，在這個過程之中，繼續修學「般若波羅蜜多」，因此可以把本有的善根修學熏習，斷除煩惱之後而越來越清淨。善根雖然是本有而只有少分，但是善根可以增長，增長之後清淨了，這才叫作眞正的修行。

如果修學熏習種種福德而沒有清淨善根，一天到晚都是想著財、色、名、食、睡，想著人家銀行帳戶裡的錢財；那他沒有清淨善根，所修就不是正行，所以要從有沒有修「正行」來判斷那個人是不是眞正的善知識。如果他教導你的都是在「五陰」的範疇打轉，那他也不是修正行。比如說，他一天到晚叫你要把握自己，要當自己，那就是在五陰裡面轉。譬如說，有的善知識（其實應該叫作「假名善知識」），告訴你說：「我們要好好地修練我們的身心靈。」那你就要探究：「他講的身心靈，到底範疇如何？」如果這個身心靈的範疇都在五陰的範圍裡面，你要說：「喔！原來是個假名善知識！」表示他修的不是正行，教導你的也不是正行。

現在如來說話了：「若彼行如是法，一切淨相生；若行此法者，是『法眾生』。」如果他修行這樣的正行，也就是說，他在生死中，修學熏習種種福德而且清淨善根；行於這樣的「法」，而且有各種清淨相出生了。什麼叫作清淨相出生？不是只有其中一種、兩種，而是說他不貪錢財，不貪男女色，也不貪名位、不貪權勢、不貪眷屬，這才能夠叫清淨相。但這樣就夠了嗎？還不夠！因爲二乘聖人也有這個清淨相，但爲什麼他們無法實證般若？因爲他們還少了個清淨相，也就是熏習、修學「般若波羅蜜多」；可是熏習、修學般若波羅蜜多而想要實證，必須要具足前五度。

所以阿羅漢如果是常常托空缽，回來餓肚子，不得不找牛糞吃；那樣的阿羅漢如果想要修行成佛，他得要從布施度開始修起，因爲他的福德還不夠，顯然還差很遠；雖然他持戒可以、精進可以、忍辱也可以了，可是不代表他的持戒、精進、忍辱就眞的可以，只是大概可以。他還要對於實相般若能夠正信無疑，願意受持法毗奈耶；他還得對本來無生之法先得順忍，因爲他修的是有生有滅之法，滅了有生之法所以從此無生；可是有個本來無生的法，他先要能安忍；他能忍，忍辱度才算修成功。這樣的忍修成功了，還得要他繼續在「般若波羅蜜多」上面努力去修行，才算有精進。終於努力聞熏好了，精進修行了，他還得要懂得如何靜慮；這不是二乘法的靜慮，而是大乘法的靜慮，就是禪宗的「禪」。得要這些都具足了，才有可能參禪而能夠證悟。所以聲聞阿羅漢想要證悟般若，一樣要從布施度開始，六度具足修。這樣才叫作「一切淨相生」。

如果是凡夫位來修學這個「法」，那是不是要打退堂鼓了？「阿羅漢有這些淨相，都還要修學這麼多法；那我還不是阿羅漢呢，我該怎麼辦？」不用怎麼辦，你就直接修六度，不必先修證阿羅漢果。這樣，如來夠慈悲了吧？你看，不用先證阿羅漢果，你直接可以修六度；六度滿足了，雖然還沒有證得阿羅漢果，一樣給你開悟，這就是別教第七住位的菩薩，證悟的時候名爲「眞見道」。如果像這樣如實修行而使「**一切淨相生**」，努力修學這個法的人就叫作「**法眾生**」。反過來說，眾生出生在生死當中，如果行於種種的非福業，也就是一天到晚專幹損人不利己的事；表面上看來，他搶了錢、騙了錢來好像是利己，其實對他自己的未來世大大不利，眞的叫損人不利己。所以正覺同修會中，海峽兩岸都一樣，兩岸的同修都有人向同修們假稱已證七地，假借名目借錢或者騙財；藉著各種不同的名義而騙了錢來，看來似乎得到利益了，可是未來、下一世怎麼辦？

欸！這類事情兩岸都有的，我們不講大陸，單講臺灣好了。我們上個月不是開除了一個七地菩薩嗎？他自稱是七地菩薩，自稱證量比我高，但我竟然敢開除他。當然不是我正式開除他，是戒律院決議的，調查以後決議了，那我看調查的結果是應該開除，就開除了。爲什麼會開除他？因爲他自稱證量有多高，可是七地菩薩要有十種現觀，他連一種都沒有！那麼不說七地，單說第十住位的現觀好了；十住菩薩至少要眼見佛性，他也沒有！不然單說七住位好了，七住位至少要明心，他也沒有！那不然再往下，標準放寬一點，斷三縛結；結果他也沒有斷，因爲我見還在呀！但他這樣宣稱自己是七地菩薩，然後借錢不還，還開放給大家供養他，並且說：「你們供養我，我幫你們消罪業。」

消業？有這麼好的事喔？那大家都來供養 佛、供養 觀世音菩薩，業不是都消了嗎？可是事實不然！六祖早就講過了：「修福有福業，但是原來的罪業還是存在不滅的呀；不會因爲修了福，就把罪業給滅了。」（《六祖壇經》：「愚人修福不修道，謂言修福而是道。布施供養福無邊，心中三業原來在。」）所以那就是「行非福業」，因爲「行非福業」，造作的就是「惡不善業」。好了！戒律院調查屬實，我當然就把他開除學籍，公告出來了！你們看，我敢開除七地菩薩，看來我應該是證量比七地菩薩高吧！我當然比假七地菩薩證量高！因爲那個人所說都是假的，所以那叫作惡不善業。那行於「惡不善業」的人到底是什麼眾生？咱們下週再來分解。

（未完，詳續第三輯演示。）

佛菩提二主要道次第概要表——二道並修，以外無別佛法

佛菩提道——大菩提道

遠波羅蜜多

十信位修集信心——一劫乃至一萬劫

資糧位

初住位修集布施功德（以財施爲主）。
二住位修集持戒功德。
三住位修集忍辱功德。
四住位修集精進功德。
五住位修集禪定功德。
六住位修集般若功德（熏習般若中觀及斷我見，加行位也）。

外門廣修六度萬行

見道位

七住位明心般若正觀現前，親證本來自性清淨涅槃。
八住位起於一切法現觀般若中道。漸除性障。
十住位眼見佛性，世界如幻觀成就。

一至十行位，於廣行六度萬行中，依般若中道慧，現觀陰處界猶如陽焰，至第十行滿心位，陽焰觀成就。

一至十迴向位熏習一切種智；修除性障，唯留最後一分思惑不斷。第十迴向滿心位成就菩薩道如夢觀。

內門廣修六度萬行

初地：第十迴向位滿心時，成就道種智一分（八識心王一一親證後，領受五法、三自性、七種第一義、七種性自性、二種無我法）復由勇發十無盡願，成通達位菩薩。復又永伏性障而不具斷，能證慧解脫而不取證，由大願故留惑潤生。此地主修法施波羅蜜多及百法明門。證「猶如鏡像」現觀，故滿初地心。

二地：初地功德滿足以後，再成就道種智一分而入二地；主修戒波羅蜜多及一切種智。滿心位成就「猶如光影」現觀，戒行自然清淨。

解脫道：二乘菩提

→ 斷三縛結，成初果解脫

→ 薄貪瞋癡，成二果解脫

→ 斷五下分結，成三果解脫

入地前的四加行令煩惱障現行悉斷，成四果解脫，留惑潤生。分段生死已斷，煩惱障習氣種子開始斷除，兼斷無始無明上煩惱。

近波羅蜜多

修道位

心、五神通。能成就俱解脫果而不取證，留惑潤生。滿心位成就「猶如谷響」現觀及無漏妙定意生身。

四地：由三地再證道種智一分故入四地。主修精進波羅蜜多，於此土及他方世界廣度有緣，無有疲倦。進修一切種智，滿心位成就「如水中月」現觀。

五地：由四地再證道種智一分故入五地。主修禪定波羅蜜多及一切種智，斷除下乘涅槃貪。滿心位成就「變化所成」現觀。

六地：由五地再證道種智一分故入六地。此地主修般若波羅蜜多——依道種智現觀十二因緣一一有支及意生身化身，皆自心眞如變化所現，「非有似有」，成就細相觀，不由加行而自然證得滅盡定，成俱解脫大乘無學。

七地：由六地「非有似有」現觀，再證道種智一分故入七地。此地主修一切種智及方便波羅蜜多，由重觀十二有支一一支中之流轉門及還滅門一切細相，成就方便善巧，念念隨入滅盡定。滿心位證得「如犍闥婆城」現觀。

七地滿心斷除故意保留之最後一分思惑時，煩惱障所攝色、受、想三陰有漏習氣種子全部斷盡。

大波羅蜜多

八地：由七地極細相觀成就故再證道種智一分而入八地。此地主修一切種智及願波羅蜜多。至滿心位純無相觀任運恆起，故於相土自在，滿心位復證「如實覺知諸法相意生身」故。

九地：由八地再證道種智一分故入九地。主修力波羅蜜多及一切種智，成就四無礙，滿心位證得「種類俱生無行作意生身」。

十地：由九地再證道種智一分故入此地。此地主修一切種智——智波羅蜜多。滿心位起大法智雲，及現起大法智雲所含藏種種功德，成受職菩薩。

煩惱障所攝行、識二陰無漏習氣種子任運漸斷，所知障所攝上煩惱任運漸斷。

圓滿波羅蜜多

究竟位

等覺：由十地道種智成就故入此地。此地應修一切種智，圓滿等覺地無生法忍；於百劫中修集極廣大福德，以之圓滿三十二大人相及無量隨形好。

妙覺：示現受生人間已斷盡煩惱障一切習氣種子，並斷盡所知障一切隨眠，永斷變易生死無明，成就大般涅槃，四智圓明。人間捨壽後，報身常住色究竟天利樂十方地上菩薩；以諸化身利樂有情，永無盡期，成就究竟佛道。

斷盡變易生死
成就大般涅槃

圓滿成就究竟佛果

佛子蕭平實 謹製
（二〇〇九、〇二 修訂）
（二〇一二、〇二 增補）

佛教正覺同修會〈修學佛道次第表〉

第一階段

* 以憶佛及拜佛方式修習動中定力。
* 學第一義佛法及禪法知見。
* 無相拜佛功夫成就。
* 具備一念相續功夫—動靜中皆能看話頭。
* 努力培植福德資糧，勤修三福淨業。

第二階段

* 參話頭，參公案。
* 開悟明心，一片悟境。
* 鍛鍊功夫求見佛性。
* 眼見佛性〈餘五根亦如是〉親見世界如幻，成就如幻觀。
* 學習禪門差別智。
* 深入第一義經典。
* 修除性障及隨分修學禪定。
* 修證十行位陽焰觀。

第三階段

* 學一切種智真實正理—楞伽經、解深密經、成唯識論…。
* 參究末後句。
* 解悟末後句。
* 透牢關—親自體驗所悟末後句境界，親見實相，無得無失。
* 救護一切眾生迴向正道。護持了義正法，修證十迴向位如夢觀。
* 發十無盡願，修習百法明門，親證猶如鏡像現觀。
* 修除五蓋，發起禪定。持一切善法戒。親證猶如光影現觀。
* 進修四禪八定、四無量心、五神通。進修大乘種智，求證猶如谷響現觀。

佛教正覺同修會 共修現況 及 招生公告　2023/03/28

一、共修現況：（請在共修時間來電，以免無人接聽。）

台北正覺講堂 103 台北市承德路三段 277 號九樓 捷運淡水線圓山站旁 Tel..**總機** 02-25957295（晚上）（**分機：九樓**辦公室 10、11；知客櫃檯 12、13。 **十樓**知客櫃檯 15、16；書局櫃檯 14。**五樓**辦公室 18；知客櫃檯 19。**二樓**辦公室 20；知客櫃檯 21。）Fax..25954493

第一講堂　台北市承德路三段 277 號九樓

禪淨班：週一晚班、週三晚班、週四晚班、週五晚班、週六下午班、週六上午班（共修期間二年半，全程免費。皆須報名建立學籍後始可參加共修，欲報名者詳見本公告末頁。）

增上班：成唯識論釋：單週六晚班。雙週六晚班（重播班）。17.50～20.50。平實導師講解，2022 年 2 月末開講，預定六年內講完，僅限已明心之會員參加。

禪門差別智：每月第一週日全天　平實導師主講（事冗暫停）。

解深密經詳解：本經從六度波羅蜜多談到八識心王，再詳論大乘見道所證眞如，然後論及悟後進修的相見道位所觀七眞如，以及入地後的十地所修，乃至成佛時的四智圓明一切種智境界，皆是可修可證之法，流傳至今依舊可證，顯示佛法眞是義學而非玄談或思想，都是淺深次第皆所論及之第一義諦妙義。已於 2021 年三月下旬起開講，由平實導師詳解。每逢週二晚上開講，第一至第七講堂都可同時聽聞，歡迎菩薩種性學人，攜眷共同參與此殊勝法會現場聞法，不限制聽講資格。本會學員憑上課證進入第一至第四、第七講堂聽講，會外學人請以身分證件換證進入聽講（此爲大樓管理處安全管理規定之要求，敬請諒解）；第五及第六講堂（B1、B2）對外開放，不需出示任何證件，請由大樓側門直接進入。

第二講堂　台北市承德路三段 267 號十樓。

禪淨班：週一晚班。

進階班：週三晚班、週四晚班、週五晚班、週六早班、週六下午班。禪淨班結業後轉入共修。

增上班：成唯識論釋：單週六晚班，影音同步傳播。雙週六晚班（重播班）

解深密經詳解：平實導師講解。每週二 18.50~20.50 影像音聲即時傳輸。

第三講堂　台北市承德路三段 277 號五樓。

禪淨班：週六下午班。

增上班：成唯識論釋：單週六晚班，影音同步傳播。雙週六晚班（重播班）

進階班：週一晚班、週三晚班、週四晚班、週五晚班。

解深密經詳解：平實導師講解。每週二 18.50~20.50 影像音聲即時傳輸。

第四講堂　台北市承德路三段 267 號二樓。

進階班：週一晚班、週三晚班、週四晚班（禪淨班結業後轉入共修）。

解深密經詳解：平實導師講解。每週二 18.50~20.50 影像音聲即時傳輸。

第五、第六講堂

念佛班　每週日晚上，第六講堂共修（B2），一切求生極樂世界的三寶弟子皆可參加，不限制共修資格。

進階班：週一晚班、週三晚班、週四晚班。

解深密經詳解：平實導師講解。每週二 18.50~20.50 影像音聲即時傳輸。第五、第六講堂爲**開放式講堂**，不需以身分證件換證即可進入聽講，台北市承德路三段 267 號地下一樓、地下二樓。每逢週二晚上講經時段開放給會外人士自由聽經，請由大樓側面梯階逕行進入聽講。

聽講者請尊重講者的著作權及肖像權，請勿錄音錄影，以免違法；若有錄音錄影被查獲者，將依法處理。

第七講堂　台北市承德路三段 267 號六樓。

解深密經詳解：平實導師講解。每週二 18.50~20.50 影像音聲即時傳輸。

正覺祖師堂　大溪區美華里信義路 650 巷坑底 5 之 6 號（台 3 號省道 34 公里處 妙法寺對面斜坡道進入）電話 03-3886110　傳眞 03-3881692 本堂供奉 克勤圓悟大師，專供會員每年四月、十月各三次精進禪三共修，兼作本會出家菩薩掛單常住之用。開放參訪日期請參見本會公告。教內共修團體或道場，得另申請其餘時間作團體參訪，務請事先與常住確定日期，以便安排常住菩薩接引導覽，亦免妨礙常住菩薩之日常作息及修行。

桃園正覺講堂（第一、第二講堂）：桃園市介壽路 286、288 號 10 樓（陽明運動公園對面）電話：03-3749363（請於共修時聯繫，或與台北聯繫）

禪淨班：週一晚班（1）、週一晚班（2）、週三晚班、週四晚班、週五晚班。

進階班：週四晚班、週五晚班、週六上午班。

增上班：成唯識論釋。雙週六晚班（增上重播班）。

解深密經詳解：平實導師講解。每週二晚上，以台北正覺講堂所錄DVD放映；歡迎會外學人共同聽講，不需出示身分證件。

新竹正覺講堂 新竹市東光路 55 號二樓之一　電話 03-5724297（晚上）

第一講堂：

禪淨班：週五晚班。

進階班：週三晚班、週四晚班、週六上午班。由禪淨班結業後轉入共修

增上班：成唯識論釋。單週六晚班。雙週六晚班（重播班）。

解深密經詳解：平實導師講解。每週二晚上，以台北正覺講堂所錄 DVD 放映。歡迎會外學人共同聽講，不需出示身分證件。

第二講堂：

禪淨班：週一晚班、週三晚班、週四晚班、週六上午班。

解深密經詳解：每週二晚上與第一講堂同步播放講經 DVD。

第三、第四講堂：裝修完畢，已經啓用。

台中正覺講堂　04-23816090（晚上）

第一講堂　台中市南屯區五權西路二段 666 號 13 樓之四（國泰世華銀行樓上。鄰近縣市經第一高速公路前來者，由五權西路交流道可以快速到達，大樓旁有停車場，對面有素食館）。

禪淨班：週四晚班、週五晚班。

進階班：週一晚班、週三晚班、週六上午班（由禪淨班結業後轉入共修）。

增上班：成唯識論釋。單週六晚班。雙週六晚班（重播班）。

解深密經詳解：平實導師講解。每週二晚上，以台北正覺講堂所錄 DVD 放映。歡迎會外學人共同聽講，不需出示身分證件。

第二講堂　台中市南屯區五權西路二段 666 號 4 樓。

禪淨班：週一晚班、週三晚班。

第三講堂台中市南屯區五權西路二段 666 號 4 樓。

禪淨班：週一晚班。

第四講堂台中市南屯區五權西路二段 666 號 4 樓。

進階班：週一晚班、週四晚班、週六上午班，由禪淨班結業後轉入共修

解深密經詳解：每週二晚上與第一講堂同步播放講經 DVD。

嘉義正覺講堂 嘉義市友愛路 288 號八樓之一　電話：05-2318228

第一講堂：

禪淨班：週四晚班、週五晚班、週六上午班。

進階班：週一晚班、週三晚班（由禪淨班結業後轉入共修）。

增上班：成唯識論釋。單週六晚班。雙週六晚班（重播班）。

解深密經詳解：平實導師講解。每週二晚上，以台北正覺講堂所錄 DVD 放映。歡迎會外學人共同聽講，不需出示身分證件。

第二講堂　嘉義市友愛路 288 號八樓之二。

第三講堂　嘉義市友愛路 288 號四樓之七。

禪淨班：週一晚班、週三晚班。

台南正覺講堂

第一講堂　台南市西門路四段 15 號 4 樓。06-2820541（晚上）

禪淨班：週一晚班、週三晚班、週四晚班、週五晚班、週六下午班。

增上班：**成唯識論釋**。單週六晚班。雙週六晚班（重播班）。

解深密經詳解：平實導師講解。每週二晚上，以台北正覺講堂所錄 DVD 放映。歡迎會外學人共同聽講，不需出示身分證件。

第二講堂　台南市西門路四段 15 號 3 樓。

解深密經詳解：每週二晚上與第一講堂同步播放講經 DVD。

第三講堂　台南市西門路四段 15 號 3 樓。

進階班：週一晚班、週三晚班、週四晚班、週五晚班（由禪淨班結業後轉入共修）。

解深密經詳解：每週二晚上與第一講堂同步播放講經 DVD。

高雄正覺講堂　高雄市新興區中正三路 45 號五樓 07-2234248（晚上）

第一講堂（五樓）：

禪淨班：週一晚班、週三晚班、週四晚班、週五晚班、週六上午班。

增上班：**成唯識論釋**。單週六晚班。雙週六晚班（重播班）。

解深密經詳解：平實導師講解。每週二晚上，以台北正覺講堂所錄 DVD 放映。歡迎會外學人共同聽講，不需出示身分證件。

第二講堂（四樓）：

進階班：週三晚班、週四晚班、週六上午班（由禪淨班結業後轉入共修）。

解深密經詳解：每週二晚上與第一講堂同步播放講經 DVD。

第三講堂（三樓）：

進階班：週四晚班（由禪淨班結業後轉入共修）。

香港正覺講堂

香港新界葵涌打磚坪街 93 號維京科技商業中心A 座 18 樓。

電話：(852) 23262231

英文地址：18/F, Tower A, Viking Technology & Business Centre, 93 Ta Chuen Ping Street, Kwai Chung, N.T., Hong Kong.

禪淨班：單週六下午班、雙週六下午班、單週日上午班、單週日下午班、雙週日上午班

進階班：雙週六、日上午班（由禪淨班結業後轉入共修）。

增上班：每月第一雙週日下午及晚上班，以台北增上班課程錄成 DVD 放映之。

增上重播班：每月第二雙週日下午及晚上班，以台北增上班課程錄成 DVD 放映之。

不退轉法輪經詳解：平實導師講解。每週六、日 19:00～21:00，以台北正覺講堂所錄 DVD 放映；歡迎會外學人共同聽講，不需出示身分證件。

二、招生公告　**本會台北講堂及全省各講堂、香港講堂，每逢四月、十月下旬開新班，每週共修一次**（每次二小時。開課日起三個月內仍可插班）；**各班共修期間皆爲二年半，全程免費，欲參加者請向本會函索報名表**（各共修處皆於共修時間方有人執事，非共修時間請勿電詢或前來洽詢、請書），**或直接從本會官方網站**(http://www.enlighten.org.tw/newsflash/class)**或成佛之道網站下載報名表**。共修期滿時，若經報名禪三審核通過者，可參加四天三夜之禪三精進共修，有機會明心、取證如來藏，發起般若實相智慧，成爲實義菩薩，脫離凡夫菩薩位。

三、新春禮佛祈福　農曆**年假**期間停止共修：自農曆新年前七天起停止共修與弘法，正月 8 日起回復共修、弘法事務。新春期間正月初一～初七 9.00～17.00 開放台北講堂、正月初一~初三開放新竹、台中、嘉義、台南、高雄講堂，以及大溪禪三道場（正覺祖師堂），方便會員供佛、祈福及會外人士請書。

密宗四大派修雙身法，是外道性力派的邪法；又以生滅的識陰作為常住法，是常見外道，是假的藏傳佛教。

西藏覺囊巴以他空見弘揚第八識如來藏勝法，才是真藏傳佛教

佛教正覺同修會　弘法行事表　2022/04/25

1、**禪淨班**　以無相念佛及拜佛方式修習動中定力，實證一心不亂功夫。傳授解脫道正理及第一義諦佛法，以及參禪知見。共修期間：二年六個月。每逢四月、十月開新班，詳見招生公告表。

2、**進階班**　禪淨班畢業後得轉入此班，進修更深入的佛法，期能證悟明心。各地講堂各有多班，繼續深入佛法、增長定力，悟後得轉入增上班修學道種智，期能證得無生法忍。

3、**增上班 成唯識論**詳解　詳解八識心王的唯識性、唯識相、唯識位，分說八識心王及其心所各別的自性、所依、所緣、相應心所、行相、功用等，並闡述緣生諸法的四緣：因緣、等無間緣、所緣緣、增上緣等四緣，並論及十因五果等。論中闡釋**佛法實證及成就的根本法即是第八識，由第八識成就三界世間及出世間的一切染淨諸法，方有成佛之道可修、可證、可成就，名爲圓成實性**。然後詳解末法時代學人極易混淆的見道位所函蓋的眞見道、相見道、通達位等內容，指正末法時代高慢心一類學人，於見道位前後不斷所墮的同一邪謬處。末後開示修道位的十地之中，各地所應斷的二愚及所應證的一智，乃至佛位的四智圓明及具足四種涅槃等一切種智之眞實正理。由平實導師講述，每逢一、三、五週之週末晚上開示，每逢二、四週之週末爲重播班，供作後悟之菩薩補聞所未聽聞之法。增上班課程僅限已明心之會員參加。未來每逢講完十分之一內容時，便予出書流通；總共十輯，敬請期待。（註：《瑜伽師地論》從 2003 年二月開講，至 2022 年 2 月 19 日已經圓滿，爲期 18 年整。）

4、**解深密經**詳解　本經所說妙法極爲甚深難解，非唯論及佛法中心主旨的八識心王及般若實證之標的，亦論及眞見道之後轉入相見道位中應該修學之法，即是七眞如之觀行內涵，然後始可入地。亦論及見道之後，如何與解脫及佛菩提智相應，兼論十地進修之道，末論如來法身及四智圓明的一切種智境界。如是眞見道、相見道、諸地修行之義，傳至今時仍然可證，顯示佛法眞是義學而非玄談或思想，有實證之標的與內容，非學術界諸思惟研究者之所能到，乃是離言絕句之第八識第一義諦妙義。重講本經之目的，在於令諸已悟之人明解大乘佛法之成佛次第，以及悟後進修一切種智之內涵，確實證知三種自性性，並得據此證解七眞如、十眞如等正理，成就三無性的境界。已於 2021 年三月下旬起每逢週二的晚上公開宣講，由平實導師詳解。不限制聽講資格。

5、**精進禪三**　主三和尚：平實導師。於四天三夜中，以克勤圓悟大師及大慧宗杲之禪風，施設機鋒與小參、公案密意之開示，幫助會員剋期取證，親證不生不滅之眞實心——人人本有之如來藏。每年四月、十月各舉辦三個梯次；平實導師主持。僅限本會會員參加禪淨班共修期滿，報名審核通過者，方可參加。並選擇會中定力、慧力、福德三條件皆已具足之已明心會員，給以指引，令得眼見自己無形無相之佛性遍佈山河大地，眞實而無障礙，得以肉眼現觀世界身心悉皆如幻，具足成就如幻觀，圓滿十住菩薩之證境。

6、**阿含經**詳解　選擇重要之阿含部經典，依無餘涅槃之實際而加以詳解，令大眾得以現觀諸法緣起性空，亦復不墮斷滅見中，顯示經中所隱說之涅槃實際—如來藏—確實已於四阿含中隱說；令大眾得以聞後觀行，確實斷除我見乃至我執，證得**見到**眞現觀，乃至**身證**……等眞現觀；已得大乘或二乘見道者，亦可由此聞熏及聞後之觀行，除斷我所之貪著，成就慧解脫果。由平實導師詳解。不限制聽講資格。

7、**精選如來藏系經典**詳解　精選如來藏系經典一部，詳細解說，以此完全印證會員所悟如來藏之眞實，得入不退轉住。另行擇期詳細解說之，由平實導師講解。僅限已明心之會員參加。

8、**禪門差別智**　藉禪宗公案之微細淆訛難知難解之處，加以宣說及剖析，以增進明心、見性之功德，啓發差別智，建立擇法眼。每月第一週日全天，由平實導師開示，僅限破參明心後，復又眼見佛性者參加（事冗暫停）。

9、**枯木禪**　先講智者大師的《小止觀》，後說《釋禪波羅蜜》，詳解四禪八定之修證理論與實修方法，細述一般學人修定之邪見與岔路，及對禪定證境之誤會，消除枉用功夫、浪費生命之現象。已悟般若者，可以藉此而實修初禪，進入大乘通教及聲聞教的三果心解脫境界，配合應有的大福德及後得無分別智、十無盡願，即可進入初地心中。親教師：平實導師。未來緣熟時將於正覺寺開講。不限制聽講資格。

註：本會例行年假，自 2004 年起，改爲每年農曆新年前七天開始停息弘法事務及共修課程，農曆正月 8 日回復所有共修及弘法事務。新春期間（每日 9.00~17.00）開放台北講堂，方便會員禮佛祈福及會外人士請書。大溪區的正覺祖師堂，開放參訪時間，詳見〈正覺電子報〉或成佛之道網站。本表得因時節因緣需要而隨時修改之，不另作通知。

佛教正覺同修會　贈閱書籍 目錄　2021/8/30

1.**無相念佛**　平實導師著　回郵 36 元
2.**念佛三昧修學次第**　平實導師述著　回郵 52 元
3.**正法眼藏—護法集**　平實導師述著　回郵 76 元
4.**真假開悟簡易辨正法&佛子之省思**　平實導師著　回郵 26 元
5.**生命實相之辨正**　平實導師著　回郵 31 元
6.**如何契入念佛法門**（附：印順法師否定極樂世界）平實導師著　回郵 26 元
7.**平實書箋**—答元覽居士書　平實導師著　回郵 52 元
8.**三乘唯識**—如來藏系經律彙編　平實導師編　回郵 80 元
（精裝本　長 27 cm　寬 21 cm　高 7.5 cm　重 2.8 公斤）
9.**三時繫念全集**—修正本　回郵掛號 52 元（長 26.5 cm×寬 19 cm）
10.**明心與初地**　平實導師述　回郵 31 元
11.**邪見與佛法**　平實導師述著　回郵 36 元
12.**甘露法雨**　平實導師述　回郵 36 元
13.**我與無我**　平實導師述　回郵 36 元
14.**學佛之心態**—修正錯誤之學佛心態始能與正法相應　孫正德老師著　回郵52元
附錄：平實導師著**《略說八、九識並存…等之過失》**
15.**大乘無我觀**—《悟前與悟後》別說　平實導師述著　回郵 36 元
16.**佛教之危機**—中國台灣地區現代佛教之真相（附錄：公案拈提六則）
平實導師著　回郵 52 元
17.**燈　影**—燈下黑（覆「求教後學」來函等）　平實導師著　回郵 76 元
18.**護法與毀法**—覆上平居士與徐恒志居士網站毀法二文
張正圜老師著　回郵 76 元
19.**淨土聖道**—兼評選擇本願念佛　正德老師著　**由正覺同修會購贈**　回郵 52 元
20.**辨唯識性相**—對「紫蓮心海《辯唯識性相》書中否定阿賴耶識」之回應
正覺同修會 台南共修處法義組 著　回郵 52 元
21.**假如來藏**—對法蓮法師《如來藏與阿賴耶識》書中否定阿賴耶識之回應
正覺同修會 台南共修處法義組 著　回郵 76 元
22.**入不二門**—公案拈提集錦 第一輯（於平實導師公案拈提諸書中選錄約二十則，
合輯爲一冊流通之）平實導師著　回郵 52 元
23.**真假邪說**—西藏密宗索達吉喇嘛《破除邪說論》真是邪說
釋正安法師著　上、下冊回郵各 52 元
24.**真假開悟**—真如、如來藏、阿賴耶識間之關係　平實導師述著　回郵 76 元
25.**真假禪和**—辨正釋傳聖之謗法謬說　孫正德老師著　回郵 76 元

26.**眼見佛性**—駁慧廣法師眼見佛性的含義文中謬說

游正光老師著　回郵 52 元

27.**普門自在**—公案拈提集錦 第二輯（於平實導師公案拈提諸書中選錄約二十則，合輯爲一冊流通之）平實導師著　回郵 52 元

28.**印順法師的悲哀**—以現代禪的質疑為線索　恒毓博士著　回郵 52 元

29.**識蘊真義**—現觀識蘊內涵、取證初果、親斷三縛結之具體行門。

—依《成唯識論》及《唯識述記》正義，略顯安慧《大乘廣五蘊論》之邪謬

平實導師著　回郵 76 元

30.**正覺電子報** 各期紙版本　免附回郵　每次最多函索三期或三本。

（已無存書之較早各期，不另增印贈閱）

31.**現代人應有的宗教觀**　蔡正禮老師 著　回郵 31 元

32.**遠惑趣道**—正覺電子報般若信箱問答錄　第一輯　回郵 52 元

33.**遠惑趣道**—正覺電子報般若信箱問答錄　第二輯　回郵 52 元

34.**確保您的權益**—器官捐贈應注意自我保護　游正光老師 著　回郵 31 元

35.**正覺教團電視弘法三乘菩提 DVD 光碟（一）**

由正覺教團多位親教師共同講述錄製 DVD 8 片，MP3 一片，共 9 片。有二大講題：一爲「三乘菩提之意涵」，二爲「學佛的正知見」。內容精闢，深入淺出，精彩絕倫，幫助大眾快速建立三乘法道的正知見，免被外道邪見所誤導。有志修學三乘佛法之學人不可不看。（製作工本費 100 元，回郵 52 元）

36.**正覺教團電視弘法 DVD 專輯（二）**

總有二大講題：一爲「三乘菩提之念佛法門」，一爲「學佛正知見（第二篇）」，由正覺教團多位親教師輪番講述，內容詳細闡述如何修學念佛法門、實證念佛三昧，以及學佛應具有的正確知見，可以幫助發願往生西方極樂淨土之學人，得以把握往生，更可令學人快速建立三乘法道的正知見，免於被外道邪見所誤導。有志修學三乘佛法之學人不可不看。（一套 17 片，工本費 160 元。回郵 76 元）

37.**喇嘛性世界**—揭開假藏傳佛教譚崔瑜伽的面紗　張善思 等人合著

由正覺同修會購贈　回郵 52 元

38.**假藏傳佛教的神話**—性、謊言、喇嘛教　張正玄教授編著

由正覺同修會購贈　回郵 52 元

39.**隨 緣**—理隨緣與事隨緣　平實導師述　回郵 52 元。

40.**學佛的覺醒**　正枝居士 著　回郵 52 元

41.**導師之真實義**　蔡正禮老師 著　回郵 31 元

42.**淺談達賴喇嘛之雙身法**—兼論解讀「密續」之達文西密碼

吳明芷居士 著　回郵 31 元

43.**魔界轉世**　張正玄居士 著　回郵 31 元

44.**一貫道與開悟**　蔡正禮老師 著　回郵 31 元

45.**博愛**—愛盡天下女人　正覺教育基金會 編印　回郵 36 元

46.**意識虛妄經教彙編**—實證解脫道的關鍵經文　正覺同修會編印　回郵36元

47.**邪箭囈語**—破斥藏密外道多識仁波切《破魔金剛箭雨論》之邪說
陸正元老師著　上、下冊回郵各52元

48.**真假沙門**—依 佛聖教闡釋佛教僧寶之定義
蔡正禮老師著　俟正覺電子報連載後結集出版

49.**真假禪宗**—藉評論釋性廣《印順導師對變質禪法之批判及對禪宗之肯定》以顯示真假禪宗
附論一：凡夫知見 無助於佛法之信解行證
附論二：世間與出世間一切法皆從如來藏實際而生而顯
余正偉老師著　俟正覺電子報連載後結集出版　回郵未定

★ 上列贈書之郵資，係台灣本島地區郵資，大陸、港、澳地區及外國地區，請另計酌增（大陸、港、澳、國外地區之郵票不許通用）。尚未出版之書，請勿先寄來郵資，以免增加作業煩擾。

★ 本目錄若有變動，唯於後印之書籍及「成佛之道」網站上修正公佈之，不另行個別通知。

函索書籍請寄：佛教正覺同修會　103台北市承德路3段277號9樓
台灣地區函索書籍者請附寄郵票，無時間購買郵票者可以等值現金抵用，但不接受郵政劃撥、支票、匯票。大陸地區得以人民幣計算，國外地區請以美元計算（請勿寄來當地郵票，在台灣地區不能使用）。欲以掛號寄遞者，請另附掛號郵資。

親自索閱：正覺同修會各共修處。　★請於共修時間前往取書，餘時無人在道場，請勿前往索取；共修時間與地點，詳見書末正覺同修會共修現況表（以近期之共修現況表為準）。

註：正智出版社發售之局版書，請向各大書局購閱。若書局之書架上已經售出而無陳列者，請向書局櫃台指定洽購；若書局不便代購者，請於正覺同修會共修時間前往各共修處請購，正智出版社已派人於共修時間送書前往各共修處流通。 郵政劃撥購書及 大陸地區 購書，請詳別頁正智出版社發售書籍目錄最後頁之說明。

成佛之道 網站：http://www.a202.idv.tw　正覺同修會已出版之結緣書籍，多已登載於 成佛之道 網站，若住外國、或住處遙遠，不便取得正覺同修會贈閱書籍者，可以從本網站閱讀及下載。

＊＊假藏傳佛教修雙身法，非佛教＊＊

正智出版社 籌募弘法基金發售書籍目錄 2023/03/28

1.**宗門正眼**—公案拈提 第一輯 重拈 平實導師著 500 元
因重寫內容大幅度增加故，字體必須改小，並增爲 576 頁 主文 546 頁。比初版更精彩、更有內容。初版《禪門摩尼寶聚》之讀者，可寄回本公司免費調換新版書。免附回郵，亦無截止期限。（2007 年起，每冊附贈本公司精製公案拈提〈超意境〉CD 一片。市售價格 280 元，多購多贈。）

2.**禪淨圓融** 平實導師著 200 元（第一版舊書可換新版書。）

3.**真實如來藏** 平實導師著 400 元

4.**禪—悟前與悟後** 平實導師著 上、下冊，每冊 250 元

5.**宗門法眼**—公案拈提 第二輯 平實導師著 500 元
（2007 年起，每冊附贈本公司精製公案拈提〈超意境〉CD 一片）

6.**楞伽經詳解** 平實導師著 全套共 10 輯 每輯 250 元

7.**宗門道眼**—公案拈提 第三輯 平實導師著 500 元
（2007 年起，每冊附贈本公司精製公案拈提〈超意境〉CD 一片）

8.**宗門血脈**—公案拈提 第四輯 平實導師著 500 元
（2007 年起，每冊附贈本公司精製公案拈提〈超意境〉CD 一片）

9.**宗通與說通**—成佛之道 平實導師著 主文 381 頁 全書 400 頁售價 300 元

10.**宗門正道**—公案拈提 第五輯 平實導師著 500 元
（2007 年起，每冊附贈本公司精製公案拈提〈超意境〉CD 一片）

11.**狂密與真密 一～四輯** 平實導師著 西藏密宗是人間最邪淫的宗教，本質不是佛教，只是披著佛教外衣的印度教性力派流毒的喇嘛教。此書中將西藏密宗密傳之男女雙身合修樂空雙運所有祕密與修法，毫無保留完全公開，並將全部喇嘛們所不知道的部分也一併公開。內容比大辣出版社喧騰一時的《西藏慾經》更詳細。並且函蓋藏密的所有祕密及其錯誤的中觀見、如來藏見……等，藏密的所有法義都在書中詳述、分析、辨正。每輯主文三百餘頁 每輯全書約 400 頁 售價每輯 300 元

12.**宗門正義**—公案拈提 第六輯 平實導師著 500 元
（2007 年起，每冊附贈本公司精製公案拈提〈超意境〉CD 一片）

13.**心經密意**—心經與解脫道、佛菩提道、祖師公案之關係與密意 平實導師述 300 元

14.**宗門密意**—公案拈提 第七輯 平實導師著 500 元
（2007 年起，每冊附贈本公司精製公案拈提〈超意境〉CD 一片）

15.**淨土聖道**—兼評「選擇本願念佛」 正德老師著 200 元

16.**起信論講記** 平實導師述著 共六輯 每輯三百餘頁 售價各 250 元

17.**優婆塞戒經講記**　平實導師述著 共八輯 每輯三百餘頁 售價各250元

18.**真假活佛**—略論附佛外道盧勝彥之邪說（對前岳靈犀網站主張「盧勝彥是證悟者」之修正） 正犀居士（岳靈犀）著　流通價140元

19.**阿含正義**—唯識學探源　平實導師著　共七輯　每輯300元

20.**超意境 CD** 以平實導師公案拈提書中超越意境之頌詞，加上曲風優美的旋律，錄成令人嚮往的超意境歌曲，其中包括正覺發願文及平實導師親自譜成的黃梅調歌曲一首。詞曲雋永，殊堪翫味，可供學禪者吟詠，有助於見道。內附設計精美的彩色小冊，解說每一首詞的背景本事。每片280元。【每購買公案拈提書籍一冊，即贈送一片。】

21.**菩薩底憂鬱 CD** 將菩薩情懷及禪宗公案寫成新詞，並製作成超越意境的優美歌曲。 1.主題曲〈菩薩底憂鬱〉，描述地後菩薩能離三界生死而迴向繼續生在人間，但因尚未斷盡習氣種子而有極深沈之憂鬱，非三賢位菩薩及二乘聖者所知，此憂鬱在七地滿心位方才斷盡；本曲之詞中所說義理極深，昔來所未曾見；此曲係以優美的情歌風格寫詞及作曲，聞者得以激發嚮往諸地菩薩境界之大心，詞、曲都非常優美，難得一見；其中勝妙義理之解說，已印在附贈之彩色小冊中。 2.以各輯公案拈提中直示禪門入處之頌文，作成各種不同曲風之超意境歌曲，值得玩味、參究；聆聽公案拈提之優美歌曲時，請同時閱讀內附之印刷精美說明小冊，可以領會超越三界的證悟境界；未悟者可以因此引發求悟之意向及疑情，眞發菩提心而邁向求悟之途，乃至因此眞實悟入般若，成眞菩薩。 3.正覺總持咒新曲，總持佛法大意；總持咒之義理，已加以解說並印在隨附之小冊中。本CD共有十首歌曲，長達63分鐘。每盒各附贈二張購書優惠券。每片320元。

22.**禪意無限 CD** 平實導師以公案拈提書中偈頌寫成不同風格曲子，與他人所寫不同風格曲子共同錄製出版，幫助參禪人進入禪門超越意識之境界。盒中附贈彩色印製的精美解說小冊，以供聆聽時閱讀，令參禪人得以發起參禪之疑情，即有機會證悟本來面目而發起實相智慧，實證大乘菩提般若，能如實證知般若經中的眞實意。本 CD 共有十首歌曲，長達69分鐘，每盒各附贈二張購書優惠券。每片320元。

23.**我的菩提路**第一輯　釋悟圓、釋善藏等人合著　售價300元

24.**我的菩提路**第二輯　郭正益等人合著　售價300元

（初版首刷至第四刷，都可以寄來免費更換爲第二版，免附郵費）

25.**我的菩提路**第三輯　王美伶等人合著　售價300元

26.**我的菩提路**第四輯　陳晏平等人合著　售價 300 元

27.**我的菩提路**第五輯　林慈慧等人合著　售價 300 元

28.**我的菩提路**第六輯　劉惠莉等人合著　售價 300 元

29.**我的菩提路**第七輯　余正偉等人合著　售價 300 元

30.**鈍鳥與靈龜**—考證後代凡夫對大慧宗杲禪師的無根誹謗。
平實導師著 共 458 頁 售價 350 元

31.**維摩詰經講記** 平實導師述 共六輯 每輯三百餘頁 售價各 250 元

32.**真假外道**—破劉東亮、杜大威、釋證嚴常見外道見　正光老師著　200 元

33.**勝鬘經講記**—兼論印順《勝鬘經講記》對於《勝鬘經》之誤解。
平實導師述　共六輯　每輯三百餘頁　售價 250 元

34.**楞嚴經講記** 平實導師述 共 15 輯，每輯三百餘頁 售價 300 元

35.**明心與眼見佛性**—駁慧廣〈蕭氏「眼見佛性」與「明心」之非〉文中謬說
正光老師著　共 448 頁　售價 300 元

36.**見性與看話頭** 黃正倖老師 著，本書是禪宗參禪的方法論。
內文 375 頁，全書 416 頁，售價 300 元。

37.**達賴真面目**—玩盡天下女人 白正偉老師 等著 中英對照彩色精裝大本 800 元

38.**喇嘛性世界**—揭開假藏傳佛教譚崔瑜伽的面紗　張善思 等人著　200 元

39.**假藏傳佛教的神話**—性、謊言、喇嘛教　正玄教授編著　200 元

40.**金剛經宗通**　平實導師述　共九輯　每輯售價 250 元。

41.**空行母**—性別、身分定位，以及藏傳佛教。
珍妮·坎貝爾著 呂艾倫 中譯 售價 250 元

42.**末代達賴**—性交教主的悲歌　張善思、呂艾倫、辛燕編著 售價 250 元

43.**霧峰無霧**—給哥哥的信　辨正釋印順對佛法的無量誤解
游宗明 老師著　售價 250 元

44.**霧峰無霧**—第二輯—救護佛子向正道　細說釋印順對佛法的各類誤解
游宗明 老師著　售價 250 元

45.**第七意識與第八意識？**—穿越時空「超意識」
平實導師述　每冊 300 元

46.**黯淡的達賴**—失去光彩的諾貝爾和平獎
正覺教育基金會編著　每冊 250 元

47.**童女迦葉考**—論呂凱文〈佛教輪迴思想的論述分析〉之謬。
平實導師 著 定價 180 元

48.**人間佛教**—實證者必定不悖三乘菩提
平實導師 述，定價 400 元

49.**實相經宗通**　平實導師述　共八輯　每輯 250 元
50.**真心告訴您(一)**—達賴喇嘛在幹什麼？
正覺教育基金會編著　售價 250 元
51.**中觀金鑑**—詳述應成派中觀的起源與其破法本質
孫正德老師著　分爲上、中、下三冊，每冊 250 元
52.**藏傳佛教要義**—《狂密與真密》之簡體字版　平實導師 著 上、下冊
僅在大陸流通　每冊 300 元
53.**法華經講義**　平實導師述　共二十五輯　每輯三百餘頁 售價 300 元
54.**西藏「活佛轉世」制度**—附佛、造神、世俗法
許正豐、張正玄老師合著　定價 150 元
55.**廣論三部曲**　郭正益老師著　定價 150 元
56.**真心告訴您(二)**—達賴喇嘛是佛教僧侶嗎？
—補祝達賴喇嘛八十大壽
正覺教育基金會編著　售價 300 元
57.**次法**—實證佛法前應有的條件
張善思居士著　分爲上、下二冊，每冊 250 元
58.**涅槃**—解說四種涅槃之實證及內涵　平實導師著 上、下冊 各 350 元
59.**山法**—西藏關於他空與佛藏之根本論
篤補巴．喜饒堅贊著　傑弗里．霍普金斯英譯
張火慶教授、呂艾倫老師中譯　精裝大本 1200 元
60.**佛藏經講義**　平實導師述　共二十一輯　每輯三百餘頁 售價 300 元。
61.**成唯識論**　大唐 玄奘菩薩所著鉅論。重新正確斷句，並以不同字體及標點符號顯示質疑文，令得易讀。全書 288 頁，精裝大本 400 元。
62.**大法鼓經講義**　平實導師述 2023 年 1 月 30 日開始出版　共六輯 每二個月出版一輯，每輯 300 元
63.**成唯識論釋**—詳解大唐玄奘菩薩所著《成唯識論》，平實導師述著。共十輯，於每講完一輯的分量以後即予出版，2023 年五月底出版第一輯，以後每七到十個月出版一輯，每輯 400 元。
64.**假鋒虛焰金剛乘**—揭示顯密正理，兼破索達吉師徒《般若鋒兮金剛焰》
釋正安法師著 簡體字版 即將出版 售價未定
65.**廣論之平議**—宗喀巴《菩提道次第廣論》之平議　正雄居士著
約二或三輯　俟正覺電子報連載後結集出版　書價未定
66.**不退轉法輪經講義** 平實導師講述　《大法鼓經講義》出版後發行
67.**八識規矩頌**詳解　○○居士 註解　出版日期另訂　書價未定。

68.**中觀正義**—註解平實導師《中論正義頌》。
○○法師（居士）著　出版日期未定　書價未定
69.**中論正義**—釋龍樹菩薩《中論》頌正理。
孫正德老師著　出版日期未定　書價未定
70.**中國佛教史**—依中國佛教正法史實而論。○○老師 著　書價未定。
71.**印度佛教史**—法義與考證。依法義史實評論印順《印度佛教思想史、佛教史地考論》之謬說　正偉老師著　出版日期未定　書價未定
72.**阿含經講記**—將選錄四阿含中數部重要經典全經講解之，講後整理出版。
平實導師述　約二輯　每輯 300 元　出版日期未定
73.**寶積經講記**　平實導師述　每輯三百餘頁 優惠價 300 元 出版日期未定
74.**解深密經講義**　平實導師述 約四輯　將於重講後整理出版
75.**修習止觀坐禪法要講記**　平實導師述　每輯三百餘頁
將於正覺寺建成後重講、以講記逐輯出版　出版日期未定
76.**無門關**—《無門關》公案拈提　平實導師著　出版日期未定
77.**中觀再論**—兼述印順《中觀今論》謬誤之平議。正光老師著 出版日期未定
78.**輪迴與超度**—佛教超度法會之真義。
○○法師（居士）著　出版日期未定　書價未定
79.**《釋摩訶衍論》平議**—對偽稱龍樹所造《釋摩訶衍論》之平議
○○法師（居士）著　出版日期未定　書價未定
80.**正覺發願文**註解—以真實大願為因 得證菩提
正德老師著　出版日期未定　書價未定
81.**正覺總持咒**—佛法之總持　正圜老師著　出版日期未定　書價未定
82.**三自性**—依四食、五蘊、十二因緣、十八界法，說三性三無性。
作者未定　出版日期未定
83.**道品**—從三自性說大小乘三十七道品　作者未定　出版日期未定
84.**大乘緣起觀**—依四聖諦七真如現觀十二緣起 作者未定　出版日期未定
85.**三德**—論解脫德、法身德、般若德。　作者未定　出版日期未定
86.**真假如來藏**—對印順《如來藏之研究》謬說之平議　作者未定 出版日期未定
87.**大乘道次第**　作者未定　出版日期未定　書價未定
88.**四緣**—依如來藏故有四緣。　作者未定　出版日期未定
89.**空之探究**—印順《空之探究》謬誤之平議　作者未定 出版日期未定
90.**十法義**—論阿含經中十法之正義　作者未定　出版日期未定
91.**外道見**—論述外道六十二見　作者未定　出版日期未定

正智出版社有限公司書籍介紹

禪淨圓融：言淨土諸祖所未曾言，示諸宗祖師所未曾示；禪淨圓融，另闢成佛捷徑，兼顧自力他力，闡釋淨土門之速行易行道，亦同時揭櫫聖教門之速行易行道；令廣大淨土行者得免緩行難證之苦，亦令聖道門行者得以藉著淨土速行道而加快成佛之時劫。乃前無古人之超勝見地，非一般弘揚禪淨法門典籍也，先讀爲快。平實導師著 200元。

宗門正眼—**公案拈提**第一輯：繼承克勤圜悟大師碧巖錄宗旨之禪門鉅作。先則舉示當代大法師之邪說，消弭當代禪門大師鄉愿之心態，摧破當今禪門「世俗禪」之妄談；次則旁通教法，表顯宗門正理；繼以道之次第，消弭古今狂禪；後藉言語及文字機鋒，直示宗門入處。悲智雙運，禪味十足，數百年來難得一睹之禪門鉅著也。平實導師著 500元（原初版書《禪門摩尼寶聚》，改版後補充爲五百餘頁新書，總計多達二十四萬字，內容更精彩，並改名爲《宗門正眼》，讀者原購初版《禪門摩尼寶聚》皆可寄回本公司免費換新，免附回郵，亦無截止期限）（2007年起，凡購買公案拈提第一輯至第七輯，每購一輯皆贈送本公司精製公案拈提〈超意境〉CD一片，市售價格280元，多購多贈）。

禪—悟前與悟後：本書能建立學人悟道之信心與正確知見，圓滿具足而有次第地詳述禪悟之功夫與禪悟之內容，指陳參禪中細微淆訛之處，能使學人明自眞心、見自本性。若未能悟入，亦能以正確知見辨別古今中外一切大師究係眞悟？或屬錯悟？便有能力揀擇，捨名師而選明師，後時必有悟道之緣。一旦悟道，遲者七次人天往返，便出三界，速者一生取辦。學人欲求開悟者，不可不讀。　平實導師著。上、下冊共500元，單冊250元。

眞實如來藏：如來藏眞實存在，乃宇宙萬有之本體，並非印順法師、達賴喇嘛等人所說之「唯有名相、無此心體」。如來藏是涅槃之本際，是一切有智之人竭盡心智、不斷探索而不能得之生命實相；是古今中外許多大師自以爲悟而當面錯過之生命實相。如來藏即是阿賴耶識，乃是一切有情本自具足、不生不滅之眞實心。當代中外大師於此書出版之前所未能言者，作者於本書中盡情流露、詳細闡釋。眞悟者讀之，必能增益悟境、智慧增上；錯悟者讀之，必能檢討自己之錯誤，免犯大妄語業；未悟者讀之，能知參禪之理路，亦能以之檢查一切名師是否眞悟。此書是一切哲學家、宗教家、學佛者及欲昇華心智之人必讀之鉅著。　平實導師著　售價400元。

宗門法眼—**公案拈提**第一輯：列舉實例，闡釋土城廣欽老和尚之悟處；並直示這位不識字的老和尚妙智橫生之根由，繼而剖析禪宗歷代大德之開悟公案，解析當代密宗高僧卡盧仁波切之錯悟證據，並例舉當代顯宗高僧、大居士之錯悟證據（凡健在者，爲免影響其名聞利養，皆隱其名）。藉辨正當代名師之邪見，向廣大佛子指陳禪悟之正道，彰顯宗門法眼。悲勇兼出，強捋虎鬚；慈智雙運，巧探驪龍；摩尼寶珠在手，直示宗門入處，禪味十足；若非大悟徹底，不能爲之。禪門精奇人物，允宜人手一冊，供作參究及悟後印證之圭臬。本書於2008年4月改版，增寫為大約500頁篇幅，以利學人研讀參究時更易悟入宗門正法，以前所購初版首刷及初版二刷舊書，皆可免費換取新書。平實導師著 500元（2007年起，凡購買公案拈提第一輯至第七輯，每購一輯皆贈送本公司精製公案拈提〈超意境〉CD一片，市售價格280元，多購多贈）。

宗門道眼—**公案拈提**第三輯：繼宗門法眼之後，再以金剛之作略、慈悲之胸懷、犀利之筆觸，舉示寒山、拾得、布袋三大士之悟處，消弭當代錯悟者對於寒山大士……等之誤會及誹謗。亦舉出民初以來與虛雲和尚齊名之蜀郡鹽亭袁煥仙夫子——南懷瑾老師之師，其「悟處」何在？並蒐羅許多眞悟祖師之證悟公案，顯示禪宗歷代祖師之睿智，指陳部分祖師、奧修及當代顯密大師之謬悟，作爲殷鑑，幫助禪子建立及修正參禪之方向及知見。假使讀者閱此書已，一時尚未能悟，亦可一面加功用行，一面以此宗門道眼辨別眞假善知識，避開錯誤之印證及歧路，可免大妄語業之長劫慘痛果報。欲修禪宗之禪者，務請細讀。平實導師著 售價500元（2007年起，凡購買公案拈提第一輯至第七輯，每購一輯皆贈送本公司精製公案拈提〈超意境〉CD一片，市售價格280元，多購多贈）。

楞伽經詳解：本經是禪宗見道者印證所悟眞僞之根本經典，亦是禪宗見道者悟後起修之依據經典；故達摩祖師於印證二祖慧可大師之後，將此經典連同佛鉢祖衣一併交付二祖，令其依此經典佛示金言、進入修道位，修學一切種智。由此可知此經對於眞悟之人修學佛道，是非常重要之一部經典。此經能破外道邪說，亦破佛門中錯悟名師之謬說，亦破禪宗部分祖師之狂禪：不讀經典、一向主張「一悟即成究竟佛」之謬執。並開示愚夫所行禪、觀察義禪、攀緣如禪、如來禪等差別，令行者對於三乘禪法差異有所分辨；亦糾正禪宗祖師古來對於如來禪之誤解，嗣後可免以訛傳訛之弊。此經亦是法相唯識宗之根本經典，禪者悟後欲修一切種智而入初地者，必須詳讀。　平實導師著，全套共十輯，已全部出版完畢，每輯主文約320頁，每冊約352頁，定價250元。

宗門血脈—**公案拈提**第**四**輯：末法怪象—許多修行人自以爲悟，每將無念靈知認作眞實；崇尚二乘法諸師及其徒眾，則將**外於如來藏之緣起性空**—無因論之無常空、斷滅空、一切法空—錯認爲 佛所說之般若空性。這兩種現象已於當今海峽兩岸及美加地區顯密大師之中普遍存在；人人自以爲悟，心高氣壯，便敢寫書解釋祖師證悟之公案，大多出於意識思惟所得，言不及義，錯誤百出，因此誤導廣大佛子同陷大妄語之地獄業中而不能自知。彼等書中所說之悟處，其實處處違背第一義經典之聖言量。彼等諸人不論是否身披袈裟，都非佛法宗門血脈，或雖有禪宗法脈之傳承，亦只徒具形式；猶如螟蛉，非眞血脈，未悟得根本眞實故。禪子欲知佛、祖之眞血脈者，請讀此書，便知分曉。平實導師著，主文452頁，全書464頁，定價500元（2007年起，凡購買公案拈提第一輯至第七輯，每購一輯皆贈送本公司精製公案拈提〈超意境〉CD一片，市售價格280元，多購多贈）。

宗通與說通：古今中外，錯誤之人如麻似粟，每以常見外道所說之靈知心，認作眞心；或妄想虛空之勝性能量爲眞如，或錯認物質四大元素藉冥性（靈知心本體）能成就吾人色身及知覺，或認初禪至四禪中之了知心爲不生不滅之涅槃心。此等皆非通宗者之見地。復有錯悟之人一向主張「宗門與教門不相干」，此即尚未通達宗門之人也。其實宗門與教門互通不二，宗門所證者乃是眞如與佛性，教門所說者乃說宗門證悟之眞如佛性，故教門與宗門不二。本書作者以宗教二門互通之見地，細說「宗通與說通」，從初見道至悟後起修之道、細說分明；並將諸宗諸派在整體佛教中之地位與次第，加以明確之教判，學人讀之即可了知佛法之梗概也。欲擇明師學法之前，允宜先讀。平實導師著，主文共381頁，全書392頁，只售成本價300元。

宗門正道—公案拈提第五輯：修學大乘佛法有二果須證解脫果及大菩提果。二乘人不證大菩提果，唯證解脫果；此果之智慧，名爲聲聞菩提、緣覺菩提。大乘佛子所證二果之菩提果爲佛菩提，故名大菩提果，其慧名爲一切種智函蓋二乘解脫果。然此大乘二果修證，須經由禪宗之宗門證悟方能相應。而宗門證悟極難，自古已然；其所以難者，咎在古今佛教界普遍存在三種邪見：1.以修定認作佛法，2.以無因論之緣起性空—否定涅槃本際如來藏以後之一切法空作爲佛法，3.以常見外道邪見（離語言妄念之靈知性）作爲佛法。如是邪見，或因自身正見未立所致，或因邪師之邪教導所致，或因無始劫來虛妄熏習所致。若不破除此三種邪見，永劫不悟宗門眞義、不入大乘正道，唯能外門廣修菩薩行。平實導師於此書中，有極爲詳細之說明，有志佛子欲摧邪見、入於內門修菩薩行者，當閱此書。主文共496頁，全書512頁。售價500元（2007年起，凡購買公案拈提第一輯至第七輯，每購一輯皆贈送本公司精製公案拈提〈超意境〉CD一片，市售價格280元，多購多贈）。

狂密與真密：密教之修學，皆由有相之觀行法門而入，其最終目標仍不離顯教經典所說第一義諦之修證；若離顯教第一義經典、或違背顯教第一義經典，即非佛教。西藏密教之觀行法，如灌頂、觀想、遷識法、寶瓶氣、大聖歡喜雙身修法、喜金剛、無上瑜伽、大樂光明、樂空雙運等，皆是印度教**兩性生生不息思想之轉化，自始至終**皆以**如何能運用交合淫樂之法達到全身受樂**爲其中心思想，純屬欲界五欲的貪愛，不能令人超出欲界輪迴，更不能令人斷除我見；何況大乘之明心與見性，更無論矣！故密宗之法絕非佛法也。而其明光大手印、大圓滿法教，又皆同以常見外道所說**離語言妄念之無念靈知心**錯認爲佛地之眞如，不能直指不生不滅之眞如。西藏密宗所有法王與徒眾，都尚未開頂門眼，不能辨別眞僞，以**依人不依法、依密續不依經典**故，不肯將其上師喇嘛所說對照第一義經典，純依密續之藏密祖師所說爲準，因此而誇大其證德與證量，動輒謂彼祖師上師爲究竟佛、爲地上菩薩；如今台海兩岸亦有自謂其師證量高於 釋迦文佛者，然觀其師所述，猶未見道，仍在觀行即佛階段，尚未到禪宗相似即佛、分證即佛階位，竟敢標榜爲究竟佛及地上法王，誑惑初機學人。凡此怪象皆是狂密，不同於眞密之修行者。近年狂密盛行，密宗行者被誤導者極眾，動輒自謂已證佛地眞如，自視爲究竟佛，陷於大妄語業中而不知自省，反謗顯宗眞修實證者之證量粗淺；或如義雲高與釋性圓…等人，於報紙上公然誹謗眞實證道者爲「騙子、無道人、人妖、癩蛤蟆…」等，造下誹謗大乘勝義僧之大惡業；或以外道法中有爲有作之甘露、魔術……等法，誑騙初機學人，狂言彼外道法爲眞佛法。如是怪象，在西藏密宗及附藏密之外道中，不一而足，舉之不盡，學人宜應愼思明辨，以免上當後又犯毀破菩薩戒之重罪。密宗學人若欲遠離邪知邪見者，請閱此書，即能了知密宗之邪謬，從此遠離邪見與邪修，轉入眞正之佛道。

平實導師著 共四輯 每輯約400頁（主文約340頁）每輯售價300元。

宗門正義—公案拈提第六輯：佛教有六大危機，乃是藏密化、世俗化、膚淺化、學術化、宗門密意失傳、悟後進修諸地之次第混淆；其中尤以宗門密意之失傳，爲當代佛教最大之危機。由宗門密意失傳故，易令世尊本懷普被錯解，易令世尊正法被轉易爲外道法，以及加以淺化、世俗化，是故宗門密意之廣泛弘傳與具緣佛弟子，極爲重要。然而欲令宗門密意之廣泛弘傳予具緣之佛弟子者，必須同時配合錯誤知見之解析、普令佛弟子知之，然後輔以公案解析之直示入處，方能令具緣之佛弟子悟入。而此二者，皆須以公案拈提之方式爲之，方易成其功、竟其業，是故平實導師續作宗門正義一書，以利學人。全書500餘頁，售價500元（2007年起，凡購買公案拈提第一輯至第七輯，每購一輯皆贈送本公司精製公案拈提〈超意境〉CD一片，市售價格280元，多購多贈）。

心經密意—心經與解脫道、佛菩提道、祖師公案之關係與密意。二乘菩提所證之解脫道，實依第八識心之斷除煩惱障現行而立解脫之名；大乘菩提所證之佛菩提道，實依親證第八識如來藏之涅槃性、清淨自性、及其中道性而立般若之名；禪宗祖師公案所證之眞心，即是此第八識如來藏；是故三乘佛法所修所證之三乘菩提，皆依此如來藏心而立名也。此第八識心，即是《心經》所說之心也。證得此如來藏已，即能漸入大乘佛菩提道，亦可因證知此心而了知二乘無學所不能知之無餘涅槃本際，是故《心經》之密意，與三乘佛菩提之關係極爲密切、不可分割，三乘佛法皆依此心而立名故。今者平實導師以其所證解脫道之無生智及佛菩提之般若種智，將《心經》與解脫道、佛菩提道、祖師公案之關係與密意，以演講之方式，用淺顯之語句和盤托出，發前人所未言，呈三乘菩提之眞義，令人藉此《心經密意》一舉而窺三乘菩提之堂奧，迥異諸方言不及義之說；欲求眞實佛智者、不可不讀！主文317頁，連同跋文及序文…等共384頁，售價300元。

宗門密意—公案拈提第七輯：佛教之世俗化，將導致學人以信仰作爲學佛，則將以感應及世間法之庇祐，作爲學佛之主要目標，不能了知學佛之主要目標爲親證三乘菩提。大乘菩提則以般若實相智慧爲主要修習目標，以二乘菩提解脫道爲附帶修習之標的；是故學習大乘法者，應以禪宗之證悟爲要務，能親入大乘菩提之實相般若智慧中故，般若實相智慧非二乘聖人所能知故。此書則以台灣世俗化佛教之三大法師，說法似是而非之實例，配合眞悟祖師之公案解析，提示證悟般若之關節，令學人易得悟入。平實導師著，全書五百餘頁，售價500元（2007年起，凡購買公案拈提第一輯至第七輯，每購一輯皆贈送本公司精製公案拈提〈超意境〉CD一片，市售價格280元，多購多贈）。

淨土聖道—兼評日本本願念佛：佛法甚深極廣，般若玄微，非諸二乘聖僧所能知之，一切凡夫更無論矣！所謂一切證量皆歸淨土是也！是故大乘法中「聖道之淨土、淨土之聖道」，其義甚深，難可了知；乃至眞悟之人，初心亦難知也。今有正德老師眞實證悟後，復能深探淨土與聖道之緊密關係，憐憫眾生之誤會淨土實義，亦欲利益廣大淨土行人同入聖道，同獲淨土中之聖道門要義，乃振奮心神、書以成文，今得刊行天下。主文279頁，連同序文等共301頁，總有十一萬六千餘字，正德老師著，成本價200元。

起信論講記：詳解大乘起信論**心生滅門**與**心眞如門**之眞實意旨，消除以往大師與學人對起信論所說**心生滅門**之誤解，由是而得了知眞心如來藏之非常非斷中道正理；亦因此一講解，令此論以往隱晦而被誤解之眞實義，得以如實顯示，令大乘佛菩提道之正理得以顯揚光大；初機學者亦可藉此正論所顯示之法義，對大乘法理生起正信，從此得以眞發菩提心，眞入大乘法中修學，世世常修菩薩正行。平實導師演述，共六輯，都已出版，每輯三百餘頁，售價250元。

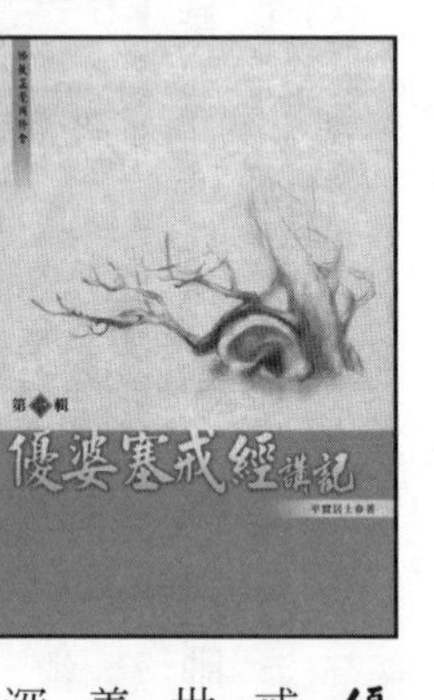

優婆塞戒經講記：本經詳述在家菩薩修學大乘佛法，應如何受持菩薩戒？對人間善行應如何看待？對三寶應如何護持？應如何正確地修集此世後世證法之福德？應如何修集後世「行菩薩道之資糧」？並詳述第一義諦之正義：五蘊非我非異我、自作自受、異作異受、不作不受……等深妙法義，乃是修學大乘佛法、行菩薩行之在家菩薩所應當了知者。出家菩薩今世或未來世登地已，捨報之後多數將如華嚴經中諸大菩薩，以在家菩薩身而修行菩薩行，故亦應以此經所述正理而修之，配合《楞伽經、解深密經、楞嚴經、華嚴經》等道次第正理，方得漸次成就佛道；故此經是一切大乘行者皆應證知之正法。平實導師講述，每輯三百餘頁，售價各250元；共八輯，已全部出版。

真假活佛—略論附佛外道盧勝彥之邪說：人人身中都有眞活佛，永生不滅而有大神用，但眾生都不了知，所以常被身外的西藏密宗假活佛籠罩欺瞞。本來就眞實存在的眞活佛，才是眞正的密宗無上密！諾那活佛因此而說禪宗是大密宗，但藏密的所有活佛都不知道、也不曾實證自身中的眞活佛。本書詳實宣示眞活佛的道理，舉證盧勝彥的「佛法」不是眞佛法，也顯示盧勝彥是假活佛，直接的闡釋第一義佛法見道的眞實正理。眞佛宗的所有上師與學人們，都應該詳細閱讀，包括盧勝彥個人在內。正犀居士著，優惠價140元。

阿含正義—唯識學探源：廣說四大部《阿含經》諸經中隱說之眞正義理，一一舉示佛陀本懷，令阿含時期初轉法輪根本經典之眞義，如實顯現於佛子眼前。並提示末法大師對於阿含眞義誤解之實例，一一比對之，證實唯識增上慧學確於原始佛法之阿含諸經中已隱覆密意而略說之，證實 世尊確於原始佛法中已曾密意而說第八識如來藏之總相；亦證實 世尊在四阿含中已說此藏識是名色十八界之因、之本—證明如來藏是能生萬法之根本心。佛子可據此修正以往受諸大師（譬如西藏密宗應成派中觀師：印順、昭慧、性廣、大願、達賴、宗喀巴、寂天、月稱、……等人）誤導之邪見，建立正見，轉入正道乃至親證初果而無困難；書中並詳說三果所證的**心解脫**，以及四果**慧解脫**的親證，都是如實可行的具體知見與行門。全書共七輯，已出版完畢。平實導師著，每輯三百餘頁，售價300元。

超意境ＣＤ：以平實導師公案拈提書中超越意境之頌詞，加上曲風優美的旋律，錄成令人嚮往的超意境歌曲，其中包括正覺發願文及平實導師親自譜成的黃梅調歌曲一首。詞曲雋永，殊堪翫味，可供學禪者吟詠，有助於見道。內附設計精美的彩色小冊，解說每一首詞的背景本事。每片280元。【每購買公案拈提書籍一冊，即贈送一片。】

菩薩底憂鬱ＣＤ將菩薩情懷及禪宗公案寫成新詞，並製作成超越意境的優美歌曲。1.主題曲〈菩薩底憂鬱〉，描述地後菩薩能離三界生死而迴向繼續生在人間，但因尚未斷盡習氣種子而有極深沈之憂鬱，非三賢位菩薩及二乘聖者所知，此憂鬱在七地滿心位方才斷盡；本曲之詞中所說義理極深，昔來所未曾見；此曲係以優美的情歌風格寫詞及作曲，聞者得以激發嚮往諸地菩薩境界之大心，詞、曲都非常優美，難得一見；其中勝妙義理之解說，已印在附贈之彩色小冊中。2.以各輯公案拈提中直示禪門入處之頌文，作成各種不同曲風之超意境歌曲，值得玩味、參究；聆聽公案拈提之優美歌曲時，請同時閱讀內附之印刷精美說明小冊，可以領會超越三界的證悟境界；未悟者可以因此引發求悟之意向及疑情，眞發菩提心而邁向求悟之途，乃至因此眞實悟入般若，成眞菩薩。3.正覺總持咒新曲，總持佛法大意；總持咒之義理，已加以解說並印在隨附之小冊中。本CD共有十首歌曲，長達63分鐘，附贈二張購書優惠券。每片320元。

禪意無限CD平實導師以公案拈提書中偈頌寫成不同風格曲子，與他人所寫不同風格曲子共同錄製出版，幫助參禪人進入禪門超越意識之境界。盒中附贈彩色印製的精美解說小冊，以供聆聽時閱讀，令參禪人得以發起參禪之疑情，即有機會證悟本來面目，實證大乘菩提般若。本CD共有十首歌曲，長達69分鐘，每盒各附贈二張購書優惠券。每片320元。

我的菩提路第一輯：凡夫及二乘聖人不能實證的佛菩提證悟，末法時代的今天仍然有人能得實證，由正覺同修會釋悟圓、釋善藏法師等二十餘位實證如來藏者所寫的見道報告，已爲當代學人見證宗門正法之絲縷不絕，證明大乘義學的法脈仍然存在，爲末法時代求悟般若之學人照耀出光明的坦途。由二十餘位大乘見道者所繕，敘述各種不同的學法、見道因緣與過程，參禪求悟者必讀。全書三百餘頁，售價300元。

我的菩提路第二輯：由郭正益老師等人合著，書中詳述彼等諸人歷經各處道場學法，一一修學而加以檢擇之不同過程以後，因閱讀正覺同修會、正智出版社書籍而發起抉擇分，轉入正覺同修會中修學；乃至學法及見道之過程，都一一詳述之。**本書已改版印製重新流通**，讀者原購的初版書，不論是第一刷或第二、三、四刷，都可以寄回換新，免附郵費。

我的菩提路第三輯：由王美伶老師等人合著。自從正覺同修會成立以來，每年夏初、冬初都舉辦精進禪三共修，藉以助益會中同修們得以證悟明心發起般若實相智慧；凡已實證而被平實導師印證者，皆書具見道報告用以證明佛法之眞實可證而非玄學，證明佛法並非純屬思想、理論而無實質，是故每年都能有人證明正覺同修會的「實證佛教」主張並非虛語。特別是眼見佛性一法，自古以來中國禪宗祖師實證者極寡，較之明心開悟的證境更難令人信受；至2017年初，正覺同修會中的證悟明心者已近五百人，然而其中眼見佛性者至今唯十餘人爾，可謂難能可貴，是故明心後欲冀眼見佛性者實屬不易。黃正倖老師是懸絕七年無人見性後的第一人，她於2009年的見性報告刊於本書的第二輯中，爲大眾證明佛性確實可以眼見；其後七年之中求見性者都屬解悟佛性而無人眼見，幸而又經七年後的2016冬初，以及2017夏初的禪三，復有三人眼見佛性，希冀鼓舞四眾佛子求見佛性之大心，今則具載一則於書末，顯示求見佛性之事實經歷，供養現代佛教界欲得見性之四眾弟子。全書四百頁，售價300元，已於2017年6月30日發行。

我的菩提路第四輯：由陳晏平等人著。中國禪宗祖師往往有所謂「見性」之言，所言多屬看見如來藏具有能令人發起成佛之自性，並非《大般涅槃經》中 如來所說之眼見佛性。眼見佛性者，於親見佛性之時，即能於山河大地眼見自己佛性，亦能於他人身上眼見自己佛性及對方之佛性，如是境界無法爲尚未實證者解釋；勉強說之，縱使眞實明心證悟之人聞之，亦只能以自身明心之境界想像之，但不論如何想像多屬非量，能有正確之比量者亦是稀有，故說眼見佛性極爲困難。眼見佛性之人若所見極分明時，在所見佛性之境界下所眼見之山河大地、自己五蘊身心皆是虛幻，自有異於明心者之解脫功德受用，此後永不思證二乘涅槃，必定邁向成佛之道而進入第十住位中，已超第一阿僧祇劫三分有一，可謂之爲超劫精進也。今又有明心之後眼見佛性之人出於人間，將其明心及後來見性之報告，連同其餘證悟明心者之精彩報告一同收錄於此書中，供養眞求佛法實證之四眾佛子。全書380頁，售價300元，已於2018年6月30日發行。

我的菩提路第五輯：林慈慧老師等人著，本輯中所舉學人從相似正法中來到正覺同修會的過程，各人都有不同，發生的因緣亦是各有差別，然而都會指向同一個目標——證實生命實相的源底，確證自己生從何來、死往何去的事實，所以最後都證明佛法眞實而可親證，絕非玄學；本書將彼等諸人的始修及末後證悟之實例，羅列出來以供學人參考。本期亦有一位會裡的老師，是從1995年即開始追隨平實導師修學，1997年明心後持續進修不斷，直到2017年眼見佛性之實例，足可證明《大般涅槃經》中世尊開示眼見佛性之法正眞無訛，第十住位的實證在末法時代的今天仍有可能，如今一併具載於書中以供學人參考，並供養現代佛教界欲得見性之四眾弟子。全書四百頁，售價300元，已於2019年12月31日發行。

我的菩提路第六輯：劉惠莉老師等人著，本輯中舉示劉老師明心多年以後的眼見佛性實錄，供末法時代學人了知明心之異於見性本質，足可證明《大般涅槃經》中世尊開示眼見佛性之法正眞無訛。亦列舉多篇學人從各道場來到正覺學法之不同過程，以及如何發覺邪見之異於正法的所在，最後終能在正覺禪三中悟入的實況，以證明佛教正法仍在末法時代的人間繼續弘揚的事實，鼓舞一切眞實學法的菩薩大眾思之：我等諸人亦可有因緣證悟，絕非空想白思。約四百頁，售價300元，已於2020年6月30日發行。

我的菩提路第七輯：余正偉老師等人著，本輯中舉示余老師明心二十餘年以後的眼見佛性實錄，供末法時代學人了知明心異於見性之本質，並且舉示其見性後與平實導師互相討論眼見佛性之諸多疑訛處；除了證明《大般涅槃經》中 世尊開示眼見佛性之法正眞無訛以外，亦得一解明心後尚未見性者之所未知處，甚爲精彩。此外亦列舉多篇學人從各不同宗教進入正覺學法之不同過程，以及發覺諸方道場邪見之內容與過程，最終得於正覺精進禪三中悟入的實況，足供末法精進學人借鑑，以彼鑑己而生信心，得以投入了義正法中修學及實證。凡此，皆足以證明不唯明心所證之第七住位般若智慧及解脫功德仍可實證，乃至第十住位的實證與當場發起如幻觀之實證，於末法時代的今天皆仍有可能。本書約四百頁，售價300元。

明心與眼見佛性：本書細述明心與眼見佛性之異同，同時顯示了中國禪宗破初參明心與重關眼見佛性二關之間的關聯；書中又藉法義辨正而旁述其他許多勝妙法義，讀後必能遠離佛門長久以來積非成是的錯誤知見，令讀者在佛法的實證上有極大助益。也藉慧廣法師的謬論來教導佛門學人回歸正知正見，遠離古今禪門錯悟者所墮的意識境界，非唯有助於斷我見，也對未來的開悟明心實證第八識如來藏有所助益，是故學禪者都應細讀之。　游正光老師著　　共448頁　售價300元。

見性與看話頭：黃正倖老師的《見性與看話頭》於《正覺電子報》連載完畢，今集結出版。書中詳說禪宗看話頭的詳細方法，並細說看話頭與眼見佛性的關係，以及眼見佛性者求見佛性前必須具備的條件。本書是禪宗實修者追求明心開悟時參禪的方法書，也是求見佛性者作功夫時必讀的方法書，內容兼顧眼見佛性的理論與實修之方法，是依實修之體驗配合理論而詳述，條理分明而且極爲詳實、周全、深入。本書內文375頁，全書416頁，售價300元。

鈍鳥與靈龜：鈍鳥及靈龜二物，被宗門證悟者說爲二種人：前者是精修禪定而無智慧者，也是以定爲禪的愚癡禪人；後者是或有禪定、或無禪定的宗門證悟者，凡已證悟者皆是靈龜。但後者被人虛造事實，用以嘲笑大慧宗杲禪師，說他雖是靈龜，卻不免被天童禪師預記「患背」痛苦而亡：「鈍鳥離巢易，靈龜脫殼難。」藉以貶低大慧宗杲的證量。同時將天童禪師實證如來藏的證量，曲解爲意識境界的離念靈知。自從大慧禪師入滅以後，錯悟凡夫對他的不實毀謗就一直存在著，不曾止息，並且捏造的假事實也隨著年月的增加而越來越多，終至編成「鈍鳥與靈龜」的假公案、假故事。本書是考證大慧與天童之間的不朽情誼，顯現這件假公案的虛妄不實；更見大慧宗杲面對惡勢力時的正直不阿，亦顯示大慧對天童禪師的至情深義，將使後人對大慧宗杲的誣謗至此而止，不再有人誤犯毀謗賢聖的惡業。書中亦舉證宗門的所悟確以第八識如來藏爲標的，詳讀之後必可改正以前被錯悟大師誤導的參禪知見，日後必定有助於實證禪宗的開悟境界，得階大乘眞見道位中，即是實證般若之賢聖。全書459頁，售價350元。

維摩詰經講記：本經係 世尊在世時，由等覺菩薩維摩詰居士藉疾病而演說之大乘菩提無上妙義，所說函蓋甚廣，然極簡略，是故今時諸方大師與學人讀之悉皆錯解，何況能知其中隱含之深妙正義，是故普遍無法爲人解說；若強爲人說，則成依文解義而有諸多過失。今由平實導師公開宣講之後，詳實解釋其中密意，令維摩詰菩薩所說大乘不可思議解脫之深妙正法得以正確宣流於人間，利益當代學人及與諸方大師。書中詳實演述大乘佛法深妙不共二乘之智慧境界，顯示諸法之中絕待之實相境界，建立大乘菩薩妙道於永遠不敗不壞之地，以此成就護法偉功，欲冀永利娑婆人天。已經宣講圓滿整理成書流通，以利諸方大師及諸學人。全書共六輯，每輯三百餘頁，售價各250元。

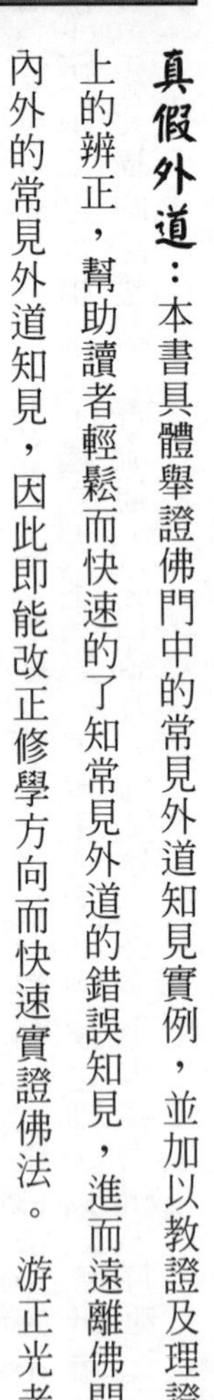

真假外道：本書具體舉證佛門中的常見外道知見實例，並加以教證及理證上的辨正，幫助讀者輕鬆而快速的了知常見外道的錯誤知見，進而遠離佛門內外的常見外道知見，因此即能改正修學方向而快速實證佛法。游正光老師著。成本價200元。

勝鬘經講記：如來藏爲三乘菩提之所依，若離如來藏心體及其含藏之一切種子，即無三界有情及一切世間法，亦無二乘菩提緣起性空之出世間法；本經詳說無始無明、一念無明皆依如來藏而有之正理，藉著詳解煩惱障與所知障間之關係，令學人深入了知二乘菩提與佛菩提相異之妙理；聞後即可了知佛菩提之特勝處及三乘修道之方向與原理，邁向攝受正法而速成佛道的境界中。平實導師講述，共六輯，每輯三百餘頁，售價各250元。

楞嚴經講記：楞嚴經係密教部之重要經典，亦是顯教中普受重視之經典；經中宣說明心與見性之內涵極爲詳細，將一切法都會歸如來藏及佛性—妙眞如性；亦闡釋五陰區宇及五陰盡的境界，作諸地菩薩自我檢驗證量之依據，旁及佛菩提道修學過程中之種種魔境，以及外道誤會涅槃之狀況，亦兼述明三界世間之起源。然因言句深澀難解，法義亦復深妙寬廣，學人讀之普難通達，是故讀者大多誤會，不能如實理解佛所說之明心與見性內涵，亦因是故多有悟錯之人引爲開悟之證言，成就大妄語罪。今由平實導師詳細講解之後，整理成文，以易讀易懂之語體文刊行天下，以利學人。全書十五輯，全部出版完畢。每輯三百餘頁，售價每輯300元。

金剛經宗通：三界唯心，萬法唯識，是成佛之修證內容，是諸地菩薩之所修；般若則是成佛之道（實證三界唯心、萬法唯識）的入門，若未證悟實相般若，即無成佛之可能，必將永在外門廣行菩薩六度，永在凡夫位中。然而實相般若的發起，全賴實證萬法的實相；若欲證知萬法的眞相，則必須探究萬法之所從來，則須實證自心如來—金剛心如來藏，然後現觀這個金剛心的金剛性、眞實性、如如性、清淨性、涅槃性、能生萬法的自性性、本住性，名爲證眞如；進而現觀三界六道唯是此金剛心所成，人間萬法須藉八識心王和合運作方能現起。如是實證《華嚴經》的「三界唯心、萬法唯識」以後，由此等現觀而發起實相般若智慧，繼續進修第十住位的如幻觀、第十行位的陽焰觀、第十迴向位的如夢觀，再生起增上意樂而勇發十無盡願，方能滿足三賢位的實證，轉入初地；自知成佛之道而無偏倚，從此按部就班、次第進修乃至成佛。第八識自心如來是般若智慧之所依，般若智慧的修證則要從實證金剛心自心如來開始；《金剛經》則是解說自心如來之經典，是一切三賢位菩薩所應進修之實相般若經典。這一套書，是將平實導師宣講的《金剛經宗通》內容，整理成文字而流通之；書中所說義理，迥異古今諸家依文解義之說，指出大乘見道方向與理路，有益於禪宗學人求開悟見道，及轉入內門廣修六度萬行，已於2013年9月出版完畢，總共9輯，每輯約三百餘頁，售價各250元。

霧峰無霧—給哥哥的信：本書作者藉兄弟之間信件往來論義，略述佛法大義；並以多篇短文辨義，舉出釋印順對佛法的無量誤解證據，並一一給予簡單而清晰的辨正，令人一讀即知。久讀、多讀之後即能認清楚釋印順的六識論見解，與眞實佛法之牴觸是多麼嚴重；於是在久讀、多讀之後，於不知不覺之間提升了對佛法的極深入理解，正知正見就在不知不覺間建立起來了。當三乘佛法的正知見建立起來之後，對於三乘菩提的見道條件便將隨之具足，於是聲聞解脫道的見道也就水到渠成；接著大乘見道的因緣也將次第成熟，未來自然也會有親見大乘菩提之道的因緣，悟入大乘實相般若也將自然成功，自能通達般若系列諸經而成實義菩薩。作者居住於南投縣霧峰鄉，自喻見道之後不復再見霧峰之霧，故鄉原野美景一一明見，於是立此書名爲《霧峰無霧》；讀者若欲撥霧見月，可以此書爲緣。游宗明 老師著，已於2015年出版，售價250元。

霧峰無霧—第二輯—救護佛子向正道：本書作者藉釋印順著作中之各種錯謬法義提出辨正，以詳實的文義一一提出理論上及實證上之解析，列舉釋印順對佛法的無量誤解證據，藉此教導佛門大師與學人釐清佛法義理，遠離岐途轉入正道，然後知所進修，久之便能見道明心而入大乘勝義僧數。被釋印順誤導的大師與學人極多，很難救轉，是故作者大發悲心深入解說其錯謬之所在，佐以各種義理辨正而令讀者在不知不覺之間轉歸正道。如是久讀之後欲得斷身見、證初果，即不爲難事；乃至久之亦得大乘見道而得證眞如，脫離空有二邊而住中道，實相般若智慧生起，於佛法不再茫然，漸漸亦知悟後進修之道。屆此之時，對於大乘般若等深妙法之迷雲暗霧亦將一掃而空，生命及宇宙萬物之故鄉原野美景一一明見，是故本書仍名《霧峰無霧》，爲第二輯；讀者若欲撥雲見日、離霧見月，可以此書爲緣。游宗明 老師著，已於2019年出版，售價250元。

空行母—性別、身分定位，以及藏傳佛教：本書作者爲蘇格蘭哲學家，因爲嚮往佛教深妙的哲學內涵，於是進入當年盛行於歐美的假藏傳佛教密宗，擔任卡盧仁波切的翻譯工作多年以後，被邀請成爲卡盧的空行母（又名佛母、明妃），開始了她在密宗裡的實修過程；後來發覺在密宗雙身法中的修行，其實無法使自己成佛，也發覺密宗對女性岐視而處處貶抑，並剝奪女性在雙身法中擔任一半角色時應有的身分定位。當她發覺自己只是雙身法中被喇嘛利用的工具，沒有獲得絲毫應有的尊重與基本定位時，發現了密宗的父權社會控制女性的本質；於是作者傷心地離開了卡盧仁波切與密宗，但是卻被恐嚇不許講出她在密宗裡的經歷，也不許她說出自己對密宗的教義與教制下對女性剝削的本質，否則將被咒殺死亡。後來她去加拿大定居，十餘年後方才擺脫這個恐嚇陰影，下定決心將親身經歷的實情及觀察到的事實寫下來並且出版，公諸於世。出版之後，她被流亡的達賴集團人士大力攻訐，誣指她爲精神狀態失常、說謊……等。但有智之士並未被達賴集團的政治操作及各國政府政治運作吹捧達賴的表相所欺，使她的書銷售無阻而又再版。正智出版社鑑於作者此書是親身經歷的事實，所說具有針對「藏傳佛教」而作學術研究的價值，也有使人認清假藏傳佛教剝削佛母、明妃的男性本位實質，因此洽請作者同意中譯而出版於華人地區。珍妮·坎貝爾女士著，呂艾倫 中譯，每冊250元。

假藏傳佛教的神話—性、謊言、喇嘛教：本書編著者是由一首名爲「阿姊鼓」的歌曲爲緣起，展開了序幕，揭開假藏傳佛教—喇嘛教—的神祕面紗。其重點是蒐集、摘錄網路上質疑「喇嘛教」的帖子，以揭穿「假藏傳佛教的神話」爲主題，串聯成書，並附加彩色插圖以及說明，讓讀者們瞭解西藏密宗及相關人事如何被操作爲「神話」的過程，以及神話背後的眞相。作者：張正玄教授。售價200元。

達賴真面目—玩盡天下女人：假使您不想戴綠帽子，請記得詳細閱讀此書；假使您不想讓好朋友戴綠帽子，請您將此書介紹給您的好朋友。假使您想保護家中的女性，也想要保護好朋友的女眷，請記得將此書送給家中的女性和好友的女眷都來閱讀。本書爲印刷精美的大本彩色中英對照精裝本，爲您揭開達賴喇嘛的眞面目，內容精彩不容錯過，爲利益社會大眾，特別以優惠價格嘉惠所有讀者。編著者：白志偉等。大開版雪銅紙彩色精裝本。售價800元。

喇嘛性世界—揭開假藏傳佛教譚崔瑜伽的面紗：這個世界中的喇嘛，號稱來自世外桃源的香格里拉，穿著或紅或黃的喇嘛長袍，散布於我們的身邊傳教灌頂，吸引了無數的人嚮往學習；這些喇嘛虔誠地爲大眾祈福，手中拿著寶杵（金剛）與寶鈴（蓮花），口中唸著咒語：「唵．嘛呢．叭咪．吽……」，咒語的意思是說：「我至誠歸命金剛杵上的寶珠伸向蓮花寶穴之中」！「喇嘛性世界」是什麼樣的「世界」呢？本書將爲您呈現喇嘛世界的面貌。當您發現眞相以後，您將會唸：「噢！喇嘛．性．世界，譚崔性交嘛！」作者：張善思、呂艾倫。售價200元。

末代達賴—性交教主的悲歌：簡介從藏傳僞佛教（喇嘛教）的修行核心—性力派男女雙修，探討達賴喇嘛及藏傳僞佛教的修行內涵。書中引用外國知名學者著作、世界各地新聞報導，包含：歷代達賴喇嘛的祕史、達賴六世修雙身法的事蹟，以及《時輪續》中的性交灌頂儀式……等；達賴喇嘛書中開示的雙修法、達賴喇嘛的黑暗政治手段；達賴喇嘛所領導的寺院爆發喇嘛性侵兒童；新聞報導《西藏生死書》作者索甲仁波切性侵女信徒、澳洲喇嘛秋達公開道歉、美國最大假藏傳佛教組織領導人邱陽創巴仁波切的性氾濫；等等事件背後眞相的揭露。作者：張善思、呂艾倫、辛燕。售價250元。

黯淡的達賴—失去光彩的諾貝爾和平獎：本書舉出很多證據與論述，詳述達賴喇嘛不爲世人所知的一面，顯示達賴喇嘛並不是眞正的和平使者，而是假借諾貝爾和平獎的光環來欺騙世人；透過本書的說明與舉證，讀者可以更清楚的瞭解，達賴喇嘛是結合暴力、黑暗、淫欲於喇嘛教裡的集團首領，其政治行爲與宗教主張，早已讓諾貝爾和平獎的光環染污了。本書由財團法人正覺教育基金會寫作、編輯，由正覺出版社印行，每冊250元。

第七意識與第八意識？——穿越時空「超意識」：「三界唯心，萬法唯識」是佛教中應該實證的聖教，也是《華嚴經》中明載而可以實證的法界實相。唯心者，三界一切境界、一切諸法唯是一心所成就，即是每一個有情的第八識如來藏，不是意識心。唯識者，即是人類各各都具足的八識心王——眼識、耳鼻舌身意識、意根、阿賴耶識，第八阿賴耶識又名如來藏，人類五陰相應的萬法，莫不由八識心王共同運作而成就，故說萬法唯識。依聖教量及現量、比量，都可以證明意識是二法因緣生，是由第八識藉意根與法塵二法為因緣而出生，又是夜夜斷滅不存之生滅心，即無可能反過來出生第七識意根、第八識如來藏，當知不可能從生滅性的意識心中，細分出恆審思量的第七識意根，更無可能細分出恆而不審的第八識如來藏。本書是將演講內容整理成文字，細說如是內容，並已在《正覺電子報》連載完畢，今彙集成書以廣流通，欲幫助佛門有緣人斷除意識我見，跳脫於識陰之外而取證聲聞初果；嗣後修學禪宗時即得不墮外道神我之中，得以求證第八識金剛心而發起般若實智。平實導師 述，每冊300元。

童女迦葉考——論呂凱文〈佛教輪迴思想的論述分析〉之謬：童女迦葉是佛世率領五百大比丘遊行於人間的歷史事實，是以童貞行而依止菩薩戒弘化於人間的大菩薩，不依別解脫戒（聲聞戒）來弘化於人間。這是大乘佛教與聲聞佛教同時存在於佛世的歷史明證，證明大乘佛教不是從聲聞法中分裂出來的部派佛教的產物，卻是聲聞佛教分裂出來的部派佛教聲聞凡夫僧所不樂見的史實；於是古今聲聞法中的凡夫都欲加以扭曲而作詭說，更是末法時代高聲大呼「大乘非佛說」的六識論聲聞凡夫極力想要扭曲的佛教史實之一，於是想方設法扭曲迦葉菩薩為聲聞僧，以及扭曲迦葉童女為比丘僧等荒謬不實之論著便陸續出現，古時聲聞僧寫作的《分別功德論》是最具體之事例，現代之代表作則是呂凱文先生的〈佛教輪迴思想的論述分析〉論文。鑑於如是假藉學術考證以籠罩大眾之不實謬論，未來仍將繼續造作及流竄於佛教界，繼續扼殺大乘佛教學人法身慧命，必須舉證辨正之，遂成此書。平實導師 著，每冊180元。

人間佛教——實證者必定不悖三乘菩提：「大乘非佛說」的講法似乎流傳已久，卻只是日本人企圖擺脫中國正統佛教的影響，而在明治維新時期才開始提出來的說法；台灣佛教、大陸佛教的淺學無智之人，由於未曾實證佛法而迷信日本人錯誤的學術考證，錯認爲這些別有用心的日本佛學考證的講法爲天竺佛教的眞實歷史；甚至還有更激進的反對佛教者提出「**釋迦牟尼佛並非眞實存在，只是後人捏造的假歷史人物**」，竟然也有少數佛教徒願意跟著「學術」的假光環而信受不

疑，亦導致部分台灣佛教界人士，造作了反對中國大乘佛教而推崇南洋小乘佛教的行爲，使台灣佛教的信仰者難以檢擇，亦導致一般大陸人士開始轉入基督教的盲目迷信中。在這些佛教及外教人士之中，也就有一分人根據此邪說而大聲主張「大乘非佛說」的謬論，這些人以「人間佛教」的名義來抵制中國正統佛教，公然宣稱中國的大乘佛教是由聲聞部派佛教的凡夫僧所創造出來的。這樣的說法流傳於台灣及大陸佛教界凡夫僧之中已久，卻非眞正的佛教歷史中曾經發生過的事，只是繼承六識論的聲聞法中凡夫僧，以及別有居心的日本佛教界，依自己的意識境界立場，純憑臆想而編造出來的妄想說法，卻已經影響許多無智之凡夫僧俗信受不移。本書則是從佛教的經藏法義實質及實證的現量內涵本質立論，證明大乘佛法本是佛說，是從《阿含正義》尚未說過的不同面向來討論「人間佛教」的議題，證明「大乘眞佛說」。閱讀本書可以斷除六識論邪見，迴入三乘菩提正道發起實證的因緣；也能斷除禪宗學人學禪時普遍存在之錯誤知見，對於建立參禪時的正知見有很深的著墨。平實導師 述，內文488頁，全書528頁，定價400元。

實相經宗通：學佛之目的在於實證一切法界背後之實相，禪宗稱之爲本來面目或本地風光，佛菩提道中稱之爲實相法界；此實相法界即是金剛藏，又名佛法之祕密藏，即是能生有情五陰、十八界及宇宙萬有（山河大地、諸天、三惡道世間）的第八識如來藏，又名阿賴耶識心，即是禪宗祖師所說的眞如心，此心即是三界萬有背後的實相。證得此第八識心時，自能瞭解般若諸經中隱說的種種密意，即得發起實相般若——實相智慧。每見學佛人修學佛法二十年後仍對實相般若茫然無知，亦不知如何入門，茫無所趣；更因不知三乘菩提的互異互同，是故越是久學者對佛法越覺茫然，都肇因於尚未瞭解佛法的全貌，亦未瞭解佛法的修證內容即是第八識心所致。本書對於修學佛法者所應實證的實相境界提出明確解析，並提示趣入佛菩提道的入手處，有心親證實相般若的佛法實修者，宜詳讀之，於佛菩提道之實證即有下手處。平實導師述著，共八輯，已於2016年出版完畢，每輯成本價250元。

真心告訴您（一）——達賴喇嘛在幹什麼？這是一本報導篇章的選集，更是「破邪顯正」的暮鼓晨鐘。「破邪」是戳破假象，說明達賴喇嘛及其所率領的密宗四大派法王、喇嘛們，弘傳的佛法是仿冒的佛法；他們是假藏傳佛教，是坦特羅(譚崔性交)外道法和藏地崇奉鬼神的苯教混合成的「喇嘛教」，推廣的是以所謂「無上瑜伽」的男女雙身法冒充佛法的假佛教，詐財騙色誤導眾生，常常造成信徒家庭破碎、家中兒少失怙的嚴重後果。「顯正」是揭櫫眞相，指出眞正的藏傳佛教只有一個，就是覺囊巴，傳的是 釋迦牟尼佛演繹的第八識如來藏妙法，稱爲他空見大中觀。正覺教育基金會即以此古今輝映的如來藏正法正知見，在眞心新聞網中逐次報導出來，將箇中原委「眞心告訴您」，如今結集成書，與想要知道密宗眞相的您分享。售價250元。

中觀金鑑——詳述應成派中觀的起源與其破法本質：學佛人往往迷於中觀學派之不同學說，被應成派與自續派所迷惑；修學般若中觀二十年後自以爲實證般若中觀了，卻仍不曾入門，甫聞實證般若中觀者之所說，則茫無所知，迷惑不解；隨後信心盡失，不知如何實證佛法；凡此，皆因惑於這二派中觀學說所致。自續派中觀所說同於常見，以意識境界立爲第八識如來藏之境界，應成派所說則同於斷見，但又同立意識爲常住法，故亦具足斷常二見。今者孫正德老師有鑑於此，乃將起源於密宗的應成派中觀學說，追本溯源，詳考其來源之外，亦一一舉證其立論內容，詳加辨正，令密宗雙身法祖師以識陰境界而造之應成派中觀學說本質，詳細呈現於學人眼前，令其維護雙身法之目的無所遁形。若欲遠離密宗此二大派中觀謬說，欲於三乘菩提有所進道者，允宜具足閱讀並細加思惟，反覆讀之以後將可捨棄邪道返歸正道，則於般若之實證即有可能，證後自能現觀如來藏之中道境界而成就中觀。本書分上、中、下三冊，每冊250元，已全部出版完畢。

法華經講義：此書爲平實導師始從2009/7/21演述至2014/1/14之講經錄音整理所成。世尊一代時教，總分五時三教，即是華嚴時、聲聞緣覺教、般若教、種智唯識教、法華時；依此五時三教區分爲藏、通、別、圓四教。本經是最後一時的圓教經典，圓滿收攝一切法教於本經中，是故最後的圓教聖訓中，特地指出無有三乘菩提，其實唯有一佛乘；皆因眾生愚迷故，方便區分爲三乘菩提以助眾生證道。世尊於此經中特地說明如來示現於人間的唯一大事因緣，便是爲有緣眾生「開、示、悟、入」諸佛的所知所見——第八識如來藏妙眞如心，並於諸品中隱說「妙法蓮花」如來藏心的密意。然因此經所說甚深難解，眞義隱晦，古來難得有人能窺堂奧；平實導師以知如是密意故，特爲末法佛門四眾演述《妙法蓮華經》中各品蘊含之密意，使古來未曾被古德註解出來的「此經」密意，如實顯示於當代學人眼前。乃至〈藥王菩薩本事品〉、〈妙音菩薩品〉、〈觀世音菩薩普門品〉、〈普賢菩薩勸發品〉中的微細密意，亦皆一併詳述之，可謂開前人所未曾言之密意，示前人所未見之妙法。最後乃至以〈法華大義〉而總其成，全經妙旨貫通始終，而依佛旨圓攝於一心如來藏妙心，厥爲曠古未有之大說也。平實導師述，共有25輯，已於2019/05/31出版完畢。每輯300元。

西藏「活佛轉世」制度—附佛、造神、世俗法：歷來關於喇嘛教活佛轉世的研究，多針對歷史及文化兩部分，於其所以成立的理論基礎，較少系統化的探討。尤其是此制度是否依據「佛法」而施設？是否合乎佛法眞實義？現有的文獻大多含糊其詞，或人云亦云，不曾有明確的闡釋與如實的見解。因此本文先從活佛轉世的由來，探索此制度的起源、背景與功能，並進而從活佛的尋訪與認證之過程，發掘活佛轉世的特徵，以確認「活佛轉世」在佛法中應具足何種果德。定價150元。

真心告訴您(二)—達賴喇嘛是佛教僧侶嗎？補祝達賴喇嘛八十大壽：這是一本針對當今達賴喇嘛所領導的喇嘛教，冒用佛教名相、於師徒間或師兄姊間，實修男女邪淫，而從佛法三乘菩提的現量與聖教量，揭發其謊言與邪術，證明達賴及其喇嘛教是仿冒佛教的外道，是「假藏傳佛教」。藏密四大派教義雖有「八識論」與「六識論」的表面差異，然其實修之內容，皆共許「無上瑜伽」四部灌頂爲究竟「成佛」之法門，也就是共以男女雙修之邪淫法爲「即身成佛」之密要，雖美其名曰「欲貪爲道」之「金剛乘」，並誇稱其成就超越於（應身佛）釋迦牟尼佛所傳之顯教般若乘之上；然詳考其理論，則或以意識離念時之粗細心爲第八識如來藏，或以中脈裡的明點爲第八識如來藏，或如宗喀巴與達賴堅決主張第六意識爲常恆不變之眞心者，分別墮於外道之常見與斷見中；全然違背　佛說能生五蘊之如來藏的實質。售價300元。

涅槃——解說四種涅槃之實證及內涵：眞正學佛之人，首要即是見道，由見道故方有涅槃之實證，證涅槃者方能出生死，但涅槃有四種：二乘聖者的有餘涅槃、無餘涅槃，以及大乘聖者的本來自性清淨涅槃、佛地的無住處涅槃。大乘聖者實證本來自性清淨涅槃，入地前再取證二乘涅槃，然後起惑潤生捨離二乘涅槃，繼續進修而在七地心前斷盡三界愛之習氣種子，依七地無生法忍之具足而證得念念入滅盡定；八地後進斷異熟生死，直至妙覺地下生人間成佛，具足四種涅槃，方是眞正成佛。此理古來少人言，以致誤會涅槃正理者比比皆是，今於此書中廣說四種涅槃、如何實證之理、實證前應有之條件，實屬本世紀佛教界極重要之著作，令人對涅槃有正確無訛之認識，然後可以依之實行而得實證。本書共有上下二冊，每冊各四百餘頁，對涅槃詳加解說，每冊各350元。

佛藏經講義：本經說明爲何佛菩提難以實證之原因，都因往昔無數阿僧祇劫前的邪見，引生此世求證時之業障而難以實證。即以諸法實相詳細解說，繼之以念佛品、念法品、念僧品，說明諸佛與法之實質；然後以淨戒品之說明，期待佛弟子四眾堅持清淨戒而轉化心性，並以往古品的實例說明歷代學佛人在實證上的業障由來，教導四眾務必滅除邪見轉入正見中，不再造作謗法及謗賢聖之大惡業，以免未來世尋求實證之時被業障所障；然後以了戒品的說明和囑累品的付囑，期望末法時代的佛門四眾弟子皆能清淨知見而得以實證。平實導師於此經中有極深入的解說，總共21輯，已於2022/11/30出版完畢，每輯三百餘頁，售價300元。

大法鼓經講義：本經解說佛法的總成：法、非法。由開解法、非法二義，說明了義佛法與世間戲論法的差異，指出佛法實證之標的即是法——第八識如來藏；並顯示實證後的智慧，如實擊大法鼓、演深妙法，演說如來祕密教法，非二乘定性及諸凡夫所能得聞，唯有具足菩薩性者方能得聞。正聞之後即得依於 世尊大願而拔除邪見，入於正法而得實證；深解不了義經之方便說，亦能實解了義經所說之眞實義，得以證法——如來藏，而得發起根本無分別智，乃至進修而發起後得無分別智；並堅持布施及受持清淨戒而轉化心性，得以現觀眞我眞法如來藏之各種層面。此爲第一義諦聖教，並授記末法最後餘八十年時，一切世間樂見離車童子以七地證量而示現爲凡夫身，將繼續護持此經所說正法。平實導師於此經中有極深入的解說，總共六輯，每輯300元，於2023/01/30開始每二個月發行一輯。

成唯識論釋：本論係大唐玄奘菩薩揉合當時天竺十大論師的說法加以辨正而著成，攝盡佛門證悟菩薩及部派佛教聲聞凡夫論師對佛法的論述，並函蓋當時天竺諸大外道對生命實相的錯誤論述加以辨正，是由玄奘大師依據無生法忍證量加以評論確定而成爲此論。平實導師弘法初期即已依於證量略講過一次，歷時大約四年，當時正覺同修會規模尚小，聞法成員亦多尚未證悟，是故並未整理成書；如今正覺同修會中的證悟同修已超過六百人，鑑於此論在護持正法、實證佛法及悟後進修上的重要性，已於2022年初重講，並已經預先註釋完畢編輯成書，名爲《成唯識論釋》，總共十輯，每輯目次41頁、序文7頁、每輯內文多達四百餘頁，並將原本13級字縮小爲12級字編排，以增加其內容；於增上班宣講時的內容將會更詳細於書中所說，涉及佛法密意的詳細內容只於增上班中宣講，於書中皆依佛誡隱覆密意而說，然已足夠所有學人藉此一窺佛法堂奧而進入正道、免入岐途。重新判教後編成的〈目次〉已經詳盡判定論中諸段句義，用供學人參考；是故讀者閱完此論之釋，即可深解成佛之道的正確內涵。本書總共十輯，預定每一輯內容講述完畢時即予出版，第一輯於2023年五月底出版，然後每七至十個月出版下一輯，每輯定價400元。

不退轉法輪經講義：世尊弘法有五時三教之別，分為藏、通、別、圓四教之理，本經是大乘般若期前的通教經典，所說之大乘般若正理與所證解脫果，通於二乘解脫道，佛法智慧則通大乘般若，皆屬大乘般若與解脫甚深之理，故其所證解脫果位通於二乘法教；而其中所說第八識無分別法之正理，即是世尊降生人間的唯一大事因緣。如是第八識能仁而且寂靜，恆順眾生於生死之中從無乖違，識體中所藏之本來無漏性的有為法以及真如涅槃境界，皆能助益學人最後成就佛道；此謂釋迦意為能仁，牟尼意為寂靜，此第八識即名釋迦牟尼，釋迦牟尼即是能仁寂靜的第八識真如；若有人聽聞如是第八識常住、如來不滅之正理，信受奉行之人皆有大乘實證之因緣，永得不退於成佛之道，是故聽聞釋迦牟尼名號而解其義者，皆得不退轉於無上正等正覺，未來世中必有實證之因緣。如是深妙經典，已由平實導師詳述圓滿並整理成書，預定於《大法鼓經講義》發行圓滿之後接著梓行，每二個月發行一輯，總共十輯，每輯300元。

解深密經講義：本經是所有尋求大乘見道及悟後欲入地者所應詳讀串習的三經之一，即是《楞伽經》、《解深密經》、《楞嚴經》三經中的一經，亦可作為見道真假的自我印證依據。此經是 世尊晚年第三轉法輪時，宣說地上菩薩所應熏修之無生法忍唯識正義經典；經中總說真見道位所見的智慧總相，兼及相見道位所應熏修的七真如等法；亦開示入地應修之十地真如等義理，乃是大乘一切種智增上慧學，以阿陀那識—如來藏—阿賴耶識為成佛之道的主體。禪宗之證悟者，若欲修證初地無生法忍乃至八地無生法忍者，必須修學《楞伽經、解深密經、楞嚴經》所說之八識心王一切種智。此三經所說正法，方是真正成佛之道；印順法師否定第八識如來藏之後所說萬法緣起性空之法，墮於六識論中而著作的《成佛之道》，乃宗本於密宗宗喀巴六識論邪思而寫成的邪見，是以誤會後之二乘解脫道取代大乘真正成佛之道，承襲自古天竺部派佛教聲聞凡夫論師的邪見，尚且不符二乘解脫道正理，亦已墮於斷滅見及常見中，所說全屬臆想所得的外道見，不符本經、諸經中佛所說的正義。平實導師曾於本會郭故理事長往生時，於喪宅中從**首七**開始宣講此經，於每一七起各宣講三小時，至**十七**而快速略講圓滿，作為郭老之往生後的佛事功德，迴向郭老早證八地、速返娑婆住持正法。茲為今時後世學人故，已經開始重講《解深密經》，以淺顯之語句講畢後，將會整理成文並梓行流通，用供證悟者進道；亦令諸方未悟者，據此經中佛語正義修正邪見，依之速能入道。平實導師述著，全書輯數未定，每輯三百餘頁，將於未來重講完畢後逐輯陸續出版。

修習止觀坐禪法要講記：修學四禪八定之人，往往錯會禪定之修學知見，欲以無止盡之坐禪而證禪定境界，卻不知修除性障之行門才是修證四禪八定不可或缺之要素，故智者大師云「性障初禪」；性障不除，初禪永不現前，云何修證二禪等？又：行者學定，若唯知數息，而不解六妙門之方便善巧者，欲求一心入定，未到地定極難可得，智者大師名之爲「事障未來」：障礙未到地定之修證。又禪定之修證，不可違背二乘菩提及第一義法，否則縱使具足四禪八定，亦不能實證涅槃而出三界。此諸知見，智者大師於《修習止觀坐禪法要》中皆有闡釋。作者平實導師以其第一義之見地及禪定之實證證量，曾加以詳細解析。將俟正覺寺竣工啓用後重講，不限制聽講者資格；講後將以語體文整理出版。欲修習世間定及增上定之學者，宜細讀之。平實導師述著。

阿含經講記——小乘解脫道之修證：數百年來，南傳佛法所說證果之不實，所說解脫道之虛妄，所弘解脫道法義之世俗化，皆已少人知之；阿含解脫道從南洋傳入台灣與大陸之後，所說法義虛謬之事，亦復少人知之；今時台灣全島印順系統之法師居士，多不知南傳佛法數百年來所說解脫道之義理已然偏斜、已然世俗化、已非眞正之二乘解脫正道，猶極力推崇與弘揚。彼等南傳佛法近代所謂之證果者皆非眞實證果者，譬如阿迦曼、葛印卡、帕奧禪師、一行禪師……等人，悉皆未斷我見故。近年更有台灣南部大願法師，高抬南傳佛法之二乘修證行門爲「捷徑究竟解脫之道」者，然而南傳佛法縱使眞修實證，得成阿羅漢，至高唯是二乘菩提解脫之道，絕非究竟解脫，無餘涅槃中之實際尚未得證故，法界之實相尚未了知故，習氣種子待除故，一切種智未實證故，焉得謂爲「究竟解脫」？即使南傳佛法近代眞有實證之阿羅漢，尚且不及三賢位中之七住明心菩薩本來自性清淨涅槃智慧境界，則不能知此賢位菩薩所證之無餘涅槃實際，仍非大乘佛法中之見道者，何況彼等普未實證聲聞果乃至未斷我見之人？謬充證果已屬逾越，更何況是誤會二乘菩提之後，以未斷我見之凡夫知見所說之二乘菩提解脫偏斜法道，焉可高抬爲「究竟解脫」？而且自稱「捷徑之道」？又妄言解脫之道即是成佛之道，完全否定般若實智、否定三乘菩提所依之如來藏心體，此理大大不通也！平實導師爲令修學二乘菩提欲證解脫果者，普得迴入二乘菩提正見、正道中，是故選錄四阿含諸經中，對於二乘解脫道法義有具足圓滿說明之經典，預定未來十年內將會加以詳細講解，令學佛人得以了知二乘解脫道之修證理路與行門，庶免被人誤導之後，未證言證，梵行未立，干犯道禁自稱阿羅漢或成佛，成大妄語，欲升反墮。本書首重斷除我見，以助行者斷除我見而實證初果爲著眼之目標，若能根據此書內容，配合平實導師所著《識蘊眞義》《阿含正義》內涵而作實地觀行，實證初果非爲難事，行者可以藉此三書自行確認聲聞初果爲實際可得現觀成就之事。此書中除依二乘經典所說加以宣示外，亦依斷除我見等之證量，及大乘法中道種智之證量，對於意識心之體性加以細述，令諸二乘學人必定得斷我見、常見，免除三縛結之繫縛。次則宣示斷除我執之理，欲令升進而得薄貪瞋痴，乃至斷五下分結…等。平實導師將擇期講述，然後整理成書。共二冊，每冊三百餘頁。每輯300元。

總經銷：聯合發行股份有限公司

231 新北市新店區寶橋路 235 巷 6 弄 6 號 4F

Tel.02－2917-8022（代表號） Fax.02－2915-6275（代表號）

零售：1.**全台連鎖經銷書局：**

三民書局、誠品書局、何嘉仁書店

敦煌書店、紀伊國屋、金石堂書局、建宏書局

諾貝爾圖書城、墊腳石圖書文化廣場

2.**台北市：**佛化人生 **大安區**羅斯福路 3 段 325 號 6 樓之 4　台電大樓對面

3.**新北市：**春大地書店 **蘆洲區**中正路 117 號

4.**桃園市：**御書堂 **龍潭區**中正路 123 號

5.**新竹市：**大學書局 **東區**建功路 10 號

6.**台中市：**瑞成書局 **東區**雙十路 1 段 4 之 33 號

佛教詠春書局 **南屯區**永春東路 884 號

文春書店 **霧峰區**中正路 1087 號

7.**彰化市：**心泉佛教文化中心 南瑤路 286 號

8.**高雄市：**政大書城 **前鎮區**中華五路 789 號 2 樓（高雄夢時代店）

明儀書局 **三民區**明福街 2 號

青年書局 **苓雅區**青年一路 141 號

9.**台東市：**東普佛教文物流通處 博愛路 282 號

10.**其餘鄉鎮市經銷書局：**請電詢總經銷**聯合**公司。

11.**大陸地區請洽：**

香港：樂文書店

銅鑼灣店 :香港銅鑼灣駱克道 506 號 2 樓

電話 : (852) 2881 1150 email: luckwinbs@gmail.com

廈門：廈門外圖臺灣書店有限公司

地址：廈門市思明區湖濱南路809 號 廈門外圖書城3 樓 郵編：361004

電話：0592-5061658（臺灣地區請撥打 86-592-5061658）

E-mail：JKB118＠188.COM

12.**美國：世界日報圖書部：**紐約圖書部　電話 7187468889#6262

洛杉磯圖書部　電話 3232616972#202

13.**國內外地區網路購書：**

正智出版社 書香園地　http://books.enlighten.org.tw/

（書籍簡介、經銷書局可直接聯結下列網路書局購書）

三民 網路書局　http://www.sanmin.com.tw

誠品 網路書局　http://www.eslitebooks.com

博客來 網路書局　http://www.books.com.tw
金石堂 網路書局　http://www.kingstone.com.tw
聯合 網路書局　http:// www.nh.com.tw

附註：1.請儘量向各經銷書局購買：郵政劃撥需要八天才能寄到（本公司在您劃撥後第四天才能接到劃撥單，次日寄出後第二天您才能收到書籍，此六天中可能會遇到週休二日，是故共需八天才能收到書籍）若想要早日收到書籍者，請劃撥完畢後，將劃撥收據貼在紙上，旁邊寫上您的姓名、住址、郵區、電話、買書詳細內容，直接傳真到本公司 02-28344822，並來電 02-28316727、28327495 確認是否已收到您的傳真，即可提前收到書籍。 2.因台灣每月皆有五十餘種宗教類書籍上架，書局書架空間有限，故唯有新書方有機會上架，通常每次只能有一本新書上架；本公司出版新書，大多上架不久便已售出，若書局未再叫貨補充者，書架上即無新書陳列，則請直接向書局櫃台訂購。 3.若書局不便代購時，可於晚上共修時間向正覺同修會各共修處請購（共修時間及地點，詳閱**共修現況表**。每年例行年假期間請勿前往請書，年假期間請見共修現況表）。 4.郵購：郵政劃撥帳號 19068241。 5.正覺同修會會員購書都以八折計價（戶籍台北市者爲一般會員，外縣市爲護持會員）都可獲得優待，欲一次購買全部書籍者，可以考慮入會，節省書費。入會費一千元（第一年初加入時才需要繳），年費二千元。**6.尚未出版之書籍，請勿預先郵寄書款與本公司，謝謝您！** 7.若欲一次購齊本公司書籍，或同時取得正覺同修會贈閱之全部書籍者，請於正覺同修會共修時間，親到各共修處請購及索取；**台北市讀者**請洽：103 台北市承德路三段 267 號 10 樓（捷運淡水線 圓山站旁）請書時間：週一至週五爲 18.00~21.00，第一、三、五週週六爲 10.00~21.00，雙週之週六爲 10.00~18.00 請購處專線電話：25957295-分機 14（於請書時間方有人接聽）。

敬告大陸讀者：

大陸讀者購書、索書捷徑（尚未在大陸出版的書籍，以下二個途徑都可以購得，電子書另包括結緣書籍）：

1.廈門外國圖書公司：廈門市思明區湖濱南路 809 號 廈門外圖書城 3F
　　郵編：361004　　電話：0592-5061658　　網址：http://www.xibc.com.cn/

2.電子書：正智出版社有限公司及正覺同修會在台灣印行的各種局版書、結緣書，已有『**正覺電子書**』陸續上線中，提供讀者於手機、平板電腦上購書、下載、閱讀正智出版社、正覺同修會及正覺教育基金會所出版之電子書，詳細訊息敬請參閱『正覺電子書』專頁：http://books.enlighten.org.tw/ebook

關於平實導師的書訊，請上網查閱：

成佛之道　http://www.a202.idv.tw

正智出版社 書香園地　http://books.enlighten.org.tw/

中國網採訪佛教正覺同修會、正覺教育基金會訊息：

http://foundation.enlighten.org.tw/newsflash/20150817_1

http://video.enlighten.org.tw/zh-CN/visit_category/visit10

★ 正智出版社有限公司售書之稅後盈餘，全部捐助財團法人正覺寺籌備處、佛教正覺同修會、正覺教育基金會，供作弘法及購建道場之用；懇請諸方大德支持，功德無量。

★ 聲　明 ★

本社於 2015/01/01 開始調整本目錄中部分書籍之售價，以因應各項成本的持續增加。

＊ 喇嘛教修外道雙身法、墮識陰境界，非佛教 ＊

＊ 弘揚如來藏他空見的覺囊派才是真正藏傳佛教 ＊

售後服務—換書啓事（免附回郵）　2017/12/05

《楞伽經詳解》第三輯初版免費調換新書啓事：茲因 平實導師弘法早期尚未回復往世全部證量，有些法義接受他人的說法，寫書當時並未察覺而有二處（同一種法義）跟著誤說，如今發現已將之修正。茲爲顧及讀者權益，已開始免費調換新書；敬請所有讀者將以前所購第三輯（不論第幾刷），攜回或寄回本公司免費換新；郵寄者之回郵由本公司負擔，不需寄來郵票。因此而造成讀者閱讀、以及換書的不便，在此向所有讀者致上萬分的歉意，祈請讀者大眾見諒！

《楞嚴經講記》第 14 輯初版首刷本免費調換新書啓事：本講記第 14 輯出版前因 平實導師諸事繁忙，未將之重新閱讀而只改正校對時發現的錯別字，故未能發覺十年前所說法義有部分錯誤，於第 15 輯付印前重閱時才發覺第 14 輯中有部分錯誤尚未改正。今已重新審閱修改並已重印完成，煩請所有讀者將以前所購第 14 輯初版首刷本，寄回本公司免費換新（初版二刷本無錯誤），本公司將於寄回新書時同時附上您寄書來換新時的郵資，並在此向所有讀者致上最誠懇的歉意。

《心經密意》初版書免費調換二版新書啓事：本書係演講錄音整理成書，講時因時間所限，省略部分段落未講。後於再版時補寫增加 13 頁，維持原價流通之。茲爲顧及初版讀者權益，自 2003/9/30 開始免費調換新書，原有初版一刷、二刷書籍，皆可寄來本公司換書。

《宗門法眼》已經增寫改版爲 464 頁新書，2008 年 6 月中旬出版。讀者原有初版之第一刷、第二刷書本，都可以寄回本公司免費調換改版新書。改版後之公案及錯悟事例維持不變，但將內容加以增說，較改版前更具有廣度與深度，將更能助益讀者參究實相。

換書者**免附回郵**，亦無截止期限；舊書請寄：111 台北郵政 73-151 號信箱 或 103 台北市承德路三段 267 號 10 樓 正智出版社有限公司。舊書若有塗鴨、殘缺、破損者，仍可換取新書；但缺頁之舊書至少應仍有五分之三頁數，方可換書。所有讀者不必顧念本公司是否有盈餘之問題，都請踴躍寄來換書；本公司成立之目的不是營利，只要能眞實利益學人，即已達到成立及運作之目的。若以郵寄方式換書者，免附回郵；並於寄回新書時，由本公司附上您寄來書籍時耗用的郵資。造成您不便之處，再次致上萬分的歉意。

正智出版社有限公司 啓

換書及道歉公告

《法華經講義》第十三輯初版免費調換新書啓事：本書因謄稿、印製等相關人員作業疏失，導致該書中的經文及內文用字將「**親近**」誤植成「清淨」。茲為顧及讀者權益，自 2017/8/30 開始免費調換新書；敬請所有讀者將以前所購第十三輯初版首刷及二刷本，攜回或寄回本公司免費換新，或請自行更正其中的錯誤之處；郵寄者之回郵由本公司負擔，不需寄來郵票。同時對因此而造成讀者閱讀、以及換書的困擾及不便，在此向所有讀者致上最誠懇的歉意，祈請讀者大眾見諒！錯誤更正說明如下：

一、第 256 頁第 10 行~第 14 行：【就是先要具備「**法親近處**」、「**眾生親近處**」；法**親近**處就是在實相之法有所實證，如果在實相法上有所實證，他在二乘菩提中自然也能有所實證，以這個作為第一個**親近**處——第一個基礎。然後還要有第二個基礎，就是瞭解應該如何善待眾生；對於眾生不要有排斥或者是貪取之心，平等觀待而攝受、親近一切有情。以這兩個**親近**處作為基礎，來實行其他三個安樂行法。】。

二、第 268 頁第 13 行：【具足了那兩個「**親近處**」，使你能夠在末法時代，如實而圓滿的演述《法華經》時，那麼你作這個夢，它就是如理作意的，完全符合邏輯去完成這個過程，就表示你那個晚上，在那短短的一場夢中，已經度了不少眾生了。

《大法鼓經講義》第一輯初版免費調換新書啓事：本書因校對相關人員作業疏失錯失別字，導致該書中的內文 255 頁倒數 5 行有二字錯植而無發現，乃「『**智慧**』的滅除不容易」應更正為「『**煩惱**』的滅除不容易」。茲為顧及讀者權益，自 2023/2/15 開始免費調換新書，或請自行更正其中的錯誤之處；敬請所有讀者將以前所購第一輯初版首刷及二刷本，攜回或寄回本公司免費換新；郵寄者之回郵由本公司負擔，不需寄來郵票。同時對因此而造成讀者閱讀、以及換書的困擾及不便，在此向所有讀者致上最誠懇的歉意，祈請讀者大眾見諒！

正智出版社有限公司 敬啓

國家圖書館出版品預行編目(CIP) 資料

大法鼓經講義. 第二輯／平實導師述. --初版. --
臺北市：正智出版社有限公司, 2023.03 面； 公分
ISBN 978-626-96703-2-1(第一輯；平裝)
ISBN 978-626-96703-5-2(第二輯；平裝)

1.CST:法華部

221.5 112002251

大法鼓經講義——第二輯

著 述 者：平實導師
音文轉換：鄭瑞卿 劉夢瓚
校 對：章乃鈞 孫淑貞 陳介源 王美伶 張善思
出 版 者：**正智出版社**有限公司
電話：○二 28327495 28316727（白天）
傳眞：○二 28344822
111 台北郵政 73-151 號信箱
郵政劃撥帳號：一九○六八二四一
正覺講堂：總機○二 25957295（**夜間**）
總 經 銷：聯合發行股份有限公司
231 新北市新店區寶橋路 235 巷 6 弄 6 號 4 樓
電話：○二 29178022（代表號）
傳眞：○二 29156275
初版首刷：二○二三年三月三十日 二千冊
初版三刷：二○二三年四月一日 二千冊
定 價：三○○元